조선을 풍미한 16인의 소울메이트

조선을 풍미한
16인의 소울메이트

초판인쇄 2020년 11월 15일
초판발행 2020년 11월 15일

지은이 은동진
펴낸이 채종준
기획·편집 유 나
디자인 서혜선
마케팅 문선영 전예리

펴낸곳 한국학술정보(주)
주 소 경기도 파주시 회동길 230(문발동)
전 화 031-908-3181(대표)
팩 스 031-908-3189
홈페이지 http://ebook.kstudy.com
E-mail 출판사업부 publish@kstudy.com
등 록 제일산-115호(2000. 6. 19)

ISBN 979-11-6603-191-5 03910

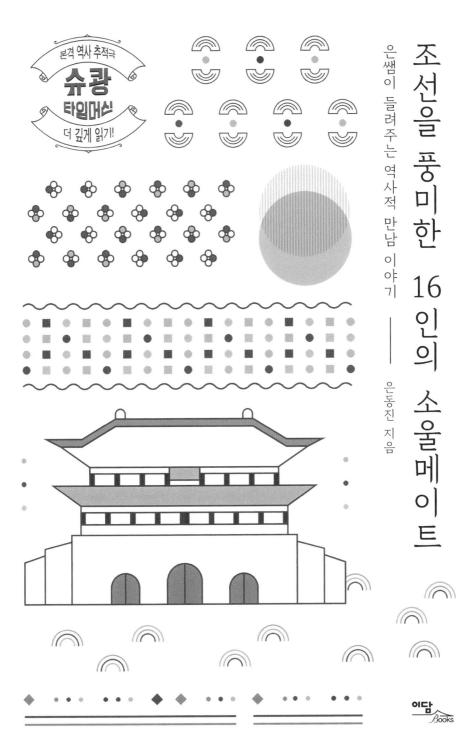

본격 역사 추적극
슈퀑
타임머신
더 깊게 읽기!

은쌤이 들려주는 역사적 만남 이야기 ——

조선을 풍미한 16인의 소울메이트

은동진 지음

이담
Books

프롤로그.

저는 10년 넘게 인터넷 강의, 인문학 강의, 역사 탐방 등을 통해 수 만 명의 사람들을 만나왔습니다. 이렇듯 다양한 방식으로 많은 분들을 만나면서 한국사 교과서에서 벗어나 다양한 분야의 위인들을 새로운 관점과 시각으로 알려주고 싶다는 생각을 하였습니다. 그러던 중 16부작 어린이 역사 추적 드라마 '슈퍙 타임머신'에 MC 겸 강사로 참여하면서 조선 시대를 살았던 16명의 인물을 소개할 수 있는 기회를 얻게 되었습니다. 제가 직접 방송에서 다룰 16명의 인물을 선정하고 대본 집필에도 참여하면서 흥미롭게 인물을 소개하고자 노력하였습니다. 그리고 방송 분량으로 인해 미처 다루지 못한 이야기들을 모아 책을 내게 되었습니다.

이 책은 조선 시대를 살았던 16명의 삶과 인생을 오늘날의 시각으로 생생하게 복원해본 결과물입니다. 그 숨 가쁜 현장을 사진, 그림, 지도 ,연표, 사료 등 다양한 자료를 제시하여 생생하게 보여주고자 했습니다. 학창시절 한국사 교과서를 통해 만났음에도 불구하고 조금은 거리가 멀게 느껴졌던 위인들이 친근하게 다가올 것입니다.

이제부터 여러분이 만나게 될 이들은 신분제가 하늘의 법칙이던 조선 시대를 살아간 '시대를 뛰어넘는 천재'가 되기도 하고, '비운의 주인공', '전쟁의 영웅'이 되기도 합니다. 또한 조선 최고의 왕 정조와 그를 보좌하였던 정약용, 조선 최고의 여성 예술가 신사임당과 허난설헌, 조선 최고의 친구 오성 이항복과 한음 이덕형 등 서로서로 깊이 연관된 인물을 2명씩 묶고 그들의 인생에서 떼려야 뗄 수 없는 결정적 사건에 초점을 맞추어 소개합니다. 그럼 지금부터 저와 함께 이들을 만나러 가보겠습니다.

차
례.

하
나.

세종 & 장영실

+ + + + + +

조선을 대표하는 두 천재가 만나다

여러분들은 '한국에서 가장 자랑스러운 인물', '한국에서 가장 존경스러운 인물' 등과 같은 여론조사를 보았던 기억이 있을 것입니다. 그동안 여러 매체와 기관에서 실시해온 여론조사에서 한국을 대표하는 위인 '빅 3'는 항상 같았습니다. 아마 여러분들도 누구일지 예상 가능할 것입니다. 바로 세종대왕, 이순신 장군, 백범 김구입니다.

세종은 1418년 4대 왕위에 올라 1450년 숨을 거두기까지 32년간 조선을 통치하였습니다. 세종의 시대는 조선 최고의 전성기라고 불러도 될 만큼 과학기술 · 문화예술 · 국방 · 외교 등에서 탁월한 성과를 올렸습니다. 그럼 세종을 본격적으로 만나보겠습니다.

불우한 어린 시절을 보내다

세종의 아버지 태종은 우리가 역사 드라마나 영화로 자주 만났던 이방원입니다. 이방원은 아버지 이성계가 위화도 회군 이후 조선을 건국할 수 있도록 고려의 실력자인 정몽주 제거하는 등의 궂은일을 도맡았습니다. 그러나 조선 건국 이후 정국 주도권은 정도전이 쥐었고, 이성계는 이복동생이자 어린 아들 방석을 세자로 앉혔습니다. 이에 이방원은 1398년 1차 왕자의 난을 일으켜 정도전과 방석, 방번 형제를 모두 죽여 버립니다. 하지만 아직 사병을 거느린 동모 형제들이 여럿 있었고, 그들의 세력이 위협적이었던 이방원은 1400년 2차 왕자의 난을 일으킵니다. 난이 평정된 뒤 정종은 상왕 태조의 허락을 얻어 1400년 2월 이방원을 왕세제로 책봉하였고, 이어 11월 왕위를 물려주었습니다. 그리고 이방원은 조선의 3대 왕으로 즉위할 수 있었습니다. 이때 세종은 4살이었습니다.

태종은 1명의 정비와 9명의 후궁을 두었습니다. 정비는 원경왕후 민씨로 양녕, 효령, 충녕, 성녕 4명의 적자와 정순, 경정, 경안, 정선 4명의 적녀를 두었습니다. 세종은 태종과 원경왕후 민씨의 셋째 아들 충녕입니다. 원경왕후 민씨는 이방원의 정치적 내조자이자 동지였습니다. 뛰어난 결단력으로 남편을 위기에서 구해내고 왕위에 오르는데 여러 방면으로 도움을 주었습니다.

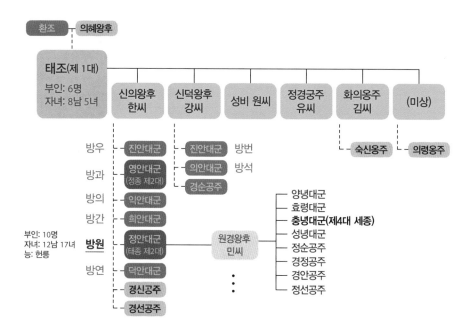

태조 이성계 가계도 + 태종 이방원 가계도

환조 — 의혜왕후

태조(제 1대)
부인: 6명
자녀: 8남 5녀

신의왕후 한씨
신덕왕후 강씨
성비 원씨
정경궁주 유씨
화의옹주 김씨
(미상)

방우 — 진안대군
방과 — 영안대군 (정종 제2대)
방의 — 익안대군
방간 — 희안대군
방원 — 정안대군 (태종 제2대)
방연 — 덕안대군
경신공주
경선공주

부인: 10명
자녀: 12남 17녀
능: 헌릉

진안대군 — 방번
의안대군 — 방석
경순공주

숙신옹주 — 의령옹주

원경왕후 민씨

양녕대군
효령대군
충녕대군(제4대 세종)
성녕대군
정순공주
경정공주
경안공주
정선공주

14

민씨는 1398년 8월 1차 왕자의 난이 일어나기 직전 정도전 세력의 공격을 이 일어날 것을 예측하였습니다. 민씨는 때마침 몸이 불편한 태조 곁에서 여러 왕자와 숙직하고 있던 이방원을 자신이 아프다는 핑계로 불러내어 동생 민무구, 민무질과 함께 정도전 세력을 기습할 수 있도록 하였습니다. 이방원은 정도전, 남은 등을 죽이고, 이성계가 기거하는 청량전으로 가 이성계의 둘째 부인 강씨 소생의 세자 방석과 세자빈 심씨, 방번, 경순공주 등도 모두 제거하였습니다.

왕이 된 이후 태종에게 고려 시대 때부터 최고의 명문가였던 민씨 일가는 그저 꺼림칙한 존재이자 왕권에 위협이 되는 존재에 불과하였습니다.

실제로 매형인 태종이 왕이 되자 민무구, 민무질 형제는 최대 공신이자 외척으로 고위 관직을 두루 역임하였습니다. 이때부터 태종과 처가 집안에 균열이 생기기 시작합니다. 1406년 태종은 불과 39세의 나이에 선위[1]를 선언합니다. 그런데 태종의 나이가 어렸기 때문에 선위가 태종의 본심은 아니었을 것이라고 보는 것이 역사학계의 정설입니다.

그럼 태종의 본심은 무엇이었을까요? 태종은 1404년 첫째인 양녕을 왕세자로 책봉 후, 건강상의 이유로 13세의 왕세자에게 선위를 표명하고 신료들의 충성심을 시험하였던 것입니다. 태종은 모든 신하들이 반대하자 슬그머니 선위를 거두었습니다. 하지만 민무구, 민무질 형제는 내심 태종의 선위를 바

---

1 선위는 군주가 살아 있으면서 다른 사람에게 군주의 지위를 물려주는 것을 말합니다. 일반적으로는 같은 왕조에서는 아버지가 아들에게 왕위를 물려주고 자신은 상왕(上王)으로 물러나는 것을 말합니다.

라고 있었고, 신하들의 선위 반대 움직임에도 소극적인 자세를 보였습니다.

여기서 여러분들은 한 가지 의문이 생길 것 같은데요. 민씨 형제에게 누나가 낳은 태종의 아들은 양녕을 비롯하여 효령, 충녕, 성녕, 네 명입니다. 모두 조카로서 누가 왕이 되어도 상관없을 텐데 왜 이렇게까지 양녕에게 집착하였을까요? 양녕은 1394년 1차 왕자의 난이 일어나기 4년 전, 이방원이 치열한 권력 쟁탈전으로 가정을 돌보지 못하던 시기에 태어났습니다. 당시 이방원은 장인 민제의 보살핌을 받으며 처가살이나 다름없는 생활을 하고 있었습니다. 따라서 외갓집에서 태어난 양녕은 외할머니의 손에서 자랐고, 외삼촌들과 장난을 치며 성장하였습니다. 민씨 형제는 이방원이 권력을 장악한 후에 태어난 조카들보다는 더 외가와 친밀하고 외가 지향적인 양녕이 왕이 되기를 원하였던 것입니다.

태종은 1차 선위 파동을 통해 민무구, 민무질 형제를 유배지에서 죽게 하였고, 셋째, 넷째 처남인 민무휼, 민무회 형제는 "형님들은 아무 죄도 없이 죽임을 당했다"라는 말을 꺼냈다는 이유로 제거하였습니다. 태종이 네 처남의 목숨을 모두 빼앗자 부부 간의 갈등은 더욱 심해졌고, 민씨는 폐비의 위기를 맞이하기도 합니다. 태종은 세 차례 더 선위할 뜻을 보이지만, 1차 선위 파동 이후 선위를 언급하는 순간 모든 신하들이 머리를 깊숙이 조아리며 극구 반대를 하게 됩니다. 이러한 상황을 어린 충녕 대군은 어떻게 생각하였을까요? 자칫하면 정치적인 이유로 말 한마디 못하고 잘려나갈 수 있겠다는 두려움이 충녕 대군을 무겁게 짓누르지 않았을까요? 이때 충녕 대군은 고작 10살을 갓 넘겼을 뿐이었습니다.

이처럼 세종은 어린 시절 당시 세자이자 형이었던 양녕 대군의 자리를 위협한다는 의심을 받았고, 오늘날로 치면 이혼 직전까지 간 부모님의 불화를 보고 자랐습니다. 그래서일까요? 세종은 충녕 대군 시절 성격이 그다지 좋지 않다는 평을 들었습니다. 실제로『태종실록』에 "이도(세종)는 성질이 고약해 형제들 사이에서 무시당했다."는 기록을 볼 수 있습니다. 이를 놓고 역사학자들은 충녕 대군이 극심한 스트레스를 받아 틈만 나면 짜증을 부리고, 성을 냈을 거라 추정하기도 합니다.

백독백습(百讀百習), 조선 최고의 독서왕

여러분들은 깊은 마음의 상처를 받거나, 극심한 스트레스가 생기면 어떻게 해소를 하시나요? 저는 동전 노래방에서 혼자 미친 듯이 노래를 부르거나, 친한 친구들과 축구나 농구 등의 격한 운동을 하면서 푸는 편입니다. 어린 시절 세종, 충녕 대군에게도 마음의 안식과 위안을 줄 수 있는 무언가가 필요하지 않았을까요? 세종에게는 책이 있었습니다.

> "(세종은) 책을 100번씩 반복해서 읽었다.『좌전』과『초사』같은 책들은 200번 읽었다. 몸이 아파도 마찬가지였다. 보다 못한 아버지(태종)가 환관을 시켜 책을 다 거두어갔다. 그런데『구소 수간(구양수와 소식의 편지 모음집)』한 권이 병풍 사이에 남아 있었다. 세종은 이 책을 1100번 읽었다.
> – 이긍익,『연려실기술』

세종의 독서법을 한 단어로 표현할 수 있습니다. 바로 '백독백습(百讀百習)'으로 말 그대로 백 번 읽고 백 번 쓴다는 뜻입니다. 백독백습은 중국의 사서인 『삼국지』 위서에 실린 동우의 고사에서 비롯된 것으로 한 권의 책을 백 번 이상 읽고 쓰면 그 뜻이 저절로 드러난다는 의미를 담고 있습니다.

세종의 책 사랑은 왕이 된 이후에도 이어졌고, 『세종실록』에서 이를 볼 수 있습니다.

> "주상께서는 수라를 들 때에도 반드시 책을 펼쳐 좌우에 놓았고, 밤 중에도 그치지 않았다."

> "내가 궁중에 있으면서 손을 거두고 한가롭게 앉아 있을 때가 있는가. 없지 않은가. 책을 읽는 것이야말로 세상에서 가장 유익하다."

심지어 세종은 "나는 말야. 책을 본 뒤에 잊어버리는 것이 없었어.(予於書籍看過之後 則無遺失)"라고 말하기도 합니다. 이 대목은 아무리 세종이라도 허풍이 아니냐는 생각이 들 수밖에 없는데요. 놀랍게도 세종은 이 말도 안 되는 능력을 실제로 가졌던 것 같습니다. 『세종실록』에는 "임금이 한번 읽은 서적을 기억해내는 재주만 있는 게 아니다. 수많은 신하들의 이름과 그 사람의 이력은 물론 그 사람의 가계도까지 한 번 들으면 절대 잊지 않으셨다.", "한번 신하의 얼굴을 보시면 여러 해가 지났다 해도 절대 잊지 않고 기억하며 '아무야'하고 성명을 부르셨다."라는 기록을 볼 수 있습니다.

타고난 재능에 엄청난 노력까지 하는 세종이 조선 역사상 최고의 왕이 되는 것은 당연하다는 생각과 함께 엄친아라는 단어가 떠오르지 않나요. 엄친아는 '엄마 친구 아들'을 줄여 이르는 말로서, 집안, 머리, 외모 등 어느 하나 빠지지 않고, 여러 가지 완벽한 조건을 갖춘 완벽한 남성을 뜻합니다. 엄친아는 그야말로 세종을 표현하는 최고의 단어인 것 같습니다.

왕이 될 조건을 갖추다

우리가 잊어서는 안 되는 것이 있습니다. 세종 즉 충녕 대군은 태종의 3째 아들이었습니다. 원칙상으로는 절대 왕이 될 수 없었습니다. 조선 시대의 왕위 승계는 적장자 상속이었습니다. 하지만 조선의 많은 왕들이 방계, 즉 군 출신이었습니다. 조선에서 적장자 상속이 이루어진 경우는 문종, 단종, 연산군, 인종, 현종, 숙종, 순종 등 단 7명뿐이었습니다. 멀리 갈 필요도 없이 태종 때까지도 적장자 상속이라는 원칙은 단 한 번도 지켜지지 않았습니다. 태조는 계비 소생인 방석을 세자로 책봉하였다가 본처 소생인 이방원이 주도한 왕자의 난을 겪었습니다. 왕자의 난 이후 즉위한 2대 정종은 태조(이성계)의 두 번째 아들이었고, 정종을 물러나게 하고 왕위에 오른 태종은 태조의 5째 아들이었습니다. 피를 흘리며 처절하게 왕위에 오른 태종은 당연히 그 누구보다도 적장자가 왕위에 오르기를 바랐습니다.

태종의 소망대로 민씨는 장자 양녕 대군 제를 낳았습니다. 양녕 대군은 8세에 원자에 봉해지고 10세에 세자로 책봉되었고, 태종을 대신하여 대리청정의 기간도 거쳤습니다. 하지만 1418년 25세의 나이에 양녕 대군은 무려 15년간 있었던 세자 자리에서 내려오게 됩니다. 세자의 위치에서 폐위되거나 병으로 죽어 왕이 되지 못한 이는 8명이 있었습니다만, 병과 반정이라는 특수한 상황을 제외하고 세자의 자리에서 쫓겨나 자신을 대신한 국왕의 치세를 겪은 이는 양녕 대군이 유일합니다.

그렇다면 왜 완벽한 자격을 갖춘 양녕 대군은 세자 자리에서 쫓겨났을까요? 임진왜란 전까지 정사와 야사에서는 양녕 대군이 학문에 뜻이 없고 여색을 밝히고, 세자로서의 품위를 잃어 폐위 당하였다는 설이 유력하였습니다. 임진왜란 이후에는 양녕 대군이 태종의 뜻이 셋째 아들인 충녕에게 가 있음을 확인하고, 일부러 미친 척을 하여 세자 자리에서 물러난 비운의 주인공이라는 설이 등장하기도 합니다. 이처럼 양녕 대군의 폐위에 대한 정확한 해석은 쉽지 않습니다. 다만 짐작할 수 있는 것은 양녕 대군의 타고난 기질이 태종이 원한 조선의 군주상이 맞지 않았다는 것입니다. 그에 비해 충녕 대군은 능력과 자질이 우수하였다는 점입니다.

1418년 태종은 신하들의 건의를 받는 절차를 취하여 양녕 대군을 세자의 자리에서 물러나게 하였습니다. 태종이 세자의 폐위를 결정할 수 있었던 것은 양녕의 기행도 문제였지만 무엇보다 3째 아들 충녕에 대한 믿음이 있었기 때문입니다. 태종은 충녕을 세자로 선택한 3가지를 이유를 밝혔습니다. 충녕이 배우기를 부지런히 한다는 것, 정치의 대체 즉 다스림의 본질을 안다는 것, 마지막으로 장차 크게 될 자질을 갖고 있는 자식이 있다는 것입니다. 1418년 6월 충녕 대군은 왕세자에 책봉되었고, 같은 해 8월에 태종의 양위를 받아 즉위하였습니다.

우리나라의 최초의 싱크탱크, 집현전

세종의 시대를 이야기 할 때 빼놓을 수 없는 정치 기구가 있습니다. 이미 많은 분들이 답을 알고 있을 것 같은데요. 바로 조선 시대를 대표하는 학문 연구 기관이자, 세종 시대 학문과 문화 사업의 전성기를 이끈 집현전입니다. 세종은 좋은 정치를 펼치려면 무엇보다 뛰어난 인재를 기르고 학문을 발전시켜야 한다는 생각을 하였습니다. 이에 세종은 왕위에 오르자 곧바로 경연을 활성화하여 학문에 깊은 관심을 보였습니다. 경연은 왕과 신하가 모여 유교 경전과 역사를 공부하면서 학문과 정책을 토론하던 제도입니다. 그리고 세종은 즉위한 지 1년 6개월 만에 집현전을 설립하였습니다. 집현전은 세조가 혁파할 때까지 37년 동안 존속하였습니다. 그런데 우리는 짧은 기간 존속하였던 집현전을 왜 이리도 강렬하게 기억하는 것일까요?

세종은 집현전을 완전한 국가 기관으로 승격시켜 학문의 중심 기구로 삼았습니다. 그리고 '재행연소자才行年少者'라 하여 재주와 행실이 뛰어난 최고의 젊은 인재들을 모았습니다. 그 결과 신숙주, 성삼문, 정인지, 최항 등 세종 시대를 대표하는 학자들이 속속 집현전에 모여들었습니다.

세종은 조선 최고의 인재들에게 어떤 임무를 부여하였을까요? 세종은 집현전 학자들에게 독서와 학문 연구, 그리고 이를 바탕으로 한 정책 결정과 국가 주요 간행물의 편찬 사업 임무를 주었습니다. 따라서 집현전 학자들은 주로 고대의 제도를 분석하고, 정치 현안이 되는 정책 과제들을 연구하였습니다. 또한 중국의 서적들도 참조하면서 당시의 현실에 맞는 사례들을 수집하고 정리하였습니다. 예를 들면 주택에 관한 옛 제도 조사, 중국 사신이 왔을 때의 접대 방안, 염전법에 관한 연구, 외교 문서의 작성, 조선의 약초 조사 등 다양한 연구와 편찬 활동을 맡았습니다. 이외에도 집현전의 학자들은 왕을 교육하는 경연관, 왕세자를 교육하는 서연관, 과거 시험의 시관, 역사를 기록하는 사관의 임무도 하였습니다.

집현전에서는 역사 교과서와 수능에도 나오는 『농사직설』, 『향약집성방』, 『칠정산』, 『삼강행실도』, 『국조오례의』 등과 같은 의학, 역사, 의례, 국방 등 전 분야에 걸친 많은 책들이 편찬되었습니다. 여기서는 몇 가지 책만 살펴보겠습니다. 먼저 『농사직설』입니다. 책 제목에서 알 수 있듯이 '노농(老農)' 즉 오랜 농사 경험이 있는 농민들이 직접 농사지은 체험담을 바탕으로 편찬한 것입니다. 『농사직설』은 백성들에게 우리 풍토에 꼭 맞는 자주적 농법의 보급에 기여하였습니다. 『향약집성방』은 병 치료에 쓰이는 수많은 한약 처방 가운데

집현전(ⓒ문화해설사 안지명)

에서도 주로 우리나라에서 나는 약초로 구성된 처방들을 기본으로 다룬 책입니다. 『칠정산』은 우리 하늘에서 일어나는 각종 천문 현상 및 북극 고도 관측과 각종 역법 이론을 연구하여, 우리 실정에 맞는 역법[2]을 담은 책으로 모든 백성들에게 정확한 때와 시를 알려주는 데 기여하였습니다. 이처럼 집현전에서 편찬된 모든 책들은 기본적으로 세종의 애민 정신이 담겨 있었습니다.

한편 세종이 가장 서두른 것 중의 하나가 천체의 위치를 제대로 관측할 수 있는 기기나 정확한 시간을 알려주는 과학 기구를 제작하는 것이었습니다. 이 부분은 다음에 다룰 인물인 장영실에서 제대로 알아보겠습니다.

세종은 자신의 씽크탱크 즉 정책 연구소와도 같은 집현전에 근무하는 학자들을 얼마나 아꼈을까요? 세종에게는 정말 눈에 넣어도 아프지 않는 것이 집현전의 학자들이었을 것입니다. 아꼈던 만큼 세종은 수시로 집현전을 방문하여 학자들을 격려하였습니다. 오늘날로 치면 회사의 오너가 끊임없이 사원들이

있는 사무실을 방문하는 것인데, 저라면 엄청 부담스러울 것 같은데요. 세종의 대표적인 미담 중 하나를 살펴보겠습니다.

---

2 역법이란 천체의 주기적 운동을 살피고 예측하여, 인간의 생활을 합리적으로 통제하기 위해 시간의 단위 등을 만드는 법칙입니다. 한마디로 역법은 곧 달력이며 시간을 정하는 원리를 말합니다.

"신숙주가 집현전에 들어가 장서각에서 평소에 보지 못한 책들을 가져다 보며 밤을 새웠다. 하루 저녁에는 삼경(三更)이 되었을 때 세종이 환관 하나를 보내어 보고 오라고 하였다. 공은 여전히 촛불을 켜고 독서하였는데, 3, 4차례 가서 보아도 여전히 그치지 않고 독서하다가, 닭이 운 뒤에야 잠을 잤다. 주상께서 담비 가죽옷을 벗어 푹 잠든 틈을 타서 덮어 주도록 하였다. 신숙주가 아침에 일어나 비로소 알았다. 사림에서 이 말을 듣고 힘쓰지 않는 사람이 없었다."

– 김안로, 「용천담 적기」

이외에 세종은 집현전 학자들에게 당시에는 최고의 특산물이었던 귤을 하사하여 학자들의 사기를 높여 주었습니다. 오늘날 마트에서 쉽게 구할 수 있는 그 귤을 생각하면 안 됩니다. 제주도에서 왕에게 진상하는 귤은 오늘날 흡사 철갑상어 알을 소금에 절인 식품인 캐비아에 버금가는 가치를 지닌 귀한 음식이었습니다. 또한 세종은 집현전 학자들을 위해 사가독서제를 시행하였습니다. 이는 왕이 하사하는 유급 휴가제도였습니다. 심신이 지친 학자들에게 재충전의 기회를 준 것으로, 오늘날 대학교나 기업체, 공공기관에서 실시하고 있는 연구년이나 안식년 제도와 비슷합니다.

민족문화의 새로운 지평을 열 훈민정음 창제

만약에 길을 가다 아무나 붙잡고, 세종이 일군 수많은 업적 중에 단 하나만 말해 달라고 한다면 어떤 답변이 나올까요? 장담컨대 초등학생부터 성인까지 모두 훈민정음 창제라고 말할 것입니다. 극단적으로 말하면 조선 시대 세종을 제외한 26명 왕의 모든 업적을 합해도 훈민정음 창제를 뛰어넘는 것이 쉽지 않을 것입니다.

세종의 최고 업적인 훈민정음 창제를 놓고도 다양한 이야기가 나오고 있는 것을 아시나요. 바로 훈민정음은 누가 만들었으며, 언제부터 연구가 되었는가에 대한 질문입니다. 훈민정음은 창제자가 분명한 독특한 문자입니다. 하지만, 정작 그 창제자가 누구인지를 두고 갑론을박이 벌어지고 있는 것입니다. 학계에서는 세종이 몸소 창제했다는 '친제설'과 다른 학자들의 도움을 받아 창제했다는 '창제협찬설'이 팽팽하게 맞서고 있습니다. 대체로 국문학계에선 '친제설'이 역사학계선 '창제협찬설'이 우세한 편입니다.

그렇다면 훈민정음은 세종대왕이 홀로 만든 것일까요? 먼저, 세종대왕이 몸소 창제했다는 '친제설'의 근거를 보겠습니다. 당시 훈민정음 창제 작업은 공식적으로 진행할 수 없는 상황이었습니다. 그런 까닭에 집현전 학자들을 투입할 수 없었습니다. 물론 훈민정음 창제에 집현전 학자들을 중 일부가 세종에게 도움을 줄 수는 있습니다. 하지만 그것은 어디까지나 세종의 질문에 답하는 정도의 조력자 위치에 불과하다는 것입니다.

그리고 세종이 훈민정음을 반포할 때까지 문자 창제에 관한 언급이 단 한 마디도 없다는 것입니다. 임금의 공식적인 행동과 말이 모두 기록되던 당시에 공식적인 사안이 전혀 기록되지 않는다는 것은 불가능합니다. 이는 훈민정음은 세종이 홀로 극비리에 진행하였다는 증거로 봅니다. 그렇다면 세종은 이 엄청난 일을 왜 홀로 극비리에 진행하였을까요? 한글은 창제 때부터 극렬

한 반대에 부딪혔습니다. 반대 세력은 한글 창제에 기여한 집현전 학자들이 다수였는데 대표적 인물로 오늘날 전임 교수급인 집현전 부제학 최만리가 있습니다.

최만리는 1444년 2월 20일 신석조, 김문, 하위지, 정창손 등 집현전 학자들과 함께 훈민정음 창제에 반대하는 상소문을 올렸습니다. 이 집단 상소는 훈민정음 창제가 1443년 12월(정확한 날짜 모름)에 공개되었으므로 짧게는 두 달하고도 스무날 뒤에, 많게는 세 달쯤 뒤에 올려진 것입니다. 최만리의 상소문을 요약하자면 첫째는 새 문자를 만들어 단독으로 쓴다는 말이 중국에 흘러들어가면 비난을 받을 수 있다는 것, 둘째는 중화의 문자인 한자를 대신하여 훈민정음을 쓰면 스스로 오랑캐가 된다는 것, 셋째는 설총의 이두로써 가능한 일을 굳이 훈민정음으로 대체할 필요가 없다는 것, 넷째는 창제 취지 중하나인 훈민정음 보급이 억울한 사람을 줄일 수 있다는 논리가 옳지 않다는 것 등이었습니다.

최만리 등 반대파들이 가장 걱정하던 부분은 한글이 배우기 쉽다는 것이었습니다. 최만리는 "27자의 언문(한글)으로도 족히 세상에 입신할 수 있다면 누가 고심 노사해 성리의 학문을 배우려 하겠느냐"고 우려하였습니다. 이들에게 문자는 자기들만이 아는 것이고, 학문은 자신들만의 고유한 영역이었던 것입니다. 한마디로 반대파들은 지금까지 누리던 학문적 권위를 잃고, 더 나아가 권력의 상당 부분을 잃을까봐 걱정하였던 것입니다.

세종의 뛰어난 음운학 능력과 여러 기록들도 친제설을 뒷받침합니다. 신숙주 등이 남긴 여러 자료에서 세종의 뛰어난 학문 능력과 언어 능력을 볼 수 있습니다. 특히 최만리가 반대 상소를 올렸을 때 세종은 "그대들이 운서를 아느냐?, 사성과 칠음을 알며 자모는 몇이나 있는지 아느냐? 내가 운서를 바로 잡지 않는다면 누가 바로 잡을 것이냐?…"라며 음운학 연구에 강한 자신감을 보였습니다.

그렇다면 세종이 훈민정음을 다른 협조자들과 함께 만들었다는 근거는 무엇일까요? 창제협찬설은 새로운 문자 창제를 혼자서 하기엔 어려웠으리라는 것과 왕이란 지위가 갖는 힘이 있는데 혼자서 하지 않았을 거라는 의구심에서부터 시작합니다.

조선 초기 문신 성현이 쓴 수필집 『용재총화』 7권에서는 세종이 언문청을 세워 신숙주, 성삼문 등에게 글을 만들도록 명을 내렸다는 기록이 있습니다. 또한 1906년 근대 개화기 국어학자인 주시경이 작성한 『대한국어문법』에서도 세종이 집현전 학자들의 도움을 받아 훈민정음을 창제했다고 기록하고 있습니다. 결국 세종은 신하들의 반대를 피해 비밀리에 일부 측근의 학자들을 주도하여 훈민정음 창제를 추진하였다는 것입니다. 최만리의 반대 상소문이 그 당시 상황을 보여주는 것이고, 훈민정음 창제는 세종과 집현전 8학사들의 협찬으로 이루어졌다는 것입니다.

도대체 세종은 언제부터 문자 창제 작업을 시작하였을까요? 우선 세종에게 가장 필요한 것은 문자 창제에 전념할 수 있는 시간이었습니다. 이를 위해 태종 때부터 시행되던 6조 직계제 대신에 재위 18년만인 1436년 의정부 서

사제를 시행합니다. 이듬해인 1437년에는 세자에게 서무 결재권까지 넘겼습니다.

이때 세종은 마흔 한 살이었습니다. 왕의 가장 중요한 업무인 서무 결재권을 넘겨줄 만큼 세종에게 훈민정음 창제를 위한 시간이 필요하였던 것입니다. 이때부터 세종은 많은 운서를 읽으면서 언어학적 지식을 쌓았고, 부족한 부분을 채우거나 문제점을 보완하기 위해 중국과 일본으로 사람을 보내 책을 구해오기도 하였습니다. 지식이 깊어지면서 세종은 본격적으로 새로운 문자의 창제 작업을 시작하였습니다. 따라서 훈민정음의 창제 작업은 의정부 서사제를 시행하였던 1436년 쯤에 시작된 것으로 추정할 수 있습니다. 세종의 은밀한 작업은 6여 년 동안 진행되었고, 심지어 왕자들과 최측근 집현전 학자들도 무슨 일을 계획하고 있는지 정확하게 알지 못하였습니다. 마침내 세종은 1433년 훈민정음을 창제하였고, 1446년 훈민정음을 반포하였습니다.

그렇다면 세종은 왜 새로운 문자를 원하였을까요? 세종이 백성을 가르치는 바른 소리라는 뜻을 담고 있는 훈민정음을 창제한 취지는 간단합니다.

> "나랏말이 중국과 달라 한자(漢字)와 서로 통하지 아니하므로, 우매한 백성들이 말하고 싶은 것이 있어도 마침내 제 뜻을 잘 표현하지 못하는 사람이 많다. 내 이를 딱하게 여기어 새로 28자(字)를 만들었으니, 사람들로 하여금 쉬 익히어 날마다 쓰는 데 편하게 할 뿐이다"
>
> — 『세종실록』

그런데 훈민정음 창제의 직접적인 이유가 하나 있습니다. 바로 당시 백성들이 사용하던 이두의 문제점 때문입니다. 이두는 한자의 음과 훈을 빌려 우리말을 기록하던 표기법입니다. 한글 창제가 본격화되기 전인 1432년 36세의 세종은 일반 백성들을 위해 법률을 조목별로 적은 글인 율문을 이두로 번역하여 반포할 것을 명하였습니다.

이두로 번역된 법률이 백성에게 반포되는 일은 없었습니다. 그 이유에 대한 기록은 없지만, 이두가 가진 한계성으로 반포되지 못한 것으로 추정합니다. 이처럼 세종은 이두의 한계성을 명확하게 알았고, 그 누구라도 쉽게 배울 수 있는 문자를 만들고자 하였습니다. 그리고 훈민정음 창제로 이어졌던 것입니다. 역사에 만약은 없지만 이두가 조선 백성들의 의사를 전달하는 데 아무런 문제가 없었다면 우리는 훈민정음을 사용하지 못할 수도 있었을 것입니다.

한글은 우리나라뿐만 아니라 일찍이 세계의 저명한 기관과 학자, 작가들에게 우수성을 인정받고 있습니다. 세계인이 한글을 우수하다고 말하는 이유는 무엇일까요? 다들 아시는 것처럼 한글은 14개의 자음과 10개의 모음 등 24자로 이루어져 있습니다. 여기서 앞서 『세종실록』에 '새로 28자(字)를 만들었으니'라는 부분이 오타라고 생각하시는 분들이 있을 것 같은데요. 세종이 훈민정음을 창제하고 반포했을 당시에는 자음 17자, 모음 11자 등 총 28자가 맞습니다. 시간이 흘러 현재 28자 중 일부가 폐기되면서 자음 14자, 모음 10자 등 24자만 쓰이고 있는 것입니다. 현재 쓰이지 않는 4자는 'ㅿ, ㆁ, ㆆ, ㆍ(반치음, 옛이응, 여린히읗, 아래아)'입니다. 오늘날 우리는 24개의 자·모음만으로 약 1만 1천 개 이상의 문자와 소리를 만들어 낼 수 있습니다. 이 때문에 우리

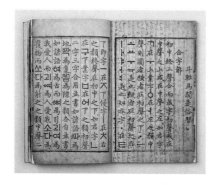

는 어릴 때부터 한글의 조합 원리를 통해 수학과 과학의 원리가 언어에 내재되어 있음을 습득합니다.

한글은 사람이 말하는 소리를 그대로 문자로 옮기는 표음문자이기 때문에 독창성과 우수성을 인정받습니다. 인도네시아 찌아찌아족이 자신들의 언어를 우리의 한글로 표현할 수 있었던 사례도 있었습니다. 이처럼 한글의 최고 장점은 표음 문자인 동시에 조합하기도 쉬운 문자로써 배우기가 쉽다는 것입니다. 주목할 점은 문자의 해설이 주어지는 경우는 한글이 유일하다는 것입니다. 그 증거는 한글 해설집『훈민정음 해례본』으로 이를 통해 우리는 한글의 창제 원리와 사용법을 알 수 있고, 한글의 과학성을 증명할 수 있습니다. 이러한 이유로 유네스코는 1997년 10월 1일에 우리나라 훈민정음을 세계 기록 유산으로 지정하기에 이르렀습니다.

여러분에게 충격적인 정보를 알려드리겠습니다. 미래에는 컴퓨터의 자판이 없어지고 음성 인식을 이용한 기술이 발달할 것이라고 합니다. 그렇게 되면 같은 음소 문자인 알파벳과 달리 한글은 하나의 모음이 하나의 소리값을 가지기 때문에 한글이 음성 인식에서 뛰어난 강점을 발휘할 것이라고 합니다. 앞으로 다가올 시대에는 한글이 우리나라에게 새로운 힘을 안겨 줄지도

---

3   문화재청 국가문화유산포털(www.heritage.go.kr)

모르겠습니다.

오늘날 대한민국의 영토를 확립하다

여러분들은 선입견을 갖고 누군가를 본 적이 있나요? 저는 평소 강의나 방송에서 쾌활한 모습만을 보여줘서 그런지 많은 분들이 저를 가벼운 사람으로 생각합니다. 제가 직접 말하는 것이 이상하지만 저는 평소에 정말 진중하고 조용한 스타일입니다. 이처럼 많은 사람들이 세종에 가지는 선입견이 있습니다. 세종은 문약하고 나약하다는 이미지입니다.

세종의 문약하고 나약한 이미지는 훈민정음 창제 등 문화·과학 분야에 업적이 두드러진 것과 관련이 있습니다. 실제로 세종은 몸 쓰기를 싫어하여 아버지 태종의 걱정을 사기도 하였습니다. 태종은 세종에게 왕위를 물려주고 상왕이 되었을 때 신하들에게 "주상(세종)은 사냥을 좋아하지 않는다. 몸이 비중(뚱뚱함)하니 알맞게 절제함이 필요하다. 또한 문무 가운데 어느 쪽도 소홀히 해서는 안 되니, 나는 장차 주상과 더불어 사냥을 겸한 군사 훈련을 하려고 한다."고 말하기도 하였습니다.

하지만 세종은 국가의 영토 확보에 관한 한 기회가 있을 때마다 단호한 의지를 표명하였습니다. 세종의 수많은 업적 중에 단연 최고는 훈민정음 창제입니다. 그런데 세종이 이룬 업적들을 하나의 미션으로 본다면 가장 난이도가 높은 것은 따로 있습니다. 바로 북방 영토 개척의 결과로 설치한 4군 6진입니다. 세종이 대대적인 군사 작전을 벌여 여진을 몰아내고 4군과 6진을 설치하지 않았더라면 우리는 오늘날과 같은 국경선을 확정하지 못하였을 것입니다.

1433년 여진족 사회가 경제적으로 상황이 좋지 않고, 사회가 불안해지자 장차 4군에 해당되는 강계, 여원 지역의 부족장 이만주가 조선을 침입하는 사건이 발생합니다. 세종은 이만주의 침입에 맞서 전면전을 주장하기에는 정치적인 부담이 컸지만 백성들이 여진족에게 약탈당하는 것을 두고 볼 수 없었습니다. 세종은 여진 정벌을 위한 회의를 하였고, 여진족과 전면전을 위해서는 1만 명의 인원이 필요하다는 결론이 나오자 망설임 없이 1만 5천 명의 병력을 동원하며 1차 여진 정벌을 승인합니다.

세종은 도원수 최윤덕을 중심으로 하여 이순몽을 중군 절제사로, 최해산을 좌군 절제사로, 이각을 우군정제사로 임명하고, 1만 5천 명의 군사를 나눠 동시 공격을 명하였습니다. 그 결과 거의 모든 군은 성공적인 군사 작전을 펼쳤고, 이만주의 거점을 파괴하고 그의 가족을 살해하는 등 뛰어난 전과를 거두었습니다. 그리고 여연군의 중간 지역인 자작에 성을 쌓고 자성군을 설치하였습니다.

그런데 문제는 압록강 일대에서 여전히 이만주 부족을 중심으로 인근 여러 부족들이 격렬한 저항을 한다는 것이었습니다. 이만주는 1차 여진 정벌의 결과로 가족들이 살해당하자 4년간 무려 6차례에 걸쳐 조선을 침입하였고, 4군 지역의 조선인들을 끊임없이 괴롭혔습니다. 1436년 5월에는 여진의 올량합 부족이 기병 500기를 이끌고 침입하여 남녀 14명을 납치, 말 51필과 소 34두를 약탈, 조선군 8명을 살해하였습니다. 이들은 이듬해에도 재침입하여 조선 군 11명을 살해하였습니다.

여진족의 침입이 계속 이어지자 조선은 2차 여진 정벌을 계획합니다. 얼핏 보면 정황상 여진의 침입으로 급작스럽게 2차 여진 정벌이 이루진 것처럼 보입니다. 하지만 세종은 1차 여진 정벌과 마찬가지로 치밀한 준비와 함께 여진 이 공격할 명분을 주기만을 기다리고 있었습니다. 그 예로 세종은 성공적인 2차 여진 정벌을 위해 오늘날의 특전사나 네이비실 같은 특수 부대 체탐자를 조직합니다. 이들은 여진족 국경을 넘어들면서 적의 움직임이나 침공 징후를 탐지하고 그 지역 정보원과 접촉하는 임무를 수행하였습니다.

조선군은 2차 여진 정벌 전에 체탐자를 여러 차례 침투시켜 주요 공격지 인 오녀산성을 정찰하는 등 만반의 준비를 하였습니다. 그리고 1437년 평안 도 절제사 이천을 총사령관으로 임명하고 8천 명으로 이만주의 거점인 오녀 산성을 공격합니다. 그 결과 조선군은 비록 1명이 전사하는 피해를 입었지 만, 여진족 46명을 살해하고, 14명을 포로로 잡는 전과를 거두었습니다. 이후 1440년 무창현을 설치하였고, 1442년 군으로 승격시켰습니다. 1443년에는 여연군과 자성군의 중간 시점인 우예보에 우예군을 설치함으로써 4군의 설 치를 완료하였습니다.

여기서 생각보다 여진족의 피해 정도가 적다는 생각하는 분들이 있을 것 같습니다. 그 이유는 세종이 학살과 같은 불필요한 살생은 원한만 쌓을 뿐이 니 적의 피해를 최소화하라는 명령을 내렸기 때문입니다. 이를 통해 세종의 최종 목표는 국경 지대의 여진족을 초토화시켜 몰살하는 것이 아니라, 그들을 안정화시켜 4군 6진을 완성하고 압록강과 두만강을 위시한 국경선을 세우는 것이었다는 사실을 알 수 있습니다.

4군 6진 지도

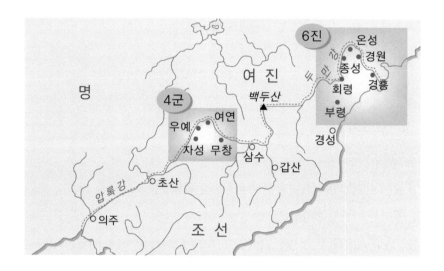

세종이 2차 여진 정벌 후 4군을 설치하자 6진 지역의 여진족들은 동요하기 시작합니다. 그러다 여진 부족들 간의 내부 투쟁이 시작되었고, 이 과정에서 먼터부 부족의 추장과 아들이 모두 전사하는 사건이 발생합니다.

세종은 이 기회를 놓치지 않았습니다. 1434년부터 김종서의 주도 아래 6진을 개척하였고, 회령부 · 경원부 · 종성군 · 경흥군을 설치하였습니다. 1440년에는 평안·함길도 도체찰사이며 병조판서였던 황보인의 건의로 온성군이 설치되었습니다. 1441년에는 황보인을 함길도로 보내 이 지역의 방어를 더욱 충실히 하였습니다. 이처럼 6진의 핵심 지역인 회령을 되찾고, 기존의 국경선을 두만강으로 올리며 4군 6진을 완성하게 됩니다.

조선의 뼈대를 세우고 오백 년간 이어진 국가의 로드맵을 제시한 세종은 1450년 2월 54세의 나이로 생애를 마감합니다. 세종은 31년 6개월의 재위 기간 동안 단 하나의 통치 철학이 있었습니다. 바로 애민 정신으로 나라를 이끄는 정책 하나 하나에 백성을 사랑하는 마음이 깃들어 있었습니다. 그래서 오늘날까지 우리는 세종의 모습에서 이 시대에 필요한 지도자상을 찾는 것이 아닐까요?

02

장영실

　오늘날 많은 사람들은 흙수저의 한계를 이겨내고 크게 성공한 사람들에게 깊은 관심을 갖고 있습니다. 흙수저의 성공 사례로 글로벌 종합생명공학 기업이 된 셀트리온을 만든 평범한 월급쟁이 출신 '서정진', 병아리 10마리로 시작하여 대기업 하림을 만든 '김홍국', 국내 게임 업계를 대표하는 넷마블게임즈를 만든 진품 흙수저 '방준혁' 등이 있습니다.

　조선 시대에도 흙수저 출신으로 성공한 인물이 있습니다. 성리학을 근간으로 한 엄격한 신분세 사회에서 노비로 태어났으나, 어릴 때부터 천재성을 인정받아 궁궐에 들어가 세종과 함께 조선의 과학기술을 세계 최고로 만든 인물, 바로 장영실입니다.

천민인 노예로 태어나다

　우리가 만날 주인공인 장영실은 경상남도 동래현(오늘날의 부산) 출생으로 본관은 아산현(오늘날의 충남 아산)이고, 시조 장서의 9대손으로 '추정'하고 있습니다. 관노였기 때문에 출생 기록이 정확하게 남아있지 않기 때문입니다. 다행스럽게 짧지만 『세종실록』에서 장영실의 태생과 관련된 공식 기록을 볼 수 있습니다.

> "행사직(行司直) 장영실은 그 아비가 본래 원나라의 소주·항주 사람이고, 어미는 기생이었는데, 공교한 솜씨가 보통 사람에 뛰어나므로 태종께서 보호하시었고, 나도 역시 이를 아낀다." – 「세종실록」

세종은 황희와 맹사성에게 장영실을 위와 같이 말합니다. 기록을 통해 장영실의 아버지가 원나라에서 귀화한 인물이며, 어머니가 기생이었다는 것은 확인할 수 있습니다. 하지만 장영실의 부친이 중국에서 무엇을 하던 사람이며, 어떻게 해서 기생과 관계하여 장영실을 낳게 되었는지, 조선에 왕래하던 사람이었는지 아니면 일시적으로 머물렀는지, 그렇지 않으면 귀화를 한 것인지 등에 대해서는 전혀 알 길이 없습니다.

장영실의 본관인 아산 장씨의 족보인 『아산장씨세보』에서 『세종실록』과는 약간 다른 내용을 확인할 수 있습니다. 아산 장씨의 시조인 장서는 중국 송나라의 대장군 출신입니다. 당시 여진족이 세운 금나라가 강성해지자 장서는 정벌을 주장하였지만 받아들여지지 않습니다. 이에 고려 예종 때 장씨는 오씨, 임씨와 함께 배를 타고 충남 아산군 인주면 문방리로 망명하였습니다. 이 소식을 들은 예종은 장서를 아산군에 봉하였고, 이후 그의 후손들은 아산을 본관으로 두었습니다. 족보에 따르면 장영실은 장서의 9세손으로 기재되어 있습니다. 곧, 장영실의 부친은 원나라 사람이 아니라 고려 때 송나라에서 망명한 이후 줄곧 한반도에서 뿌리를 내리고 살았던 귀화인의 후손이 됩니다.

그렇다면 장영실은 어쩌다 관노가 되었을까요? 이를 놓고는 여러 가지 설이 있습니다. 『아산장씨세보』에 따르면 장영실의 아버지 장성휘는 고려 후기 천문 현상, 풍수지리 등을 담당하는 서운관의 판서를 지냈으며 아버지의 5형제 모두 과거에 급제해 장관급 자리까지 오른 것으로 되어 있습니다. 그런데 이성계의 조선 건국으로 고려가 망한 뒤 장성휘만 피신하지 못하여 역적으로 몰려 처형되었다는 것입니다.

이러한 주장을 하는 이들은 장성휘의 다른 네 형제의 묘소는 각각 비안, 의성, 안동, 의흥 등지에 흩어져 있지만, 장성휘의 생몰년도 및 묘소에 관한 기록이 전혀 없다는 점을 강조합니다. 역적은 기록을 남기는 것 자체가 불경이기 때문입니다. 이 주장에 따르면 고려의 고위 관리였던 장성휘의 집안은 역적으로 몰렸고, 어머니는 기생, 장영실은 관노가 되었다는 것입니다. 따라서 조신이 건국될 무렵인 1392년에 만 9세쯤이었던 장영실은 어린시절 높은 벼슬을 지낸 아버지 밑에서 우수한 교육을 받은 것으로 보기도 합니다.

그러나 우리에게 일반적으로 알려진 것은 동래에서 전서 벼슬을 지낸 장성휘와 기생 사이에서 장영실이 태어났다는 것입니다. 조선 시대 관기들은 신분상 천민에 해당합니다. 조선 시대의 엄격한 신분 제도에 따르면 관기가 딸을 낳으면 어머니를 따라 관기가 되었고, 아들은 관노가 되었습니다.

장영실이 하필이면 동래현의 관노로 있었던 것에 대해서는 다음과 같은 주장이 있습니다. 고려 후기 동래현 일대는 왜구들의 침략이 잦았던 국방 요지였는데, 고위직 군사 기술자로 파견된 장성휘가 그 지역의 기생과 인연을 맺어 장영실을 낳았다는 것입니다.

이처럼 장영실의 출생은 여러 가지 가설만 있을 뿐 어떤 것이 사실에 가까운지 현재는 알 길이 없습니다. 다만 장영실의 부친은 『세종실록』에 따르면 원나라 출신의 귀화인, 『아산장씨세보』에 따르면 송나라 출신의 귀화인으로 오늘날로 치면 다문화 가정 출신이었고, 과학적 재능을 타고난 인물이었다는 것은 확실합니다.

노예 신분으로 궁궐에 들어가다

우리는 어릴 때부터 위인전기를 통해 뛰어난 업적을 남긴 인물을 많이 보아 왔습니다. 그런데 신분적으로 높은 위치에 있지 않고서는 좀처럼 이렇다 할 성과를 낸 사람을 찾기는 쉽지 않습니다. 그렇기 때문에 가장 미천한 노비라는 신분을 가졌던 장영실이 놀랄만한 과학 기구를 만들어 냈다는 것은 대단한 일이 아닐 수 없습니다. 노비였던 장영실이 어떻게 궁궐에 들어갈 수 있었는지를 살펴보겠습니다.

관노 시절 장영실이 지방 관청에서 어떤 깃들을 만들고 어떤 솜씨를 드러냈고, 그 소문이 어떻게 궁궐에까지 들어가게 되었는지 현재 알려진 바가 없습니다. 하지만 앞서 언급한『세종실록』의 내용에 따르면 태종 때 이미 솜씨가 좋다는 소문이 있어서 몇 번 궁궐의 공인이 되었고, 그 솜씨를 직접 태종이 보았을 것이라는 추정이 가능합니다.

흔히 장영실은 당시 과거를 통하지 않고 각 도내의 유능한 자를 임금에게 추천하는 도천법이 시행되던 때 관찰사의 추천으로 발탁되었을 것으로 추정합니다.『동래부선생안』을 열람하면 추천된 시기를 알 수 있지만 유감스럽게도 조선 초기 태조 때부터 연산군 말기까지의 114년 치 자료는 빠져있어 천거 연도 및 천거자를 알 수 없습니다. 다행히 장영실이 본격적으로 관직에 오른 후의 활동은 기록을 통해 볼 수 있습니다.

장영실, 세종 대왕과 만나다

여러분들은 "우리 역사에 있어 과학과 문화의 황금기는 언제인가?"라는 질문을 받는다면 어떤 답변할 건가요? 대부분이 일말의 망설임도 없이 세종이 재위하였던 시기라고 답할 것입니다. 이 시기는 세종의 명에 의해 방대한 과학 사업이 이루어졌습니다. 특히 천문학 및 역학 분야가 주류였는데요, 이때 장영실은 세종이 이루고자 하였던 사업을 실제로 실현시켜주는 역할을 하였습니다.

태종 때 발탁된 장영실은 세종이 즉위하면서 그 이름을 본격적으로 세상에 떨치기 시작합니다. 조선 후기 학자 이긍익의『연려실기술』에서 가장 이른 시기 장영실의 활동을 볼 수 있습니다.

> "장영실은 비록 지위가 천하나 재주가 민첩한 것은 따를 자가 없었다. 너희들이 중국에 가서 각종 천문기구의 모양을 모두 눈에 익혀 와서 빨리 모방하여 만들어라"

> "또한 이들을 중국에 들여보낼 때에 명나라 예부에 자문을 보내어 『조력학산』과 각종 천문 서책을 구입하고, 보루각·흠경각의 혼천의 도식 견본을 가져오게 하라."

세종은 장영실 일행이 당시 세계 최고를 자랑하던 중국의 천문 시설을 배워와 이를 조선에서 재연해 주길 원하였습니다. 세종의 바람대로 장영실 일행은 1년간 중국에 머무르면서 각종 천문 관련 서적을 구입하였고, 천문 관측소인 흠경각과 보루각의 제도에 대해서도 많은 공부를 하고 귀국하였습니다. 노비의 신분을 벗어나지 못한 장영실이 오늘날의 국비 유학생이나 국비 기술연수단의 자격으로 중국에 파견된 것을 보면 세종이 얼마나 그를 아꼈는지 짐작할 수 있습니다.

세종은 장영실 일행이 귀국하자 곧바로 장영실·윤사웅 등에게 흠경각과 보루각, 혼천의 등을 제작하는 일을 맡겼습니다. 여기서 한 가지 의문이 생길 수 있습니다. 거칠게 표현하자면, 세종이 장영실을 관노비로써 그의 뛰어난 능력을 착취한 건 아닌지 말입니다. 다들 아시는 것처럼 세종은 악덕 군주가 아닙니다. 『세종실록』, 『연려실기술』에는 세종이 장영실을 천인 신분에서 벗어날 수 있도록 노력하는 모습을 볼 수 있습니다. 장영실이 중국에서 귀국한 이후인 1422~1423년경에 세종은 장영실을 면천하여 상의원의 별좌에 임명하려는 뜻을 가지고, 이를 이조판서 허조와 병조판서 조말생 등과 함께 의논하였습니다. 그러나 두 대신의 의견이 일치하지 않자, 세종은 자신의 뜻을 일단 철회하였습니다.

그러나 장영실을 관직에 임용하려는 생각을 갖고 있던 세종은 또다시 유정현 등과 논의하여 장영실을 상의원[4] 별좌에 임명하였습니다. 장영실이 정확히 언제 상의원 별좌에 임명되어 면천이 된지는 불분명하지만, 1425년 이전으로 추정합니다. 세종은 이미 장영실의 정교한 기술과 솜씨를 파악하고 있었기 때문에 상의원에 배치하였던 것입니다.

왕과 백성을 위해 하늘을 만나다

전 세계 사람들에게 최고의 발명왕은 누가 뭐라 해도 토마스 에디슨일 것입니다. 에디슨의 발명으로 우리는 이전에는 경험하지 못한 새로운 빛을 전구를 통해 만나고, 축음기를 통해 새로운 소리를 듣게 되었습니다. 이런 에디슨이 평생 동안 천여 가지가 넘는 발명품들을 만들어 냈다면 비록 시기와 나라는 다르지만 장영실은 조선 시대의 발명왕이었습니다. 다만 차이점은 시대의 벽에 막혀 자신의 능력과 꿈을 한평생 제대로 펼치지 못하였다는 것입니다.

---

4 상의원은 조선 국왕과 왕비의 의복을 만들어 바치고, 내부의 보화·금보 등을 맡아보던 관아입니다.

세종은 즉위한 지 14년이 지난 1432년 경연에서 천문학의 이치를 논하면서 정인지 등에게 다음과 같이 말합니다.

"우리나라는 예로부터 중국의 제도를 따라서 시행하는데 천문을 관측하는 기구가 없으니 관측기구를 만들어 천문을 관측하는 데 대비하라."

"중요한 것은 조선과 하늘의 북극 간의 고도를 측정하는 것일 테니, 간의라는 관측기구를 만들어보는 것이 좋겠다."

세종의 명으로 천문 관측기구 제작을 위한 프로젝트 연구팀이 만들어졌고, 당시 중추원사였던 장영실은 이천을 도와 천문 관측기구의 제작과 감독을 병행하였습니다. 당시 천문 관측을 위해 가장 중요한 기구는 무엇일까요? 세종이 제작을 명하였던 간의입니다. 간의는 동아시아에서 가장 오랜 기간 사용된 관측기구인 혼천의를 간편하게 개량하고 업그레이드한 것입니다. 1432년 장영실과 이천은 목재로 간의를 제작하고, 실험에 성공하자 구리로 주조하였습니다.

1433년 장영실을 비롯한 연구팀은 혼천의를 제작합니다. 혼천의를 업그레이드한 것이 간의인데 혼천의를 뒤늦게 만든 것이 의아할 것입니다. 조선의 혼천의는 중국 천문 시계의 제작 방법을 검토한 후 자체적으로 연구해서 만든 기구입니다. 기존의 혼천의와는 다르게 북근성을 기준 삼아 천체의 위치와 운행에 시간까지 측정할 수 있는 천문 관측 시계의 역할도 하였습니다.

간의와 혼천의라는 천체 관측의 핵심 기구가 완성되자, 1438년에는 나라의 경사가 있을 때 잔치를 열던 경회루 북쪽에 국가 종합 천문대 격인 간의대를 설치하였습니다. 세종이 간의를 제작하라는 명을 내린지 7년 만의 일입니다. 아울러 대간의·소간의를 비롯하여 휴대용 해시계인 현주일구·천평일구·정남일구·앙부일구·일성정시의·규표 등의 여러 관측기구들을 제작하였습니다. 간의대 사업으로 조선은 한양을 중심으로 하늘의 움직임과 시간을 관측할 토대를 마련할 수 있었습니다.

천체 관측에 관심이 있는 분들은 기초 상식으로 아는 것이 있습니다. 천체 기구는 크면 클수록 더욱 정밀한 관측을 할 수 있다는 것입니다. 『세종실록』에 나오는 간의대 설계 내용을 보면, 높이가 9.5미터, 너비 9.8미터, 길이 14미터에 이르렀다고 합니다. 정말 엄청난 규모이지 않나요. 오늘날 세종 시기에 장영실이 만든 간의는 없어지고, 그 부품조차 남아 있지 않습니다. 하지만 기록을 통해 장영실이 만든 간의는 기능 면이나 실용 면에서 매우 우수하였고, 비록 눈으로 보는 관측기구이지만 근대적인 천문대의 기본적인 기능을 갖추었다는 것을 확인할 수 있습니다.

관상감 관천대

백성을 향한 따뜻한 마음이 깃든 그림자 시계를 만들다

오늘날 우리의 삶은 하루 24시간, 1년 365일로 규정되어 있습니다. 그런데 지금과 같은 표준시간이 없었던 옛날에는 어떻게 시간을 알았을까요? 자연 시계인 태양을 이용했습니다. 하지만 태양만 올려다봐서는 정확한 시간을 알 수 없습니다. 그래서 그림자의 길이로 시간을 알 수 있는 해시계가 등장합니다.

1434년 장영실을 비롯한 연구팀은 해시계인 앙부일구를 제작합니다. 앙부는 '하늘을 쳐다보고 있는 솥'을, 일구는 '해의 그림자'라는 의미를 갖고 있습니다. 앙부일구는 '1년 중 절기'와 '하루 중 시각'을 동시에 잴 수 있는 기능을 가진 해시계입니다.

앙부일구(ⓒ문화재청 국가문화유산포털)

앙부일구는 기본적으로 시반, 영침, 밤침대로 구성되었습니다. 보통 해시계는 해그림자가 표시되는 시반면이 평면인 경우가 많은데, 앙부일구는 오목한 반구형입니다. 왜 앙부일구는 오목한 가마솥 모양으로 하늘을 우러르게 만들었을까요? 그것은 작은 크기로도 시간선, 절기(날짜)선을 나타내는 데 효과적이었기 때문입니다. 시계판에는 세로선 7줄, 가로선 13줄에 시곗바늘의 그림자로 시간을 알 수 있는 영침이 있습니다. 영침의 끝 부분(막대 축)은 북극을 가리킵니다. 세로선은 시각, 가로선을 계절을 각각 나타냅니다.

앙부일구의 가장 놀라운 점은 세종이 백성을 근본에 두는 민본정치가 고스란히 담겨 있다는 것입니다. 『세종실록』에는 당시 집현전 직제학이었던 김돈이 지은 앙부일구의 명문이 있습니다.

> "설치해 베푸는 것 중에 시각을 알려 주는 것만큼 큰 것이 없습니다. … 안쪽의 반구면에 도수를 새기니 주천(周天)의 반이요, 12지신을 그려 넣은 것은 어리석은 백성을 위한 것입니다. 각(刻)과 분(分)이 뚜렷한 것은 해에 비쳐 밝은 것이요, 길옆에 설치한 것은 보는 사람이 모이기 때문입니다. …"

세종은 1434년 앙부일구를 백성들이 많이 다니는 대로변에 설치하여 백성을 위한 공중 시계로 활용하였습니다. 처음 설치한 곳은 혜정교(현 광화문 우체국 북쪽에 있던 다리)와 종묘 앞이었습니다. 당시 한양의 동서를 가로지르는 대로는 혜정교와 종묘 남쪽을 지나 서대문과 동대문으로 이어졌기 때문에 앙부일구가 설치된 곳은 백성들이 가장 많이 지나다니는 곳이었습니다. 심지어 어려운 한문을 모르는 백성도 시간을 쉽게 알 수 있도록 시각을 표시하는 부분에 글자가 아닌 열두 띠 동물(12지신) 그림을 새겼습니다.

당시에 시각을 알려준다는 것은 오늘날의 서울역이나 청량리역 앞의 시계

탑과 같은 의미로 생각하면 안 됩니다. 백성들은 세종이 하늘의 도를 이해하고, 이를 정치에 베푸는 모습을 통해 왕의 보호를 받고 있다는 커다란 자부심을 느꼈을 것입니다.

현재 10여 개 정도의 앙부일구가 남아 있습니다만, 세종 때 제작된 앙부일구는 없습니다. 현존하는 앙부일구는 모두 조선 후기에 제작된 것으로 문헌 기록을 살펴보면 세종 때의 앙부일구와 조선 후기의 앙부일구는 약간의 차이가 있습니다. 조선 후기 앙부일구는 시각 표시를 12지신의 동물 그림 대신 글자로 했다는 점, 조선 후기에 시헌력으로 역법이 개정되면서 시각 눈금이 달라졌다는 점, 한양의 북극고도[5]가 달라졌다는 점 등입니다.

하늘을 우러러 백성의 시간을 담다

이제 근본적인 문제에 접근해보겠습니다. 고대의 왕들부터 세종을 비롯한 조선의 왕들은 왜 천문 현상을 관찰하고 분석하여 통치에 활용하는 데 큰 관심을 가졌을까요? 고대 사회에서는 천체 현상을 기반으로 한 역법[6] 계산은 하늘에서 그 임무를 부여받은 왕만이 할 수 있다는 사상이 있었습니다. 따라서 왕이 하늘을 받들어 그 형상을 관찰하고, 백성들의 일상을 편리하게 하기 위해 시간을 관장하는 일은 매우 중요했습니다.

---

5 북극고도는 북극출지라고도 합니다. 지면에서 북극성을 바라본 각도(북극성에서 오는 별빛과 지면이 이루는 각도)로 오늘날 위도와 비슷한 개념입니다.

6 천체의 주기적 현상에 따라 시간 단위를 정해 나가는 체계를 역(曆)이라 하고 역을 편찬하는 원리를 역법이라 합니다.

농업 중심 사회인 조선에서는 해와 달의 움직임, 계절에 따른 별자리의 변화 등을 통해 시각과 절기를 정확히 알아내는 것은 그 무엇보다도 중요한 일이었습니다.

> "나라는 백성을 근본으로 삼고, 백성은 먹는 것을 하늘로 삼으니 농사는 의식의 근원이고 왕정의 급선무이다."

종합 천문대인 간의대를 만들고 난 후 세종이 한 말입니다. 조선의 유교적 민본주의 중심에는 농업이 있었고, 그 배경에 천문학이 있었던 것입니다. 이러한 이유로 세종은 당시 제작된 천체 관측기구들의 관측 자료를 바탕으로 조선의 실정에 맞는 역법을 만들기 시작합니다. 그리고 1442년에 우리나라 역사상 최초의 독자적인 역법서인 『칠정산 내편』과 『칠정산 외편』을 편찬하였습니다. '칠정(七政)'이란 말은 태양과 달, 그리고 수성, 금성, 화성, 목성, 토성 등의 오행성을 가리키는 것으로서, 이 천체들의 위치와 운동을 계산해서 역 자료를 예측하도록 한다는 뜻입니다. 『칠정산 내편』과 『칠정산 외편』의 정확도가 궁금하실 것 같은데요. 역법을 볼 때 가장 중요한 것은 일출과 일몰 시간, 일식, 월식입니다. 이는 초 단위까지 정확히 측정할 수 있습니다. 오늘날 당시 계산한 것을 환산해서 맞춰보면 그 값이 1분 정도 이내에서 맞아 들어갈 정도로 정확하다고 합니다. 이렇게 조선은 비로소 스스로 독자적인 역법을 갖추게 됩니다.

스스로 시간을 알리는 자격루를 만들다

고대인들은 낮에는 해가 움직이는 것을 보는 해시계, 밤에는 별이 움직이는 것을 보는 별시계로 시간을 알았습니다. 그런데 해시계와 별시계는 치명적인 문제가 있습니다. 만약에 비가 오거나 구름이 끼면 사용할 수 없다는 것입니다. 봄, 가을에는 그나마 큰 문제가 없었겠지만 장마철에는 무척 곤란하였습니다.

그렇다면 밤이나 낮이나 비가 오나 눈이 오나 항상 정확하게 시간을 알려주는 시계는 없었을까요? 바로 장영실의 최고 업적으로 손꼽히는 물시계 자격루입니다. 많은 분들이 우리나라의 최초의 물시계는 장영실이 만든 자격루로 알고 있습니다만, 이는 반은 맞고 반은 틀렸습니다. 장영실이 제작한 자격루 이전에도 물시계는 많았습니다. 다만 장영실의 자격루는 그냥 물시계가 아니라 우리나라 최초의 자동 물시계입니다.

1424년에 장영실이 세종의 명을 받아 처음 만든 물시계는 자격루가 아니라 경점지기라는 물시계입니다. 경점지기는 그동안 써오던 물시계를 계량하여 좀 더 정밀하게 만든 것입니다. 이 물시계는 밤낮으로 사람이 지키고 있다가 잣대의 눈금을 읽어야 하는 불편함이 있었습니다. 또한 시계가 정확하지 못해서 이것을 지키는 사람들이 시각을 알리는 데 종종 실수를 하는 일마저 벌어졌습니다. 이 문제를 해결하기 위해 세종은 다음과 같이 명을 내립니다.

"사람이 눈금을 일일이 읽지 않고도 때가 되면 저절로 시각을 알려주는 시계를 만들도록 하라!"

이 말도 안 되는 미션을 장영실은 10년 만에 해결합니다. 장영실은 중국 송나라, 원나라 시대의 시계와 당시 중국에 전해진 아라비아 시계의 기술적 요소 등 모든 정보를 샅샅이 찾아 연구하였습니다. 원천기술의 이전 없이 자동 물시계 기술을 개발하는 과정은 덧셈 뺄셈도 모르는 학생한테 미분, 적분 문제를 풀라는 것과도 같습니다. 시행착오를 거듭하며 수많은 부품들이 장영실의 손에서 조립되고 해체되기를 반복하였습니다.

1434년 오랜 연구와 실험 끝에 장영실은 김빈 등과 함께 시각을 맡을 나무 인형을 만들어 물시계를 지키는 관리의 노고를 덜어 주는 우리만의 독창적이고 발전한 형태의 물시계 자격루를 만들었습니다. 자격루라는 이름은 자격궁루(自擊宮漏, 스스로 치는 궁궐시계)에서 연유합니다. 자격루는 물의 흐름을 이용해 만든 물시계와 놀랍게도 일정한 시간이 되면 소리로 알려주는 시각 알림 장치를 더한 자동시계였습니다. 자격루는 시간을 측정하는 물시계(물 항아리 부분), 물시계로 측정한 시간을 종, 북, 징소리로 바꿔주는 시보장치(종,북,징을 치는 인형 부분), 물시계와 시보장치를 연결해주는 방목(方木)이라는 신호발생장치(2개의 네모기둥/잣대)로 구성되어 있습니다.

이쯤 되면 자격루의 작동원리가 궁금하지 않으신가요? 자격루의 작동원리는『세종실록』의「보루각기」를 통해 상세하게 알 수 있습니다.

'물받이 통에 물이 고이면 그 위에 떠 있는 잣대가 점점 올라가 정해진 눈금에 닿으며, 그곳에 있는 지렛대 장치를 건드려 그 끝에 있는 쇠알을 구멍 속에 굴려 넣어 준다. 이 쇠구슬은 다른 쇠알을 굴려주고 그것들이 차례로 미리 꾸며놓은 여러 공이를 건드려 종, 징, 북을 울린다.'

자격루는 물시계 장치의 힘으로 작은 구슬이 굴러가는 간단한 원리에서 시작합니다. 수수호에 물이 차오르며 이곳에 수직으로 꽂힌 잣대가 점점 떠오릅니다. 그러다 어느 정도 높이에 이르게 되면 잣대 안에 있는 구리판을 건드

---

7 국립고궁박물관 소장

려 작은 구슬을 자동 시보장치와 연결된 구리통으로 굴러 들어가게 됩니다. 이 구슬이 그 아래에 있던 숟가락 받침 모양의 기구를 건드려 큰 구슬을 움직이게 하고, 이러한 움직임을 반복하면서 큰 구슬이 2층에 세워져 있는 3개의 인형의 팔뚝을 건드림으로써 인형이 종, 북, 징을 치게 됩니다.

자격루 작동원리

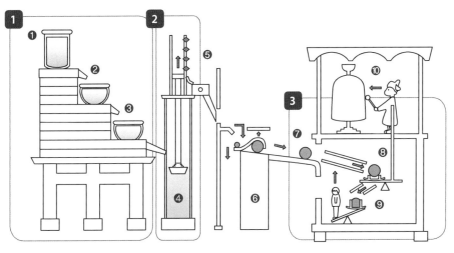

1. 물이 3개의 파수호를 거쳐 흘러 수수호를 흘려 보냄.

수수호에 차오르는 물이 잣대를 움직여 떠오르게 해서 쇠구슬을 시보장치로 보냄.

2. 물시계에서 떨어진 구슬이 작은 시보장치를 건드려 큰 구슬이 떨어짐.

3. 큰 구슬이 상자내부를 건드려 인형이 종, 북, 징을 침.

자격루는 어떻게 활용되었을까요? 자격루를 통해 정확한 시간을 알게 되면 궁궐 안팎의 종루나 고루에서 종이나 북을 쳐서 시간을 알려 주었습니다.

이는 한양 도성 안에서는 궁궐의 호위병들이 업무 교대를 하거나 성문을 여닫는 데 활용되었습니다. 만약 성문을 여닫는 시간이 들쭉날쭉 하면 어떤 일이 벌어질까요? 해가 뜬 지 오래 되었는데 성문을 연다든가, 해가 너무 일찍 뜨는데 성문을 닫으면 백성들은 큰 혼란을 겪을 수밖에 없습니다. 성문으로 과일 장수도 들어오고 생선 장수도 들어와서 장사를 해야 먹고 사는데 그게 안 된다는 것입니다. 궁극적으로는 왕에 대한 신뢰가 많이 떨어질 것입니다.

자격루는 제작된 지 21년 만인 1455년 단종 때 자동 시보장치의 작동이 멈추게 됩니다. 장영실이 세상을 떠난 이후 고장 난 자동장치를 고칠 수 있는 사람이 없었기 때문입니다. 현재 덕수궁에 보존되어 있는 자격루 유물들은 1536년 중종 때 개량된 것입니다. 그나마도 남아 있는 것도 세 개의 파수호와 두 개의 수수호, 그리고 부전뿐이고, 자동시보장치의 정밀한 부품들은 전혀 남아 있지 않습니다.

장영실의 도전은 자격루에서 끝나지 않았습니다. 세종의 총애를 받아 종3품 대호군까지 승진한 장영실이 그 은총에 보답하기 위해 커다란 선물을 홀로 준비합니다. 자격루를 만든 지 4년이 지난 1438년 장영실은 더 정교한 시계이자 천문 장치의 기능까지 갖춘 천상시계 옥루(玉漏)를 만들었습니다. 옥루는 천체 운행을 관측하는 데 쓰는 혼천의와 종, 북, 징을 타격하여 시간을 알려주는 자격루의 원리를 합친 것입니다.

세종은 장영실이 옥루를 완성하자 비로소 7년에 걸친 천문 관측 사업이 끝나게 되었다고 기뻐하였습니다. 경복궁 천추전 서쪽 자신의 침전 옆에 흠경각을 짓고, 그곳에 옥루를 설치하였습니다. 이로써 조선은 국가 표준 시계인 자격루, 천문 시계인 혼천의, 그리고 천상시계인 옥루의 세 가지 자동 시계를 갖추게 되었습니다. 『세종실록』에는 「흠경각기」를 인용하여 옥루의 구조를 매우 자세하게 설명하고 있습니다.

> "풀을 먹인 종이로 일곱 자 높이의 산을 만들어서 집 한가운데 놓았고, 산 속에는 옥루의 기계바퀴를 설치하여 물로 이것을 돌리게 하였다. 금으로 해(의 모형)를 만들었는데, 크기가 탄환만 하다. 그리고 오색의 구름이 이를 둘러싸고 산허리 위로 지나가게 했다. 태양은 하루에 한 바퀴씩 돌아서 낮에는 산 밖에 나타나고, 밤에는 산 속으로 지게 되어 있다. 비스듬히 기운 궤도를 따라 돌아 천체의 운행과 같게 하여 북극 거리와 일출입 시각을 각각 절기에 따라 태양과 맞게 하였다."

흠경각 옥루는 거대한 산을 중심으로 그 둘레에 금으로 만든 태양이 매일 이 산을 한 바퀴씩 돌게 되어있습니다. 뿐만 아니라 태양이 계절마다 높이가 달라지듯이 그 높이도 달라지게 하였습니다. 시계 외관은 사계절을 보여주는 산과 들을 묘사해 폭·높이가 3.3m의 크기로 제작되었습니다. 주위엔 가옥과 농사짓는 사람, 동물, 나무들을 나무로 조각하여 농촌의 자연을 재현하였습니다. 시계를 작동시키는 기계장치는 산과 평지 아래에 숨어 있습니다. 당연히 모두 자동으로 움직입니다. 그리고 옥루의 산 곳곳에 설치된 옥녀(玉女), 사신(四神), 사신(司辰)·무사(武士), 12신(神)·옥녀·관인(官人) 등 36개의 인형이 움직이거나 소리를 내 시간을 알립니다. 시간을 알려주는 물시계와 함께 태양의 변화를 보여주는 천문시계가 결합된 옥루는 당시 농경사회에서 꼭 필요한 정보를 맞춤형으로 제공하였던 것입니다.

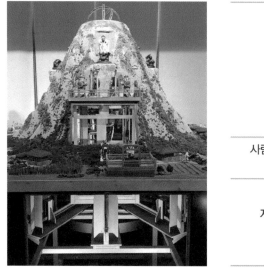

7자 높이의
인공산

사람, 동물, 나무로
꾸민 풍경

자동화 물시계
장치(숨김)

　장영실의 옥루는 임금의 시계로서의 감동을, 그리고 보는 사람에게 신기함을 자아내었을 것입니다. 『세종실록』의 「흠경각기」에는 '옥루의 모든 기관은 사람의 힘을 받지 않고 저절로 치고 저절로 운행하는 것이 마치 귀신이 시키는 듯하여 보는 사람마다 놀라고 신기하게 여겨서 그 연유를 측량하지 못하며, 위로는 천체 운행의 도수와 털끝만큼도 어긋남이 없으니 이를 만든 계교가 참으로 기묘하다 하겠다.'는 극찬을 볼 수 있습니다. 불현듯 이런 정교하고 과학적인 시계를 만들었던 전통이 오늘날에도 이어졌다면 우리나라도 스위스 못지않게 시계 산업이 발달하지 않았을까 하는 아쉬움이 들기도 합니다.

가마 훼손 사건으로 역사에서 사라지다

영원할 것 같았던 세종과 장영실의 관계는 천문 프로젝트가 마무리된 지 불과 4년 뒤에 돌아올 수 없는 강을 건너게 됩니다. 1442년 3월 세종이 평소에 앓고 있던 질환을 치료하기 위하여 온천 행을 앞둔 때 일입니다.

> "대호군 장영실이 안여(임금이 타는 가마) 만드는 것을 감독하였는데, 튼튼하지 못하여 부러지고 허물어졌으므로 의금부에 내려 국문하게 하였다."
>
> — 「세종실록」

여기서 왕이 다쳤다는 이야기가 전혀 없는 것으로 보아 실제 세종이 가마를 타기 전 시험하는 과정에서 가마가 부서진 것으로 추정합니다. 그럼에도 장영실은 불경죄로 의금부에 투옥되어 장형 80대와 함께 파직되었습니다. 이후 장영실의 자취는 완전히 사라졌습니다. 장영실이 남은 생을 어떻게 보냈는지, 그리고 언제 어떻게 죽었는지도 알 수 없습니다. 소문에는 궁궐에서 쫓겨나 어디론가 사라졌다는 이야기도 있고, 감옥에서 장독으로 죽었다는 설도 있습니다.

그간의 세종의 배려와 장영실의 재주 등을 고려해볼 때 무언가 석연치 않은 구석이 있습니다. 그래서일까요, 가마 훼손 사건을 놓고 여러 가지 설이 있습니다. 하나는 장영실의 시기하는 반대 세력이 조순생의 사주 내지 방조 하에 일으킨 음모라는 것입니다. 당시 가마 제작의 총 책임자는 장영실이 아니었고, 가마를 맡아보던 관청인 사복시의 대호군이었던 조순생이 실질적인 가마 제작의 책임자였다는 것이 근거입니다.

　다른 주장은 중국의 명나라가 장영실의 과학적 재능을 탐내 귀화인의 자손이라는 것을 빌미로 중국으로 소환 요구를 하였다는 가설에서 시작합니다. 가마 훼손 사건은 세종의 묵인하에 중국 측의 소환 명령을 피하면서 장영실을 묶어두기 위한 자작극이라는 것입니다. 일부 학자들은 천문 과학 기구 프로젝트가 끝나버리자 세종이 다른 사업에 역점을 두면서 장영실이 더 이상 필요 없게 되면서 사라졌다고 주장하기도 합니다. 그러나 어떠한 주장도 정확한 근거는 없습니다.

　세종 시기의 찬란한 과학 기술은 어느 인물이 이론과 원리를 공부하고 설명하면, 누구는 수치를 계산해 그 기반을 마련하고, 어떤 사람은 현장에서 이 기계를 만드는 일을 감독하는 한편, 또 다른 누구는 실제 이 기계의 부속을 만들고 직접 조립하면서 탄생하였습니다. 만약 이 시기에 장영실이 없었더라면 어떻게 되었을까요? 조선 초기 서거정의 『필월잡기』에 실린 평가로 장영실 이야기를 마치겠습니다.

　　　"장영실은 세종을 위하여 태어난 인물이다."

－『필월잡기』

드문.

단종 & 성삼문

+ + + + + +

비운의 왕과 조선 최고의 충신

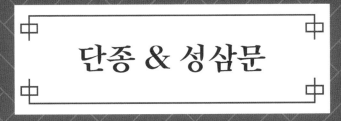

01

단종

＊ ◈ ＊

　4대 비극, 5대 희극을 포함한 38편의 희곡과 여러 권의 시집 등을 쓴 영국이 낳은 세계 최고 극작가를 알고 있나요? 그의 대표작으로는 복수를 앞두고 고뇌하는 인간의 내면 심리를 세련된 필치로 그린 『햄릿』, 자식과 부모의 관계를 새삼 돌아보게 하면서 선과 악의 실체를 그대로 드러낸 『리어왕』, 사랑과 질투, 그리고 인간의 내면에 숨겨진 섬뜩한 악마성을 묘사한 『오셀로』, 권력을 향한 인간의 욕망이 불러일으킨 고통과 비극을 놀라울 정도로 날카롭게 파헤친 『맥베스』가 있습니다. 이 작품들은 셰익스피어의 4대 비극으로 꼽히는 것들입니다.

　만약 셰익스피어가 조선 시대에 살았더라면 어떤 소재를 활용하여 비극적인 작품을 만들었을까요? 아마도 삼촌 수양대군에게 왕위를 빼앗긴 단종일 것입니다. 단종 부부의 슬픈 사랑, 유배를 떠난 후 단종의 죽음, 죽음에 이르기까지의 정치적 암투와 그 모든 중심에 서 있는 단종 등은 셰익스피어로 하여금 희곡을 만들게끔 하였을 것입니다. 지금부터는 조선 역사상 최고의 비극 주인공 단종을 만나보겠습니다.

조선 왕가의 천애고아

단종의 아버지는 조선의 제5대 왕 문종입니다. 앞서 만난 세종이 재위 32년 만인 1450년 생애를 마감하자, 첫째 아들 문종이 즉위하였습니다. 다들 아시는 것처럼 조선 초기에 왕으로 즉위하는 형식은 선왕의 사후 적장자에 의해 승계된 것이 아니라 태종이나 세종처럼 그 당시의 정치적인 상황에 따라 변칙적으로 이루어졌습니다. 따라서 문종의 즉위는 조선 역사상 처음으로 왕의 적장자인 왕세자를 통해 왕권 승계가 이루어진 경우였습니다. 즉 문종은 조선 건국 이래 적장자로써 난이나 세자 교체 없이 왕위에 오른 최초의 왕이었습니다.

문종은 8살에 왕세자에 책봉되어 왕도를 배우고, 세종 말년에는 건강이 좋지 않은 부왕을 대신하여 8년간이나 대리청정을 하였습니다. 문종은 29년 동안이나 왕세자 자리에 있었던 그야말로 준비된 왕이었습니다. 그러나 안타깝게도 문종은 왕위에 오른 지 2년 3개월 만인 1452년 5월에 39세의 나이로 세상을 떠나버립니다.

문종이 세상을 떠나자 종법에 따라 그의 적장자인 단종이 왕위에 올랐습니다. 객관적 조건으로만 보면, 왕위 계승자로서 단종의 조건은 완벽하였습니다. 아버지 문종도 적장자였고, 자신도 적장자였기 때문입니다. 따라서 단종이 왕위에 오르기까지의 과정은 순탄 그 자체였습니다. 세종과 문종은 어린 단종을 아끼고 보호하였습니다. 단종은 5살 때부터 글을 배웠는데, 한번 들으면 잊어버리지 않을 뿐만 아니라 뜻을 능히 통하여 세종의 사랑을 독차지하였다고 합니다. 세종은 당시 제일의 문장가 정인지를 단종의 사부를 삼고, 자신은 친히 그 옆에 앉아 어린 손자가 글을 읽는 목소리를 들으면서 얼굴에는 웃음이 걷힐 사이가 없었다고 합니다. 또한 세종은 단종을 세손으로 책봉한 후 집현전 학자들인 성삼문, 하위지, 이개, 신숙주 등을 불러 단종을 잘 지켜 달라고 부탁하였습니다. 아마 비극의 왕 단종에게 가장 행복했던 시절이었을 것입니다.

세종은 자신의 병세가 악화되어 얼마 살지 못할 처지에 놓이자 큰 고민이 생겼습니다. 장남인 문종이 기질이 허약하여 왕위를 오래 지키지 못할 경우 혈기 왕성한 자신의 다른 아들들 때문에 혼자 남겨질 세손이 걱정이었습니다. 이에 세종은 자신이 세상을 떠나기 2년 전인 1448년, 불과 8살인 단종을 왕세손으로 책봉하였습니다. 이후 1450년 문종이 즉위하자 단종은 즉시 왕세자가 되었습니다. 병약한 몸으로 왕위에 오른 문종이 2년 3개월 만에 세상을 떠나면서 단종은 불과 12살의 나이에 왕위에 오르게 됩니다.

하지만 왕실에는 단종을 지켜 줄 가족이 한 명도 없었습니다. 단종은 세상에 나온 지 이틀 만에 어머니를 여의고, 6살에 할머니를, 10살에 할아버지 세종을 여의고, 12살에 아버지 문종을 여의었습니다. 단종은 참으로 기구하고 가련한 천애고아로 왕위에 올랐던 것입니다. 그렇게 왕실에서 또 하나의 비극이 시작됩니다.

나이 어린 왕, 왕좌에 덩그러니 앉다

여러분들은 초등학생 시절 특출한 재능과 끼를 보여준 적이 있나요? 저는 부모님께서 재능을 찾아준다고 바이올린, 수영, 미술, 바둑 학원 등을 보냈지만, 그 어디에서도 특별함을 보였던 적은 없었습니다. 한마디로 평범한 초등학생이었습니다. 오늘날로 치면 단종은 초등학교 5학년에 해당하는 12살의 나이에 왕위에 올랐습니다. 어린 단종에게는 뛰어난 정치 능력이 절실하게 필요하였습니다. 하지만 그는 방송에 나올 정도의 신동이 아닌 저와 여러분들과 같은 평범한 어린아이였습니다.

태종은 강력한 왕권을 바탕으로 생전에 세종에게 왕위를 물려주면서 자신의 권력 기반을 다질 여유를 마련해주었습니다. 세종도 문종에게 대리청정을 맡기면서 자신의 권력을 형성할 수 있는 시간을 주었습니다. 하지만 건강이 좋지 못하였던 문종은 즉위 후에 정상적인 정치를 펼치지 못하였고, 재위 2년 3개월 만에 생애를 마감하였습니다. 따라서 어린 나이인 12살에 왕위에 오른 단종은 자신의 정치 기반이 있을 수가 없었고, 정상적인 통치가 불가능하였습니다.

조선에서는 단종처럼 20살 이하의 미성년 세자가 왕위에 오를 경우 성인이 될 일정기간 동안 궁중에서 가장 서열이 높은 어머니 왕대비나 할머니 대왕대비가 수렴청정을 하는 것이 일반적이었습니다. 그런데 단종의 즉위 상황은 조선 왕조 전체를 통틀어 보아도 매우 특이하였습니다. 앞서 보았지만 세종, 문종과 함께 대왕대비, 왕대비마저도 모두 사망한 상태였고, 심지어 단종은 왕비조차 없었습니다. 수렴청정이 이루어질 수 없는 상황이었던 것입니다.

단종은 명분상으로는 완벽한 왕위 계승권을 갖추었지만, 통치 능력이나 통치 기반은 거의 형성되어 있지 않았습니다. 텔레비전에 나오는 어린 영재들은 공통적인 특징이 있습니다. 뛰어난 능력을 가진 것은 당연하거니와 그 능력을 알아보고 전폭적인 지원을 하는 부모님과 스승님이 있다는 것입니다. 하지만 단종의 곁에는 정치 능력을 키울 수 있도록 도와주는 가족과 왕실이 없었습니다.

그렇다면 문종은 이러한 상황을 전혀 예상하지 못하였을까요? 당연히 문종은 왕의 친족인 종실이 너무 강하여 어린 세자에게 해가 될까 염려하였습니다. 문종은 죽기 직전에 고명대신에게 어린 단종을 잘 보필하라는 특명을 내렸습니다. 고명대신은 임금이 임종 시에 후계 문제, 장례 절차, 선정 당부 등의 뒷일을 부탁하는 신하를 말합니다. 문종의 명을 영의정 황보인을 비롯한 좌의정 남지, 새로 임명된 우의정 김종서 등의 여러 신하들이 받들어 단종을 보좌하게 됩니다.

어린 단종이 아무리 총명하더라도, 그 나이에 국사를 친히 결재하고, 중요한 업무를 처리하는 것은 불가능에 가까웠습니다. 따라서 단종 즉위 후 정치는 의정부 중심으로 돌아가게 되었고, 신하들의 권력이 크게 강화되었습니다. 이러한 상황 속에 좌의정 김종서, 영의정 황보인은 어린 왕을 보필한다는 이유로 '황표정사(黃標政事)' 제도를 도입하였습니다. 황표정사란 인사 대상자에 대해서 우선 의정부에서 상의한 뒤, 적격자라고 판단된 이름 밑에 황색 표를 붙여서 임금에게 올리면 왕이 형식적으로 그 위에 붓으로 먹물을 떨어뜨려 허락하는 것이었습니다. 그리하여 조정의 권력은 의정부 정승인 김종서와 황보인 등에게 집중될 수밖에 없었습니다. 한 사관은 '왕은 손 하나 움직일 수 없는 허수아비로 전락하고, 백관은 의정부는 알았으나 군주가 있는 것은 알지 못한 지가 오래 됐다.'라고 기록할 정도였습니다.

왕권이 유명무실해지고 신권이 절대적인 위치에 이르자 세종의 아들들, 즉 왕족들의 불만은 커져갔습니다. 이에 김종서와 황보인 등의 원로 신하들은 자신들 나름의 권력 기반을 형성하면서 잠재적 경쟁자인 왕족들로부터도 스스로를 보호해야만 했습니다. 아무리 권력을 장악해도 공식적으로 그들의 지위가 왕족들보다 우위에 있는 것은 아니었고, 왕족들을 무작정 억압할 위치도 아니었기 때문입니다.

단종을 보좌하는 신하들에 맞서서 세종의 아들인 수양대군, 안평대군, 임영대군, 금성대군, 영응대군 등의 세력이 강해지기 시작하였습니다. 종친부의 수장은 세종의 형인 양녕대군이었지만, 왕실에서 가장 유력했던 인물은 세종의 둘째 아들인 수양대군과 셋째 아들 안평대군으로 둘은 치열한 세력 경쟁을 벌였습니다. 이 둘은 세종 말년에 왕명을 출납하였고, 문종이 병에 걸렸을 때 명나라에서 사신이 방문하자 의례를 대신하기도 하였습니다. 당시 조정은 의정부의 원로 신하들과 집현전 출신 학사들로 대치되는 신하 세력에다 수양대군과 안평대군으로 대표되는 왕족 세력으로 나누어졌습니다. 그리고 김종서와 황보인 등의 원로 신하들은 수양대군을 견제할 목적으로 안평대군과 연대하였습니다. 반면에 권력을 장악한 원로 신하들에게 반발하였던 젊은 집현전 학사들은 수양대군과 가깝게 지냈습니다. 이러한 왕족 간의 세력 다툼은 엄청난 피바람을 불러일으키게 됩니다.

여러분들은 '반정(反正)'이라는 단어의 뜻을 알고 있나요? 반정은 잘못된 것을 돌이켜 바르게 한다는 뜻으로 명분상 실정을 하는 왕을 폐위시키고 새로운 왕을 세우는 것을 말합니다. 고려 시대에는 무신 정권이나 몽골의 압력으로 왕을 갈아치우는 일은 자주 일어났습니다. 하지만 조선 시대는 유교 윤리에 따라 분명한 명분 없이는 왕을 축출하는 것은 불가능하였기 때문에 특정한 명분을 붙여 정권을 무력으로 바꾸는 쿠데타를 반정이라 하였습니다.

조선 시대에 왕이 바뀌었던 반정은 몇 번이나 있었을까요? 조선 시대에 성공한 쿠데타는 이방원의 무인정사(1차 왕자의 난, 1398년), 수양대군의 계유정난 (1453년), 중종반정(1506년), 인조반정(1623년) 등 4번이 있었습니다. 그중 뒤의 두 개만 반정이라고 부릅니다. 중종반정과 인조반정은 대놓고 왕의 폐위를 명분으로 내걸었기 때문입니다. 반면에 무인정사와 계유정난은, 오히려 정적들이 역모를 꾀하고 있고, 정세가 급박하여 왕의 재가를 받을 틈이 없이 적들을 죽였다는 것이 명분이었기 때문에 반정이 아닌 "정사", "정난" 등의 이름으로 부릅니다. 그럼 수양대군이 일으킨 계유정난을 살펴보겠습니다.

> "더욱 주상께서 나이는 비록 어리다고 하지만 이미 큰 도량이 있으니, 만약 잘 보좌만 한다면 족히 수성할 것이다. 다만 한스러운 것은 대신이 간사하여 어린 임금을 부탁할 수 없으며, 도리어 이심(二心)을 품어 선왕의 부탁한 뜻을 저버리는 것이다."
>
> ─ 「단종실록」

위의 발언은 수양대군이 권남의 추천으로 한명회를 처음 대면한 자리에서 한 것입니다. 이를 통해 우리는 수양대군이 단종을 무능하거나 유약하다고 평가하지는 않았지만, 신하들의 보좌가 올바른 방향으로 가고 있지 않다고 판단한 것을 볼 수 있습니다. 강력한 왕권을 지향하였던 수양대군은 김종서와 황보인 등이 어린 단종을 무시하고 국정을 독점한다고 보았고, 이러한 상황을 왕실에 대한 위협으로 받아들였던 것입니다.

수양대군은 거사를 치르기 1년 전에 엄청난 정치적 승부수를 던집니다. 1452년 9월 단종의 즉위를 인정받기 위해 중국 명나라에 가는 사은사를 다음과 같은 이유를 들어 자청하였던 것입니다.

> "나는 국정(國政)에 참여하지 아니하고 또 여러 재상이 있으니, 비록 두어 달 원행을 하더라도 무엇이 해롭겠습니까? 하물며 지금 임금이 어리신데 종실 대신이 명을 받아 분주히 간다면 중국 조정에서도 또한 우리나라의 체통이 있음을 알 것입니다."
>
> – 「단종실록」

수양대군이 스스로 명나라에 가겠다고 나서자 당연히 참모들은 반발이 심하였습니다. 그렇다면 수양대군은 과연 진심이었을까요? 수양대군은 자신은 국정에 참여하지 않는다는 말을 하면서 겉으로는 권력 욕심이 없으니, 당연히 왕의 자리에도 욕심이 없다는 것을 드러내고자 하였습니다. 단종에게 충성을 다한다는 입장을 보이면서 김종서 등의 신하들을 안심시켜 허를 찌르겠다는 속셈이었던 것입니다.

실제로 수양대군은 명나라에 다녀온 뒤 신하들이 견제를 풀고 있을 때, 조용하고 신속하게 거사를 준비하였습니다. 그리고 명나라에서 돌아온 지 6개월 뒤인 1453년 10월 10일 한명회, 권람, 신숙주 등의 참모들과 양정, 홍달손, 유수 등 무인들과 이른바 단종의 자리를 목적으로 한 계유정난을 일으켰습니다. 계유정난은 1453년이 계유년이고, 정난(靖難)은 어려운 상황을 잘 다스렸다는 뜻으로 승리자의 관점에서 기록된 용어입니다.

수양대군이 정변을 일으킨 계기는 무엇일까요? 여기에 대한 답은 거사 직전 수양대군이 심복들에게 하였던 발언에서 찾을 수 있습니다.

> "지금 간신 김종서 등이 권세를 희롱하고 정사를 오로지하여 군사와 백성을 돌보지 않아서 원망이 하늘에 닿았으며, 비밀히 이용(李瑢: 안평 대군)에게 붙어서 장차 불궤(不軌)한 짓을 도모하려 한다. … 내가 이것들을 베어 없애서 종사를 편안히 하고자 한다." – 「단종실록」

수양대군은 안평대군이 김종서와 손을 잡고 불궤(不軌)한 짓을 저지른다는 것을 명분으로 정변을 일으켰던 것입니다. 『단종실록』에는 김종서와 황보인 등의 신하들이 안평대군 등 종친뿐만 아니라 혜빈 양씨, 환관 등과 모의하여 궁중에까지 세력을 펴는 한편, 황표정사를 통해 자신의 세력을 요직에 배치하여 붕당을 조성하고 끝내는 종실을 뒤엎고, 수양대군에 위협을 가한 것이 계유정난의 원인이라고 기록되어 있습니다.

계유정난에 김종서와 황보인은 그렇다 치더라도 안평대군까지 엮인 것은 이해가 안 되시는 분들이 계실 것입니다. 이를 위해 계유정난 일어나기 직전의 정치 상황을 보겠습니다. 앞서 형제인 수양대군과 안평대군은 서로 극심한 세력 경쟁을 펼쳤다는 것을 보았습니다. 김종서, 황보인 등의 원로 신하들은 성격이 드세고 권력욕이 강한 수양대군을 견제하기 위해 안평대군과 손을 잡았습니다. 이에 안평대군 주변으로 사람들이 모여들기 시작하자 수양대군은 불안감을 느끼기 시작합니다.

안평대군은 과거 문종 재위 기간에도 주변 사람들을 대규모로 거느리고 다니다가 탄핵을 받은 적이 있었고, 신하들 30여 명과 함께 생일잔치를 하는 등 사람들을 모으는 행위를 자주 하였습니다. 이후 단종을 대신하여 의정부가 국정을 독점하고 있는 상황에서 안평대군과 원로 신하들이 손을 맞잡자 수양대군은 역모의 전조라고 판단하였습니다. 수양대군은 안평대군이 의정부 신하들과 더불어 반역을 일으키고 왕위를 노린다는 정황이나 진위를 알 수는 없었지만, 충분히 일어날 수 있는 일로 받아들였습니다. 결국 직접 거사에 나섰고, 계유정난을 일으켰습니다.

계유정난으로 김종서를 제거한 수양대군은 단종을 압박하여 왕명으로 황보인을 비롯한 조정의 신하들을 불러들였고 참모인 한명회 등이 이미 작성해 둔 살생부에 따라 반대 세력 제거에 나섰습니다. 황보인, 조극관, 이양 등 살생부에 포함된 인사들은 대부분 처형되었고, 재산은 모두 몰수되었습니다. 그 가족들 중 일부는 계유정난의 성공으로 공신이 된 집안의 노비가 되는 치욕을 당하기도 하였습니다.

수양대군의 가장 큰 경쟁자였던 안평대군은 붕당 모의의 주역으로 지목되어 강화로 유배된 후에 사약을 받고 죽음을 맞이합니다. 수양대군은 정적들을 살해하고, 정권을 잡은 뒤 영의정과 이조, 병조의 책임을 겸임하였습니다. 이로써 수양대군은 조정의 신하들에 대한 통솔권을 비롯하여 문관, 무관에 대한 인사권 등을 완전히 장악하게 됩니다.

이쯤 되면 단종이 계유정난에 어떻게 대처하였는지 궁금할 것입니다. 단종은 즉위와 동시에 자신을 보좌하던 원로 대신들이 제거되자 더 이상 어떠한 일도 할 수 없었습니다. 계유정난이 있던 날 단종은 수양대군에게 모든 국정의 일을 맡도록 하였습니다. 그렇다면 정말 수양대군의 주장대로 김종서, 황보인 등의 고명대신이자 원로 신하들은 안평대군과 손을 잡고 불궤한 짓, 모반을 꾀하려고 했던 걸까요? 우리는 앞서 본 『단종실록』의 계유정난 기록들이 세조 대에 편찬된 점을 고려하여 왜곡되었을 가능성이 높다는 것을 염두에 두어야 합니다. 김종서, 황보인 등의 신하들은 문종의 유지를 받들어 어린 왕을 보필하는 데 최선을 다했을 뿐, 붕당을 조성하려고 한 흔적은 거의 없습니다. 물론 신하들의 협의체인 의정부가 본래의 권한을 넘어서 왕권을 미약하게 만든 것은 분명한 사실입니다.

여러분들은 의정부가 세력을 키워 수양대군을 제거하지 않은 사실에 주목해야 합니다. 만약 의정부가 수양대군을 제거하고자 하였다면 자청해서 명나라에 사은사로 갔던 기간에 그의 수하들을 제거하였을 것입니다. 그러나 수양대군은 그의 참모들의 만류에도 불구하고 명나라를 무사히 다녀왔습니다. 이는 곧 당시 김종서 등이 수양대군을 제거하려는 생각이 없었다는 것을 보여주는 것입니다. 결국 이러한 일련의 과정들은 수양대군이 왕권에 대한 야심이 없었다면 일어날 수 없는 일이었습니다. 계유정난은 수양대군과 그 주변 무리들이 왕권을 탐한 나머지 비윤리적인 역모라고 보는 것이 올바른 평가일 것입니다.

단종 복위 운동의 참혹한 결말

계유정난으로 순식간에 조정의 권력은 수양에게로 넘어갔고, 단종은 허울뿐인 왕으로 전락하였습니다. 왕권과 신권을 동시에 장악한 수양대군은 더 나아가 계유정난을 일으킨 지 2년 후인 1455년 단종을 상왕으로 끌어내리고 스스로 왕위에 올랐습니다. 이로써 단종은 왕위에 오른 지 3년 만에 모든 것을 내려놓게 됩니다.

반란에서 가장 중요한 것은 명분입니다. 적절한 명분이 없을 경우 반란은 기존 지배자들을 포섭할 수 없으며, 백성들의 지지도 구할 수 없기 때문입니다. 수양대군이 내세운 명분은 임금 주위에 있는 간신들을 제거한다는 것입니다. 하지만 당대의 모든 신하들이 세조가 주장한 명분을 인정하지는 않았습니다.

수양대군이 스스로 왕위에 오르자 왕위 찬탈을 역모로 단정 지은 신하들이 단종 복위 운동을 전개하였습니다. 성삼문, 박팽녕 등의 집현전 학사 출신들은 수양대군이 세조로 즉위한 지 4개월 만에 상왕인 단종의 복위를 꾀하였습니다. 이들은 왕과 왕비의 책봉을 승인하는 명나라 고명칙사를 환영하는 연회 때 세조와 그 측근들을 죽이기로 모의하였습니다. 하지만 모의 가담자인 김질이 밀고하면서 거사는 실패하였습니다. 그리고 훗날 사육신으로 불리게 되는 성삼문, 박팽년, 하위지, 이개, 유성원 유응부 등은 모두 붙잡혀 처형당하였습니다. 이 사건의 여파로 1457년 단종은 상왕에서 노산군으로 강등되었고, 강원도 영월로 유배되었습니다.

월중도 중 제2면 청령포(좌, ©문화재청 국가문화유산포털)와 오늘날의 청령포(우)

두 번째 단종 복위 운동은 수양대군의 친동생이자 세종의 여섯 째 아들인 금성대군이 주도하였습니다. 금성대군은 왕족의 자격으로 수양대군과 함께 단종을 보필하였습니다. 하지만 수양대군이 단종을 상왕으로 끌어내리자 이에 항의하다가 유배당하는 처지에 놓이게 됩니다. 1457년 9월 유배지를 전전하던 금성대군은 경상도 순흥에서 그곳 부사였던 이보흠과 모의하여 단종 복위를 시도합니다. 거사는 관노의 고발로 실행 직전에 실패하였고, 금성대군은 반역죄로 처형당하였습니다. 이 사건의 여파로 단종은 다시금 노산군에서 서인으로 강등되었습니다. 이후 세조 측으로부터 집요하게 자살을 강요받았던 단종은 1457년 10월 24일 17세의 나이로 숨을 거두게 됩니다.

사람은 누구나 죽게 마련입니다. 다시 말해 사람마다 높고 낮은 다양한 삶을 살지만 누구나 반드시 죽습니다. 죽음은 우리 모두에게 공평하면서도 비극적입니다. 그런데 우리나라 역사에서 단종 설화만큼 정치적 죽음이 서사화되고, 500년이 지난 오늘날까지 전승되고 있는 경우는 흔치 않습니다.

당시 단종의 죽음은 그의 모습을 지켜보았던 영월 사람들에게 큰 충격이었을 것입니다. 이에 영월 사람들은 자신이 듣고 본 상황을 이야기로 만들어 전승하였습니다. 단종이 한양에서부터 영월까지 오며 머물렀던 유배길 곳곳에 얽힌 이야기들이 전설로 남았고, 역사적 사실에 설화적 상상력이 더해져 민담이 만들어졌습니다. 당시 사람들은 이야기를 통해 억울하게 죽은 단종을 추모하고 자신들의 아픈 감정을 달랬던 것입니다.

단종의 죽음과 관련된 많은 이야기들은 크게 2가지 양상으로 전개됩니다. 문헌설화에서는 주로 단종이 타살되었다고 전합니다. 반면에 구비설화에서는 주로 단종이 자살하였다고 전합니다. 단종의 죽음이라는 하나의 역사적인 사건을 두고 타살과 자살이라는 정반대의 이야기가 전해진다는 것이 흥미롭지 않나요. 문헌에 기록된 타살 이야기에 동조할 수 없었던 사람들이 자살 이야기를 전승하게 된 것이고, 반대로 자살 이야기를 믿을 수 없었던 사람들이 타살 이야기를 기록한 것은 아닐까요.

단종의 죽음에 대한 이야기는 『세조실록』에 처음으로 등장합니다.

> "임금이 이르기를 (중략) 송현수(宋玹壽)는 교형(絞刑)에 처하고, 나머
> 지는 아울러 논하지 말도록 하였다. 다시 영(瓔) 등의 금방(禁防)을
> 청하니, 이를 윤허하였다. 노산군(魯山君)이 이를 듣고 또한 스스로
> 목매어서 졸(卒)하니, 예(禮)로써 장사지냈다."
>
> - 「세조실록」

실록은 설화에서 전해지는 이야기와 달리 단 한 줄로 단종은 '스스로 목매
어' 자살하였다고 기록하였습니다. 앞서 금성대군의 단종 복위 운동이 실패
하였던 것을 기억하시나요. 기록에 따르면 금성대군의 복위 운동이 실패로
끝나자 가담하였던 많은 사람들이 목숨을 잃자, 그 소식을 들은 노산군 단종
이 스스로 목을 매어 죽었다는 것입니다. 그런데 이후에 쓰인 문헌자료를 보
면 실록 속 기록과 다른 이야기들을 전하고 있습니다.

단종의 죽음에 대한 기록들은 단종에 대한 치제[8]가 공식화된 중종 때 이후
부터 등장합니다. 세조 때 학자인 조려는 시문집 『어계집』의 〈노릉사실〉 편에
단종의 죽음에 대한 이야기를 남겼습니다. 이 시문집은 후손에 의해 단종 사
후 60년이 지난 1516년 중종 때 간행됩니다.

> "세조가 노산군의 죽음을 명하자 금부도사가 사약을 가지고 영월에
> 왔다. 노산군은 익선관을 쓰고 곤룡포를 입고 어당에 앉아 있었다.

---

8 치제는 국가에서 왕족이나 신하, 국가를 위하여 죽은 사람에게 제문(祭文)과 제물(祭物)을 갖추어 지
내주는 제사를 말합니다.

금부도사가 차마 사약을 올리지 못하고 있자, 공생이 활시위로 노산군의 목을 졸라 죽였다. 10월 24일 유시였다. 그러자 공생이 아홉 구멍에서 피를 흘리며 죽었다."

– 조려, 「어계집」

『어계집』에서 단종을 모시던 공생이 활시위로 목을 졸라 죽였다는 이야기는 단종의 죽음이 자살이라는 『세조실록』과는 정반대의 서술입니다. 또한 『어계집』 이외에도 조선 초기 문인 박종우의 『병자록』, 조선 중기 학자 이자의 『음애일기』 등의 문헌에서도 단종이 타살되었다는 내용을 확인할 수 있습니다. 그렇다면 어떤 기록을 믿어야 할까요? 아마 많은 분들이 실록의 내용을 믿어야 한다고 말할 것입니다. 그런데 단종 사후 200년이 지난 뒤 『숙종실록』에 『세조실록』과는 전혀 다른 단종의 죽음 이야기가 등장합니다.

"단종 대왕(端宗大王)이 영월(寧越)에 피하여 계실 적에 금부도사(禁府都事) 왕방연(王邦衍)이 고을에 도착하여 머뭇거리면서 감히 들어가지 못하였고, 정중(庭中)에 입시(入侍)하였을 때에 단종 대왕께서 관복(冠服)을 갖추고 마루로 나아오시어 온 이유를 하문하셨으나, 왕방연이 대답하지 못하였었다. 그가 봉명신(奉命臣)으로서도 오히려 그러했는데, 그때 앞에서 늘 모시던 공생(貢生) 하나가 차마하지 못할 일을 스스로 하겠다고 자청하고 나섰다가, 즉시 아홉 구멍으로 피를 쏟고 죽었다."

– 「숙종실록」

『숙종실록』도 『어계집』, 『병자록』 등과 마찬가지로 단종을 죽인 사람이 공생이라고 기록하였습니다. 또한 단종을 시해한 살인자인 공생이 사람 몸에 있는 아홉 개의 구멍에서 피가 나와 죽는 것도 같은 내용입니다. 결국 『숙종실록』의 기록은 그동안 문헌을 통해 전해지던 단종이 타살되었다는 이야기가 어느 정도 인정받았다는 것을 의미합니다.

단종이 타살 당했다는 이야기는 구비설화보다 문헌설화에 더 많이 나타납니다. 무슨 이유 때문일까요? 문헌설화의 기록자들이 주로 당시의 문인이나 학자들이었습니다. 즉 당대 지식인들은 단종이 자신을 보필하던 공생이나 시종에 의해 죽음을 당했다는 것을 정설로 받아들였던 것입니다. 당대 지식인들은 세조의 폭정에 강하게 자신의 주장을 펼칠 수는 없었지만 기록을 통해 자신들의 저항의식을 표출하였던 것입니다.

단종이 신하들의 죽음을 막기 위해 스스로 자살하였다는 이야기는 오로지 구비설화에서만 볼 수 있습니다. 『한국구비문학대계』에서 단종의 죽음과 관련된 이야기는 9편입니다. 이중 8편이 단종의 자살을 전하고 있습니다. 단종이 청령포에 유배되어 있을 때 생활 모습, 엄흥도를 만난 이야기, 단종 사후에 엄흥도가 몰래 시신을 수습한 이야기, 단종의 어머니가 세조의 꿈에 나타나 침을 뱉은 이야기, 세조가 단종의 능묘를 파서 널을 물에 띄우라 했는데 그 널이 물을 거슬러 올라간 이야기 등이 함께 전해지고 있습니다. 8편에 기록된 단종의 죽음에 대한 이야기는 대부분 비슷한 구조와 내용을 갖고 있습니다. 단종은 자신에게 사약을 들고 오던 신하들이 차마 자신에게 사약을 올리지 못하고 물에 빠져죽자 더 이상의 무고한 희생을 막기 위해 스스로 목숨을 끊었다는 내용입니다. 이러한 자살 이야기 속 단종은 17살이라는 나이가 무색할 정도로 성숙하고 대범한 모습입니다. 그래서인지 구비설화 속 단종은

'단종대왕'으로 칭해진 경우가 많습니다. 실제로 단종이 이와 같은 행동을 하였는지는 확인할 길이 없습니다. 다만 자살 이야기에는 세조나 권력에 대한 분노보다는 단종에 대한 존경의 마음이 더 보이는 것이 사실입니다.

단종 유배지 청령포

비록 수양대군이 정당하지 않은 방법으로 왕이 되었지만, 이후 집권 명분과 도덕성의 취약점을 극복하기 위하여 민본정치, 부국강병책, 왕권의 재확립에 노력을 기울이게 됩니다. 따라서 세조 대에 확립된 이러한 기반은 조선 초기의 정치와 문화를 완성할 수 있는 원동력이 되었습니다. 이와는 별개로 영월의 청령포로 유배를 간 단종이 5달 만에 17세의 어린 나이에 사약을 받고 승하하는 모습에 안타까움도 느꼈을 것입니다. 그렇다면 여기서 한 가지 질문을 드리겠습니다. 여러분들의 마음속에 계유정난은 성공한 정변의 모델인가요. 아니면 실패한 정변의 모델인가요.

02

성삼문

◈ ◈ ◈

만약 여러분들은 죄를 짓고 1년 정도 감옥에 가야하지만 10억 원이 생긴다면 어떤 선택을 할 건가요? 설문조사 결과는 충격적입니다. 고교생 44%, 중학생 28%, 초등학생 12%의 학생들이 10억 원이 생긴다면 죄를 짓고 1년간 감옥행도 무릅쓰겠다고 응답하였습니다. 씁쓸하지만 학년이 올라갈수록 돈이 가장 중요한 가치가 되고 있는 셈입니다. 이는 사회 전반에 만연해 지고 있는 배금주의와 부패에 대한 엄정하지 못한 사회시스템이 영향을 미쳤다고 볼 수 있습니다.

조선 시대에 어떤 정치 세력의 정권 도둑질을 모른척하거나 이에 협력하면 부귀영화가 보장되고, 자신의 인생도 순탄대로의 행복을 누릴 수 있는 상황에 놓인 인물이 있었습니다. 그는 대다수의 사람들이 쉬운 길을 택하였을 때 올바름이라는 가치, 정의라는 가치를 위하여 한 목숨을 바친 인물입니다. 이번 주인공은 흔히 '사육신(死六臣)'으로 불리며 지금도 충신의 대명사로 인식되는 성삼문입니다.

세 번의 물음 끝에 태어나다

성삼문은 충청도 홍주 적동리(현재 충남 홍성군 홍북읍 노은리)에서 태어났습니다. 노은리는 102년 전에 고려의 충신 최영 장군이 태어난 곳으로 유명하기도 합니다. 아버지는 훗날 단종 복위 운동에 함께 참여하였던 도총관 성승이며, 어머니는 현감 박첨의 딸입니다. 성삼문은 문헌으로 전하는 내용이 아닌 구전설화에 가까운 유명한 탄생 이야기가 있습니다.

성삼문의 어머니가 한참 산통을 겪고 있을 때, 아버지 성승은 마당에서 초조하게 기다리고 있었습니다. 그때 하늘에서 난데없이 "낳았느냐?"라는 세 번의 소리가 들리자 성삼문이 태어났습니다. 이에 이름을 '삼문(三問)'이라고 지었다고 합니다. 또 다른 탄생 이야기도 있습니다. 성삼문의 외할아버지 박첨은 사주에 근거하여 사람의 길흉화복을 알아보는 학문인 명리학을 잘 알았다고 합니다. 그는 첫 외손자가 장수하고 단명하고는 태어나는 시간에 달렸다는 것을 알게 됩니다. 외손자가 장수할 수 있도록 딸의 출산 시간을 맞추고자 노력하였지만 성삼문은 원했던 시간보다 조금 이른 시간에 태어났다고 합니다. 산통이 오자마자 낳았다면 어릴 때 죽었겠지만 세 번을 끌어 39살까지 살 수 있게 되었다는 것입니다.

만약 성삼문이 외할아버지의 바람대로 조금 더 늦은 시간에 태어났다면 인생을 달라졌을까요? 설화에 따르면 원하던 시간에 태어났다면 60살은 충분히 살았을 것이라고 합니다. 말도 안 되는 탄생 이야기는 절개를 지키다 재능을 만개하지도, 못하고 세상을 떠난 성삼문에 대한 역사의 위로 또는 당대 사람들의 아쉬움이 담긴 것이 아닐까요?

성삼문 선생 유허지 (©문화재청 국가문화유산포털)

성삼문의 어린 시절은 탄생 설화만큼 특별하지는 않습니다. 성삼문은 세종이 17년째 뛰어난 정치를 펼치던 1435년 18살에 생원시에 합격하였고, 3년 후인 21살에 1438년에 정기적으로 치르는 과거 시험인 식년시 문과에서 급제하면서 본격적으로 벼슬길에 나가게 됩니다.

성삼문은 과거 급제 후 세종의 싱크탱크 집현전의 학사로 발탁되어 본격적인 활동을 시작합니다. 세종은 셋째 아들 안평대군을 통해 성삼문의 학문과 인물의 됨됨이를 듣고 직접 집현전 학사로 발탁하였다고 합니다. 이때 성삼문과 함께 집현전 학사로 발탁된 인물은 박팽년, 신숙주, 하위지, 이개, 이석형 등입니다. 성삼문은 이들과 함께 집현전에서 학문을 연구하는 데 전념하였습니다.

성삼문이 집현전 학사로 발탁된 배경에는 안평대군이 있었습니다. 성삼문과 안평대군의 친밀한 관계를 보여주는 그림이 있습니다. 바로 몽유도원도입니다. 안평대군은 계유정난으로 죽기 전인 1447년 4월 20일 안견에게 자신이 꿈에서 본 무릉도원 이야기를 하였습니다. 그러자 안견이 사흘 만에 그려낸 것이 몽유도원도입니다. 그런데 이 그림이 죽음을 부르는 데스노트가 되었다는 말이 있습니다. 안평대군은 몽유도원도가 완성되자 3년 후 꿈에 그리던 경치와 같은 곳에 별장을 짓고, 1만 권의 책과 그림들을 모았습니다. 그리고 당대 고위급 유명인사인 성삼문, 김종서, 박팽년, 신숙주, 정인지 등을 불러 몽유도원도를 공개하고, 이들에게 그림에 대한 느낌을 시로 부탁하였습니다. 그래서 몽유도원도에는 21명의 유명인사들이 그림을 본 소감이 적힌 찬문이 있었습니다.

몽유도원도 성삼문필 찬시(ⓒ문화재청 국가문화유산포털)

그런데 안평대군이 계유정난에 휘말리면서 그와 친밀하게 지냈던, 몽유도원도 찬문에 이름이 적힌 사람들이 하나둘씩 죽임을 당합니다. 어떤 설에 의하면, 안평대군의 몽유도원도 찬문이 사본이 유출되어 수양대군의 참모 한명회의 손에 들어갔다고 합니다. 한명회는 수양대군의 계유정난을 뒤에서 기획한 인물이니, 몽유도원도 찬문은 데스노트가 될 수밖에 없었습니다. 실제로 여기에 적힌 인물이 모두 죽었던 것은 아닙니다. 그중에 수양대군 편에 서지 않았던 인물들만 맞아 죽거나 목이 베이거나 사약을 받거나 고문을 받았습니다. 찬문을 적은 이들 중 신숙주, 정인지, 박연 등은 수양대군에게 달라붙어 부귀영화를 누리기도 합니다.

훈민정음 창제에 큰 역할을 하다

회사원들이 회사를 다니는 유일한 낙은 무엇일까요? 아마 월급과 휴가 정도가 아닐까요. 특히 휴가는 직장인들의 생활 속 오아시스라고 합니다. 휴가를 쓰는 것은 건강은 물론 마치고 돌아왔을 때 생산성과 창의력에 긍정적인 영향을 주는 것은 다들 아실 것입니다. 오늘날 CEO를 하였더라면 사원들로부터 폭발적인 인기를 얻을만한 인물이 있습니다. 19세기 영국의 전성기를 만들어낸 빅토리아 여왕입니다. 그녀는 신하들에게 3년마다 1개월씩 유급 독서 휴가라는 특별한 선물을 주었습니다. 월급까지 지급하는 유급 독서 휴가의 조건은 간단합니다. 셰익스피어 작품 5편을 정독하고 독후감을 써내는 것뿐이었습니다. 그래서 '셰익스피어 휴가'라고 부르는 제도이기도 합니다.

빅토리아 여왕보다 무려 400여 년 앞서 조선에서 독서 휴가를 시행한 왕이 있었습니다. 조선 역사상 가장 독서를 사랑한 왕으로 꼽히는 세종입니다. 세종은 자신뿐만 아니라 신하들에게도 독서의 중요성을 강조하고 권하였습니다. 세종은 아무리 훌륭한 신하나 학자라도 조정의 업무 때문에 책을 읽을 시간이 없다는 현실을 정확하게 알고 있었습니다. 이에 세종은 고심 끝에 독서 휴가인 사가독서라는 특별한 혜택을 집현전 학자들에게 주었습니다. 사가독서는 신하들에게 일정 기간 휴가를 주어 독서에만 전념하게 하던 제도로 이 기간 동안 경비는 나라에서 부담하였습니다. 사가독서의 혜택을 받은 신하는 집에서, 때로는 산사를 오가며 짧게는 한 달, 길게는 몇 년씩 자유롭게 책을 읽고 연구에 매달릴 수 있었습니다. 이러한 사가독서는 1773년 영조 때까지 340여 년간 지속되면서 총 48차례에 걸쳐 320명이 선발되었습니다.

세종이 사가독서를 어명으로 내렸던 신하들은 하나같이 당대 최고의 인재들이었습니다. 세종이 정치 · 법률 · 역사 · 유교 · 문학 · 어학 · 천문 · 지리 · 의약 · 농업기술 등 전 분야에 걸쳐 종합 정리하는 사업을 전개하자 이들은 여러 책을 편찬하면서 기대에 부응하였습니다. 성삼문도 사가독서를 마친 후 세종 곁에서 주요한 정책 과제를 연구하였습니다.

세종은 훈민정음 창제 과정에 성삼문을 적극적으로 참여시켰습니다. 1443년 훈민정음이 창제되고 1446년 반포되는 과정에서 성삼문은 정인지, 최항 등과 함께 『훈민정음 해례본』 집필에 참여하였습니다. 그런데 이에 앞서 세종은 애지중지 키운 성삼문과 신숙주를 요동으로 파견합니다. 여러분들은 그 이유가 궁금하지 않나요. 당시 요동에는 명나라 학자이자 음운 이론에 정통한 황찬이 유배되어 있었습니다. 이에 세종은 훈민정음의 이론적 체계를 갖추기 위해 성삼문과 신숙주를 보내 황찬에게 음운학 등을 배워오게 한 것입니다. 이러한 왕래는 총 13차례나 이루어졌습니다. 성삼문과 신숙주의 노력으로 훈민정음을 더욱 정교하게 완성할 수 있었고, 이들의 노력이 모두 녹아들어 간 결과가 『훈민정음 해례본』입니다.

성삼문이 훈민정음의 창제를 위하여 바친 열정과 노력은 이게 끝이 아닙니다. 세종은 1446년 훈민정음을 반포한 후 한자음을 정확히 알아야 훈민정음을 바로 사용할 수 있다고 생각하였습니다. 따라서 1447년 성삼문을 비롯한 신숙주, 최항 등에게 『동국정운』을 만들게 하였습니다. 『동국정운』의 편찬으로 한자음을 어떻게 훈민정음으로 표현할 수 있느냐 하는 문제를 해결하였고, 처음으로 한자음을 우리의 한글로 나타낼 수 있게 되었습니다. 이처럼 훈민정음 창제의 주도자는 세종이었지만 이를 학문적으로 뒷받침하고 도와준 것은 성삼문을 비롯한 집현전 학자들이었습니다. 그리고 성삼문과 신숙주는 세종을 만나 명실공히 조선 최고의 언어학자로 성장하였습니다.

세종은 말년에 병이 있어 여러 번 온천을 거둥할 때도 성삼문을 늘 곁에 두고, 의견을 물었을 정도로 아꼈습니다. 성삼문은 세종 사후에도 문종과 단종을 보필하며 『세종실록』, 『역대병요』의 편찬 등 주요 사업을 수행하였습니다. 그러나 성삼문의 인생은 1453년 10월 10일에 일어난 계유정난을 겪으면서 큰 전환점을 맞이합니다.

옥새를 품고 통곡하다

동서고금을 가리지 않고 권력자 주변은 항상 충신(忠臣)과 간신(奸臣)의 대립이 끊이지 않습니다. 어느 조직에 능력과 경력이 비슷한 간신형의 인물과 충신형의 인물이 있다면 누가 출세의 가능성이 더 높을까요? 대부분의 권력자들은 자신의 기분을 맞춰주는 말을 좋아합니다. 그 맛에 권력을 가지려고 하는 것일 수도 있습니다. 그렇다 보니 유감스럽게도 간신형 인물이 빠르게 승진하는 경우가 많습니다.

충신은 어떤 인물을 말하는 걸까요? 충신은 임금이 올바른 정치를 하지 못할 때 목숨을 걸고 바른 말을 하고, 자신을 돌보지 않고 나라 일에만 매달립니다. 또한 한 나라가 망할 때 충신들은 두 임금을 섬기지 않는다고 하여 자결하거나 은둔하는 등 망한 나라에 대한 충성을 다합니다. 이번 주인공 성삼문은 반정 등으로 인해 부당하게 임금이 폐위되자 목숨을 걸고 신의를 지켰던 충신입니다.

당시 성삼문은 세종, 문종, 단종 세 임금의 총애를 받으며 뛰어난 능력을 뽐내었고, 문종 재위 기간에는 직집현전으로 재직하면서 주로 경연관으로 활동하였습니다. 단종 재위 기간에는 사간원 좌사간 등을 역임하였고, 『세종실록』 편찬에 편수관으로 참여하기도 하였습니다. 한편 1453년 수양대군은 정변을 일으켜 김종서 등을 제거하고 권력을 장악합니다. 이때 성삼문은 수양대군이 일으킨 계유정난에 대해 동조하지는 않았지만 반대하지도 않았습니다. 성삼문을 비롯한 집현전의 젊은 학자들은 김종서, 황보인 등 원로 신하의 세력이 지나치게 비대해지는 것에 불만을 가졌기 때문입니다.

수양대군은 계유정난의 성공으로 모든 권력을 차지하였지만 여전히 왕은 단종이었습니다. 그리고 본인이 제거한 김종서나 황보인의 빈자리를 채울 수 있는 젊고 명망 있는 신하들이 필요하였습니다. 따라서 수양대군은 당대 최고의 인재들이 모여 있던 집현전과 성삼문을 비롯한 집현전 학사들을 자기 것으로 만들고자 하였습니다.

수양대군은 세종 대부터 함께 중요한 국책 사업을 해온 동료이기도 한 성삼문도 자기 세력으로 끌어들이고자 하였습니다. 계유정난 이후에 '그날 궁궐에서 숙직했다'라는 이유만으로 성삼문에게 정난공신 3등의 칭호를 내려 포섭하고자 하였습니다. 성삼문은 공신의 칭호를 부끄럽게 여기고 이를 사양하는 상소를 올렸습니다만, 수양대군은 결국 성삼문을 공신으로 책봉하였습니다. 이처럼 수양대군은 모든 실권을 쥐었지만 여전히 단종이 왕이었고, 성삼문의 관직 생활도 계속되었습니다.

1455년 수양대군은 계유정난이 일으킨 지 3년 만에 단종으로부터 선위를 받아 국왕의 자리에 올랐습니다. 유교 정치의 법도에 어긋나는 세조의 왕위 찬탈에 성삼문을 비롯한 많은 신하들이 반발하였습니다. 성삼문은 수양대군이 계유정난을 일으켰을 때는 묵인하였지만, 왕위에 오르자 가만히 있지 않았습니다. 수양대군이 비록 선위라는 형식을 취하였지만 사실은 어린 조카를 몰아내고 왕위를 차지한 것으로 보았기 때문입니다. 한편, 수양대군은 자신의 즉위에 공을 세운 44명을 좌익공신에 봉할 때도 3등에 성삼문의 이름을 올릴 정도로 자기 사람으로 만들고자 하였습니다. 하지만 공신 책봉과 승진 등 그 어떠한 것으로도 성삼문의 마음을 얻을 수 없었습니다.

그런데 수양대군이 단종을 상왕으로 끌어내린 날 성삼문은 예방승지의 직책에 있었습니다. 예방승지는 왕위를 상징하는 옥새를 전해주는 비서의 자리입니다. 성삼문은 마치 운명의 장난처럼 앞으로 목숨을 걸고 저항해야 하는 수양대군에게 옥새를 건네주는 임무를 수행하게 됩니다.

> "세조가 선위를 받을 때에, 자기는 덕이 없다고 사양하니, 좌우에 따르는 신하들은 모두 실색하여 감히 한마디도 내지 못하였다. 성삼문이 그때에 예방승지로서 옥새를 안고 목 놓아 통곡하니, 세조가 바야흐로 부복하여 겸양하는 태도를 취하다가 머리를 들어 빤히 쳐다보았다."
>
> — 「연려실기술」

저는 이 장면이 수양대군이 살면서 가장 당황하였던 순간이 아닐까 싶습니다. 수양대군은 왕으로 즉위하면서 옥새를 전달받는 경사스러운 자리에 어린 상왕 단종을 생각하며 눈물을 펑펑 흘리며 목 놓아 통곡하는 성삼문을 보면서 어떤 생각을 하였을까요? 흔히 사람이 너무 당황하면 어떠한 행동도 못하고 넋이 나간다고 합니다. 천하의 세조도 고개를 들어 그저 성삼문을 빤히 바라볼 수밖에 없었습니다. 성삼문은 직책상 수양대군에게 어쩔 수 없이 옥새를 전달하였지만 그의 마음은 더 이상 세조의 신하가 아니었습니다.

상삼문은 그날 옥새를 경회루 다락 아래에서 수양대군에게 전해준 이후 또

다시 울음을 터뜨렸고, 절친한 친구 박팽년은 '차라리 옥새를 끌어안고 경회루에 빠져 죽자'고 하였다고 합니다. 자괴감에 빠졌던 성삼문은 울부짖는 박팽년을 말리며, '단종께서 상왕으로 계시니 우리가 살아 있어야 다시 왕으로 올릴 수 있다.'며 단종의 복위 운동을 도모할 것을 맹약하였습니다. 이렇게 수양대군에 대한 조직적인 저항은 시작되었습니다.

죽음으로 단종을 지키다

'정치가는 역사의 법정에 선 피고다.'는 일본의 총리를 지낸 나카소네 야스히로가 한 말입니다. 정치인의 삶은 두고두고 역사의 평가를 받는다는 의미로 권력을 쥔 상태에서 행보를 조심해야 한다는 경고의 메시지입니다. 예나 지금이나 정치인이 자기 자리를 건다는 것은 운명을 건 승부입니다. 운명을 건다는 것은 모든 것을 거는 것이고, 그 결과는 그만큼 엄중합니다. 그러나 결과만큼이나 무엇을 위해 자기 자리를 거느냐 하는 명분이 중요합니다. 어린 단종은 왕위에 오른 지 3년 만에 숙부인 수양대군에게 왕위를 물려주게 됩니다. 그러자 정통성이 없는 세조에 맞서 집현전 출신의 젊은 관료들과 단종 및 문종의 처가 식구들을 중심으로 단종 복위 움직임이 조심스럽게 진행되었습니다. 그 중심에는 성삼문이 있었습니다.

성삼문은 세조를 폐위시키고, 상왕으로 물러난 단종을 복위시킬 계획을 준비합니다. 먼저 자신과 뜻을 같이하는 동지들을 규합하였습니다. 이에 성삼문의 아버지 성승을 비롯하여 무신 유응부, 재상 김문기, 집현전에서 함께 하였던 박팽년, 하위지, 이개, 유성원 등이 단종 복위 운동에 뜻을 함께하였습니다.

성삼문은 오늘날 대통령 비서실과 비슷한 역할을 하는 승정원에 근무하면서 세조의 동태를 파악하였습니다. 그러던 중 성삼문은 명나라 사신이 한양에 도착한다는 정보를 입수하였고, 거사를 위한 절호의 기회를 얻습니다. 1456년 6월 1일 창덕궁에서 명나라 사신을 접대하는 자리에서 세조는 단상에서 왕을 호위하는 별운검을 세우기로 합니다. 이때 단종 복위 운동에 동참한 성삼문의 아버지인 성승과 유응부, 박쟁 등이 별운검을 맡게 되면서 성삼문은 직접 세조를 죽일 수 있는 기회를 얻게 됩니다. 성삼문 등은 이날을 거사일로 잡고 세조와 세자, 세조의 측근들을 제거하기 위해 치밀하게 준비하였습니다.

착실하게 준비되던 거사는 갑자기 꼬이기 시작합니다. 세조의 측근인 한명회 등이 연회 장소인 창덕궁 광연전이 좁고, 더위가 심하다는 이유로 별운검을 세우지 말고 세자도 오게 하지 말 것을 청한 것입니다. 거사가 연기되자 내부 밀고자가 등장합니다. 거사가 미뤄지면서 불안해진 김질이 마음을 바꾸어 장인인 정창손을 찾아가 사전에 준비되었던 단종 복위 운동의 전말을 알린 것입니다. 당연히 정창손은 그 길로 사위와 함께 궁궐에 달려가 세조에게 사실을 알렸습니다. 세조는 즉시 성삼문 등에 대한 체포령을 내렸고, 단종 복위 운동에 참여한 인물들이 줄줄이 압송되었습니다.

세조는 단종 복위 운동 사건에 연루된 인물을 친히 국문하였습니다. 이 순간에도 세조는 성삼문에 대한 미련을 버리지 못하였고, 협박과 회유를 하였습니다. 성삼문은 세조의 왕위 찬탈의 부당성을 날카롭게 공격하면서 뜻을 굽히지 않았습니다. 당시 국문에서 세조와 성삼문이 나눈 대화는 남효온의 『추강집』을 통해 자세히 볼 수 있습니다.

> 세조가 성삼문에게 말하기를 "네가 어찌하여 나를 배반했느냐?" 이에 성삼문은 "옛 임금을 복위하려 했을 뿐이다. 천하에 누가 자기 임금을 사랑하지 않는 자가 있는가. 어찌 이를 모반이라 말하는가. 나의 마음은 나라 사람이 다 안다. 나리(왕자를 부르는 존칭, 세조를 임금 아닌 왕자로 대한 것이다)가 남의 나라를 빼앗았고, 나의 군주가 폐위당하는 것을 보고 견딜 수가 없어서 그런 것이다. 내가 이렇게 하는 것은 불사이군, 하늘에 태양이 둘이 없고 백성은 군주가 둘이 있을 수 없기 때문이오" 이에 흥분한 수양이 "너는 나의 녹을 먹지 아니 하였는가? 녹을 먹고도 배반을 하였으므로 명분은 상왕을 복위한다고 하지만 사실은 스스로 정권을 차지하려는 것이 아닌가?" 성삼문은 "상왕께서 살아계신데 나리가 어찌 나를 신하라고 하십니까? 또 나리의 녹을 먹지 아니하였으니, 만약 나의 말을 못 믿겠다면 내 가산을 몰수하여 헤아려 보시오" 성삼문의 당찬 말에 화가 난 세조는 쇠를 달구어 다리를 뚫게 하고 팔을 자르게 했다. 참을 수 없는 극심한 고문에도 태연한 표정으로 천천히 말하기를 "나리의 형벌이 혹독합니다"라고 하였다.
>
> – 「추강집」권8, 속록, 전, 육신전

성삼문은 한번 옳다고 여긴 신념은 한 치의 양보도 없이 지키고자 하였습니다. 세조의 문초에도 당당히 맞섰으며 혹독한 고문에도 지조와 절개를 꺾지 않았습니다. 성삼문이 얼굴색을 변치 않고 '나리의 형벌이 참혹하다'고 항변하는 모습은 아직까지도 왜 많은 사람들에게 귀감이 되는지를 보여주는 대목이 아닐까요. 한편 성삼문에게 형을 집행한 이후 그의 집을 살펴보니 문초를 받을 때 말한 것처럼 세조가 준 녹이 고스란히 쌓여 있었다고 합니다.

단종 복위 운동이 실패로 끝나자 성삼문을 비롯해 권자신, 김문기 등 70여 명은 죽임을 당하거나 화를 입었습니다. 이들 대부분은 달군 쇠를 몸에 집어넣는 등의 엄청난 고문을 당하거나, 말이 끄는 수레가 죄인의 사지를 찢는 형벌인 거열형이라는 참혹한 형벌을 받고 숨을 거두었습니다. 특히 성삼문의 가문은 멸문지화를 겪게 됩니다. 성삼문은 아버지 성승과 함께 참형을 당하였고, 동생 삼빙, 삼고, 삼성과 아들 맹첨, 맹년, 맹종과 갓난 아들, 손자 헌택까지 모두 죽임을 당합니다. 심지어 성삼문의 처와 딸마저 노비로 팔려가는 비운을 당합니다. 한편, 단종도 이 사건으로 인해 노산군으로 강등되어 강원도 영월로 유배되었다가, 이후 금성대군이 주도한 단종 복위 운동이 실패하자 유배지 영월에서 사약을 받고 생을 마감하게 됩니다.

남효온은 『추강집』에 단종 복위에 목숨을 바친 성삼문을 비롯한 박팽년, 하위지, 이개, 유성원, 유응부 등 6명을 '사육신'으로 지칭하면서 이들은 충신으로 역사에 남게 됩니다. 남효온은 김시습, 원호 등과 함께 몸은 비록 살아 있어도 정신은 사육신을 계승한다는 뜻에서 '생육신'으로 불리게 됩니다. 세조의 왕위 찬탈에 맞서 저항한 이들의 정신은 재야의 사림 세력을 중심으로 널리 퍼져나가게 됩니다.

역적에서 충신으로

'생명은 짧고 예술은 길다.'라는 말이 있습니다. 성삼문은 비록 39살이라는 이른 나이에 생애를 마감하였지만 그가 남긴 절의와 시조는 아직까지 전해지고 있습니다. 현존하는 시조 3,335수 가운데 성삼문의 시조는 두 수가 전해질 뿐입니다. 그러나 단 두 수만으로 성삼문이 어떤 삶을 살아왔는지를 짐작할 수 있습니다.

> 이 몸이 주거 가셔 무어시 될꼬 ᄒ니
>
> (이 몸이 죽은 후 무엇이 될 것인가 하면)
>
> 봉래산(蓬萊山) 제일봉(第一峯)에 낙락장송(落落長松) 되야 이셔
>
> (신들이 살고 있다는 봉래산 제일 높은 봉우리에 큰 소나무가 되었다가)
>
> 백설(白雪)이 만건곤(滿乾坤)홀 제 독야청청(獨也靑靑)ᄒ리라
>
> (흰 눈이 온누리를 덮어서 만물이 죽거나 활동을 하지 못할 때 나만은 홀로 늘 푸르리라)

이 시조는 성삼문이 죽음을 앞둔 상태에서 처형장에 끌려갈 때 지은 것으로 알려져 있습니다. 봉래산의 낙락장송 소나무로 환생하기를 희망하며 자신의 굳은 결의를 표현하였지요. 그래서일까요. 저는 이 시조를 볼 때마다 겨울 찬바람과 같은 서늘함이 느껴집니다. 흔히 시조의 운명은 시어 하나가 좌우하며, 시조의 생명은 함축이라고 합니다. 성삼문이 표현한 '흰 눈이 온누리에 가득할 때'는 온 나라가 세조의 권력 하에 들어가 불의를 그대로 받아들이는 세상을 의미합니다. 이러한 현실 속에 성삼문은 '독야청청' 즉, 나 혼자서라도 푸릇푸릇하게 절개와 의리를 꿋꿋이 지켜나가겠다는 강한 의지를 드러냅니다.

그렇다면 단종 복위 운동을 추진하다 역적으로 몰려 죽임을 당한 성삼문을 비롯한 사육신은 신원과 명예 회복이 이루어졌을까요? 당장 사육신은 세조 당시는 물론이고 8대 예종, 9대 성종 대를 지나 10대 연산군 대에 이르러서도 조정에서는 그 일을 거론조차 못하였습니다. 사림 세력이 일시적으로 득세하던 11대 중종 대에 사육신 복권을 위한 지속적인 노력이 있었지만 이루어지지 못하였습니다. 12대 인종, 13대 명종 대를 지나면서 수차례의 사화를 거친 후 사림들이 정계에 다시 등장하던 14대 선조 대에도 사육신을 여전히 역적이라고 칭하고 그 일을 아뢴 이들은 벌을 받기까지 하였습니다.

그 후 15대 광해군, 16대 인조, 17대 효종, 18대 현종 대를 지나 제19대 숙종 대에 이르러 비로소 공식적으로 복권되고 추숭되었습니다. 단종 복위 운동이 일어난 지 230여 년이 되어서야 제자리를 찾게 된 것입니다. 1691년 숙종은 단종 복위 운동에 참여한 성삼문 등의 관직을 회복하고, 국가에서 제사를 지내도록 하였습니다. 숙종은 사육신에 대해 '당세에는 난신이나 후세에는 충신'이라는 논리를 내세웠습니다. 사육신을 처형한 세조 입장도 적절히 고려하면서 성삼문 등 사육신을 복권한 것입니다. 더 나아가 1694년에는 노산군에게 단종이라는 묘호를 올리면서 왕의 위상을 회복시켰습니다. 이후 영조와 정조 대에 접어들면서 육신의 이름 앞에 공식적으로 충신이라는 수식어가 붙기 시작합니다.

현재 성삼문의 묘는 서울 동작구 노량진 컵밥 거리 앞에 놓여 있는 육교를 건너면 바로 보이는 사육신 공원에 있습니다. 공원 입구 벽면에는 1960~70년대 재야 민주화 운동의 지도자 중 한 분인 함석헌이 쓴 『뜻으로 본 한국역사』의 한 대목이 새겨져 있습니다.

"수양대군이 불러온 피바람. 그렇지만 세조의 피바람 뒤에 우리는 '의(義)'를 알았다. 사육신이 죽지 않았던들 우리가 '의'를 알았겠는가. 이것도 고난의 뜻이지 않을까. '고난 뒤엔 배울 것이 있다.'"

우리는 세상을 살아가면서 분명히 불의를 경험하거나 목격할 것입니다. 불의를 외면하면 세상은 바뀌지 않습니다. 물론 이것을 바꾸기란 쉽지 않을 것입니다. 그렇지만 불의라는 유혹에 흔들릴 때마다 '의(義)', '의로운 삶'을 살아온 성삼문을 떠올린다면 어떨까요. 여러분들이 조금씩 세상을 바꾸어 나가는 힘을 얻지 않을까요?

煞。

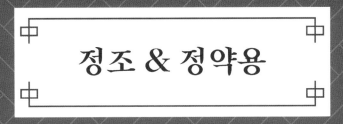
정조 & 정약용

+ + + + + +

조선 최고의 콤비와 함께

01

정조

조선 시대 연구자에게 가장 매력 있는 군주로 두 명이 있습니다. 이미 앞에서 만난 세종, 그리고 지금 만날 정조입니다. 15세기 왕조 문화와 국력을 절정으로 끌어올린 세종과 18세기 왕조 중흥을 이끈 정조는 서로 데칼코마니처럼 찍어낸 듯 닮은 점이 많습니다. 두 왕은 각각 학술 기관을 만들어 인재를 양성하였고, 학문을 진흥시켰습니다. 그리고 백성을 사랑하는 애민 정신에 기반을 둔 통치를 펼쳤습니다. 다만 차이점이 있다면 정조는 세종보다 359여 년 뒤에 태어난 까닭에, 그간의 사회 발전을 반영하여 백성들에게 한층 더 가깝게 다가설 수 있었습니다. 그럼 이제 정조를 만나보겠습니다.

어린 시절의 트라우마

조금 잔인한 이야기를 해보겠습니다. 국내에서 한 해 동안 발생하는 살인 사건은 경찰청 자료를 기준으로 연평균 약 1,100건 정도입니다. 특히 존속살인은 전체 살인 사건에서 약 5%를 차지합니다. 존속살해죄는 자기 또는 배우자의 직계 존속에 대한 살인입니다. 전 세계적으로도 존속살인은 일반 살인 사건에 비해 높은 형량이 부과되고 있었습니다.

조선 시대에도 너무나 유명한 반인륜적 존속살인이 있습니다. 조선 시대 왕실에서 벌어졌던 최대의 비극임과 동시에 조선 역사를 통틀어 가장 충격적인 사건이라고 장담할 수 있습니다. 바로 아버지 영조가 장차 왕위를 이을 아들 사도세자에게 직접 뒤주에 들어갈 것을 명하고 끝내 뒤주에 갇혀 죽게 만든 사건인 '임오화변(壬午禍變)'입니다. 오늘의 주인공 정조를 제대로 알기 위해서는 이 참담한 사건을 알고 있어야 합니다.

1724년 8월 경종의 뒤를 이어 즉위한 영조는 적극적인 탕평 정치[9]를 추진하였습니다. 영조는 소론의 지지를 받던 배다른 형인 경종을 독살하였다는 오해와 노론의 지지 속에 즉위한 왕이라는 정치적 부담에 시달렸기 때문입니다. 영조는 탕평 정치의 일환으로 사도세자의 후견인이자 스승을 소론 영수 이광좌에게 맡겼습니다. 이는 강성해진 노론을 제어하고 소론을 강화하여 탕평을 이루고자 하는 속셈이었습니다. 또한 과거 경종을 모셨던 궁녀들을 궁궐로 불러 들여 자신의 아들인 사도세자를 보필하게 하였습니다. 당연히 경종의 궁녀들은 소론 지향적이었습니다. 따라서 어려서부터 사도세자는 소론 위주의 이야기를 들으면서 성장하였고, 자연스럽게 친소론 반노론의 성향을 갖게 되었습니다.

---

9 탕평 정치란 당파 구분 없이 모든 사람을 고루 등용하여 붕당 간의 세력 균형을 유지해 정치적 안정을 꾀하고자 한 것입니다.

집권 세력이었던 노론은 불안감을 느끼기 시작합니다. 노론은 소론 계열 스승들로부터 진보적인 공부를 한 사도세자가 왕이 된다면 자신들이 몰락할 수도 있다는 생각을 하였기 때문입니다. 이에 노론은 끊임없는 정치 공세와 함께 사도세자를 모함하여 아버지와 아들 사이를 멀어지게 하였습니다. 영조의 탕평 정국은 처음 의도와는 다르게 오히려 세자를 놓고 노론과 소론의 갈등이 심화되는 결과를 초래하였습니다.

더군다나 변덕스러운 영조는 사도세자에게 대리청정을 맡겨놓고 여러 차례에 걸친 양위 선언을 일으켰습니다. 조선 시대에 건강한 군주가 살아있으면서 세자에게 양위를 선언한다는 것은 자신의 불만을 토로하는 것으로, 세자에게는 불충과 불효의 상징이 되는 것이고, 신하들에게는 불충이 표징이 되는 것입니다. 사도세자는 어떻게든 영조가 양위 선언을 철회하도록 석고대죄를 비롯한 온갖 정신적 · 육체적 고통을 겪어야 했습니다.

이때 사도세자는 엄청난 스트레스에 직면하면서 정신병을 얻게 됩니다. 사도세자의 부인 혜경궁 홍씨가 쓴 『한중록』에 따르면 1757년에 사도세자는 옷을 입으면 발작을 하는 의대병(衣襨病)이 나타났다고 합니다. 의대병은 보통 왕실의 옷인 의대 한 가지를 입으려고 열 벌이나 이삼십 벌을 갖다놓으면 갑자기 옷을 태우는 이상한 괴질이었습니다. 한 벌을 순하게 갈아입으면 천만다행이었고, 시중을 드는 이가 조금이라도 잘못하면 의대를 입지 못하였습니다. 심지어 내관을 매질하고 사람을 죽이기까지 하였다고 합니다.

영조와 사도세자의 긴장은 계속 이어졌고 마침내 대형 사고가 터집니다.

1761년 4월 2일부터 20일간 사도세자가 영조 몰래 소론과 남인 등과 함께 평안도 지방을 다녀온 사실이 알려진 것입니다. 당시 집권 세력 노론으로서는 절대 용납할 수 없는 행동이었습니다. 이때 노론은 마지막 승부수를 던집니다. 1762년 5월 22일 노론의 사주를 받은 나경언이 세자가 역모 모의를 한다고 고변한 것입니다. 고변의 내용에는 왕손의 어미(사도세자의 후궁인 경빈 박씨)를 때려죽인 일, 여승을 궁으로 끌어들인 일, 관서 지방으로 행역한 일, 북한산성을 유람한 일 등 세자의 비행 10여조가 거론되었습니다.

나경언이 노론에게 매수되었을 가능성을 암시하는 여러 정황이 있습니다. 나경언은 노론 강경 세력의 영수였던 윤급의 심복이었다는 점과 죽기 전에 노론의 사도세자 반대 세력의 사주를 받았다고 자백한 『대천록』의 기록 등이 있습니다. 그러나 나경언의 고변으로 영조의 분노와 질책은 극에 달하였고, 이제 부자는 서로 돌아올 수 없는 강을 건너게 됩니다.

마침내 영조는 창덕궁 내의 휘령전 앞뜰에서 사도세자에게 칼을 휘두르며 자결을 요구하였습니다. 사도세자는 땅에 머리를 부딪쳐 이마에서 피가 흘러내렸고, 허리띠로 목을 맸습니다. 신하들은 사도세자의 자결을 만류하였지만 영조는 화를 내며 큰 뒤주를 갖다 놓고는 사도세자를 그 안에 가두었습니다. 한여름 밀폐된 뒤주 속에서 8일 동안 물 한 모금 마시지 못한 채 사도세자는 28세라는 짧은 나이로 세상을 떠납니다.

당시 정조는 11살의 나이에 불과하였습니다. 어린 정조는 큰 충격과 함께 말할 수 없는 애통한 마음을 경험하였을 것입니다. 정조의 가슴 깊숙이 할아버지가 아버지를 죽이는 참혹한 현장을 목격하고서도 그것을 막지 못했다는 자책감이 자리 잡게 됩니다. 실제로 정조는 자신이 태어나지 않았더라면 할아버지 영조가 아버지 사도세자를 죽이지 못하였을 것이라고 자책하기도 합니다. 이처럼 정조에게 가슴에 사무친 슬픔을 간직한 채 평생을 살게 됩니다.

아! 과인은 사도세자의 아들이다

"죄인 사도세자의 아들은 왕이 될 수 없다(罪人之子 不爲君王)."
"태조 이성계의 자손이면 누군들 어떠하리(太祖子孫 下位餘威)."

임오화변 이후 다음과 같은 16자의 흉흉한 말이 떠돌기 시작하였습니다. 이는 그만큼 정조가 왕위에 오르는 과정이 순탄하지 않았다는 것을 의미합니다. 아버지 사도세자가 역적으로 죽었기 때문에 정조의 세손 시절은 늘 불안의 연속이었습니다. 정조는 궁궐에 자객이 들어올 정도로 신변의 위협을 느꼈기 때문에 세손 시절부터 항상 갑옷을 입고 잠자리에 들었다고 합니다. 사도세자의 죽음에 깊이 관여한 노론 세력은 정조가 왕위에 오르면 생길지도 모를 정치적 숙청을 두려워하였습니다. 따라서 노론은 온갖 정치적 공세와 방해를 일삼았지만 정조는 이를 모두 극복하였습니다.

1776년 3월 10일, 정조는 조선 왕조의 제22대 국왕으로 즉위하였습니다. 이 날 즉위식 후에 정조는 신하들 앞에서 자신이 사도세자의 아들이라 말하였습니다. 자신이 사도세자의 아들임을 첫 교지로 천명한 것이며, 오랜 세월을 가슴에 묻어둔 아버지의 억울한 죽음을 이제는 좌시하지 않겠다는 선포이기도 하였습니다. 이 한마디 말에 주위는 일순간에 조용해지고, 신하들은 공포와 두려움을 느꼈을 것입니다. 자식이 자기 아버지의 이름을 거론한 것에 불과하지만, 즉위식에 있던 신하들 중에는 사도세자를 죽이는 데 관여한 노론 세력의 인물들이 많았기 때문입니다.

　정조는 아버지를 죽음에 이르게 한 노론 세력을 성급하게 죄를 주는 치졸한 복수는 하지 않습니다. 정조는 자신의 정치적 입지를 강화하고 노론 세력을 확실히 누르며 개혁 정치를 하고자 하였습니다. 이를 위해 모든 정치적 역량을 총집결 시킵니다.

'정조' 하면 '규장각'인 이유

　정조는 즉위한 바로 다음날에 개혁 정치의 산실인 규장각 설치를 명하였습니다. 규장각은 역대 국왕들이 직접 쓴 글을 보관하고 각종 도서를 수집·편찬하기 위한 기구입니다. 과거 세조 대에 '어제존각지소(御製尊閣之所)'라는 이름으로 제안된 적이 있지만 설치되지는 못하였습니다. 시간이 흘러 숙종 대에 이르러 역대 국왕의 글이나 초상화를 보관하는 작은 건물을 지어 숙종이 친필로 '규장각'이라는 편액을 써서 걸었습니다. 이 기관을 본격적으로 확대 개편된 것이 정조의 규장각입니다. 정조는 새로운 정치 기구를 설치하면 노론 세력이 의구심을 품을 수 있기 때문에 기존의 규장각을 활용하였던 것입니다.

규장각 위치도 의미심장합니다. 정조는 즉위 후 처소를 본궁인 창덕궁으로 옮겼습니다. 그리고 창덕궁에서 경관이 가장 아름다운 영화당 옆 언덕을 골라 2층 누각을 짓고 열람실 겸 누마루를 조성하고 어필로 '주합루(宙合樓)'라는 현판을 달았습니다. 이곳 1층에 역대 선왕이 남긴 어제, 어필 등과 다양한 책을 보관하게 하였고, 이곳을 규장각이라 하였습니다. 또한 강화 행궁에는 별도의 서고인 외규장각을 지어 전쟁에 대비하여 역대 왕들의 어제, 어필과 중요 도서들을 보관하였습니다.

김홍도가 그린 규장각(좌, ©국립중앙박물관)과 지금의 주합루(우, ©문화해설사 안지영)

정조가 규장각을 설립한 의도는 무엇이었을까요? 앞에서 언급하였지만 규장각의 '규장'은 임금의 시문이나 글을 가리키는 말로 왕실 도서관에서 출발하였습니다. 그런데 정조는 차츰 학술 연구소 및 정책 연구 기관으로 변화시켜 나갔습니다. 따라서 규장각의 가장 중요한 업무는 역대 왕들의 글이나 책 등을 정리하고 이것을 바탕으로 새로운 개혁 정치의 방향을 설정하는 것이었습니다. 왕에게 신하들이 정책 조언을 하는 모든 회의가 규장각에서 열렸고, 과거 시험의 주관, 문신 교육의 임무까지도 부여하였습니다. 정조는 규장각을 자신의 권력과 정책을 뒷받침하는 핵심 정치 기구로 만들었던 것입니다. 과거 세종이 집현전을 설치하여 학문의 전당으로 삼았다면 정조는 규장각을 통해 학문에 바탕을 둔 개혁 정치를 펼쳐 나갔습니다.

정조는 규장각을 설립하였지만 심각한 문제가 하나 있었습니다. 여러분들은 현대 정치의 핵심이 무엇이라고 생각하시나요? 저는 정치를 아무리 고상하게 말해도 핵심은 결국 쪽수라고 생각합니다. 너무 단순무식한 표현인가요? 그러나 사실 정치만큼 단순한 것도 없습니다. 정치란 내가 원하는 세상을 만들기 위해 비슷한 꿈을 가진 사람들끼리 모여, 그 쪽수로 합법적으로 권력을 쟁취하고, 그 권력을 가지고 합법적으로 세상을 바꾸는 것이기 때문이죠. 소수로 머물면 쪽수에 밀려 원하는 것을 제대로 해낼 수가 없습니다.

물론 정치는 숫자, 쪽수로 하는 게 아니라 실력으로 하는 것이라고 반박할 수 있습니다. 정치는 생각이 다른 세력과 정당을 소위 어르고 달래서 결과를 만들어내는 실력, 즉 정치력을 발휘하는 것이라고 볼 수도 있습니다. 장황하게 말하였지만 당시 정조는 소위 쪽수에서 밀리고 있었습니다. 여전히 중앙 정계에는 노론 세력이 득세하고 있었기 때문입니다. 이에 정조는 개혁 정치의 주체 세력으로 때가 묻지 않은 재야의 선비들에게 많은 관심을 가지게 됩니다.

정조는 학식과 덕망을 겸비한 재야 선비들을 모아서 이들을 개혁의 논리로 무장시키고, 나아가 이들이 개혁 정책의 방안을 입안하고 실천하기를 원하였습니다. 이를 위해 즉위한 지 5년 만인 1781년, 젊은 관리들이 규장각에서 재교육을 받는 초계문신 제도를 실시하였습니다. 초계문신 제도는 이미 과거를 거친 사람 가운데 37살 이하의 젊은 인재를 뽑아 3년 정도 특별 교육을 시키는 제도입니다. 초계문신 제도는 1781년 16명을 선발한 것을 시작으로 정조 말년인 1800년까지 10여 차례에 걸쳐 이루어졌으며, 총 138명을 선발하였습니다. 이 중 가장 대표적인 인물이 다음에 만날 정약용입니다. 정약용, 정약전, 서유구 등은 초계문신을 거쳐 조선을 대표하는 실학자로 성장하였고, 정조의 개혁 정치를 뒷받침하였습니다.

초계문신으로 선발된 젊고 유능한 관리들은 본래 직무가 면제되어 연구에 전념할 수 있었습니다. 성과는 시험 및 면접으로 평가받았습니다. 이때 정조는 한 달에 한 번씩 직접 초계문신들에게 임금이 친히 나아가서 경서를 강독하는 친강과 임금이 몸소 시험장에 나와 성적을 살피고 평가를 하는 친시를 시행하였습니다. 또한 스스로 시험 문제를 내고 채점을 하면서 잘한 사람에는 반드시 상을 주고, 잘못한 사람에는 반드시 벌을 주는 신상필벌의 원칙을 적용하였습니다. 한마디로 초계문신 제도는 '왕의 과외 수업'이었습니다.

정조는 친강과 친시 외에도 수시로 규장각을 방문하여 초계문신을 격려하였습니다. 심지어 바쁜 일정 속에서도 초계문신의 교육 과정에 대해서는 일일 보고를 원칙으로 할 정도로 많은 관심을 보였습니다. 초계문신은 강도 높은 교육을 받으며 정조의 개혁 정치의 방향을 학습하였고, 정조의 권력과 정책을 뒷받침하였습니다. 정조 후반기에 이르면 주요 관리들의 대부분이 초계문신 출신이 차지하게 됩니다. 대부분의 초계문신들은 정조와 긴밀한 인간적, 정치적 관계를 형성하면서 정조의 정책 노선을 따르는 친위 세력이 되었던 것입니다.

정조는 당파나 신분에 구애받지 않고, 젊고 능력 있는 젊은 인재를 규장각에 모았습니다. 주목할 점은 이덕무, 유득공, 박제가 등 우수한 서얼 출신 학자들을 대거 검서관으로 선발하였다는 것입니다. 서얼은 본부인이 아닌 여자나 첩에게서 난 자식과 그 자손을 말합니다. 서얼은 본부인의 자식에 비해 차별 대우를 받았는데 양반의 자제이면서도 주요 관직에 나아갈 수 없었습니다. 서얼들은 이러한 차별과 제한을 없애고 서로 교제나 왕래를 허용하자는 서얼허통을 주장하였고, 정조는 받아들였습니다. 정조는 학식과 능력이 있음에도 불구하고 서얼이라는 이유 때문에 벼슬길에 나서지 못하는 이들을 끌어안아 친위 세력으로 만들고, 폐쇄적인 사회 체제를 개혁하고자 하였습니다.

왕권 강화의 히든카드

우리는 정조가 규장각과 초계문신 제도를 통해 왕권을 강화하는 모습을 보았습니다. 정조에게는 왕권 강화를 위한 마지막 퍼즐 조각이 남아 있었습니다. 오늘날 한 나라의 국력에 높은 비중을 차지하는 것은 국방력입니다. 외국의 침략을 받을 경우 국방력이 열세면 다른 분야가 아무리 강해도 소용이 없기 때문입니다. 전쟁이 발생하거나 임박할 경우 국방력은 국력과 거의 동일시될 수 있습니다. 정조에게 군대 장악은 왕권 강화의 필수적인 요건이었습니다. 또한 개혁 정치를 추진하기 위해서도 친위 부대가 꼭 필요하였습니다.

정조는 임진왜란과 정묘·병자호란 이후 군사 제도로 정립된 5군영(훈련도 감, 총융청, 수어청, 어영총, 금위영)이 노론 세력의 사병과 다름없다고 보았습니다. 혹시라도 자신의 개혁을 반대하는 노론이 군대와 합작하여 정변을 일으키면 막을 방법이 없다고 판단하였습니다.

1785년 정조는 왕위에 오른 지 9년이 되어서야 본격적인 군대 개혁에 착수합니다. 먼저 국왕 호위를 전담하는 부대인 장용위를 창설하였습니다. 무예와 통솔력이 뛰어난 무관 30명으로 출발한 장용위는 1787년에는 50명으로 그 인원이 보강되면서 장용청으로 승격되었습니다. 그 이듬해인 1788년 기존의 5군영 중심의 군사 제도에 새롭게 '장용영'이라는 군사 조직을 신설하였습니다. 소위 장용영의 시대가 열리게 됩니다.

정조의 관심과 지원 속에 장용영은 그 규모는 계속 확대되었습니다. 여기서 우리는 화성에 설치한 장용영 외영에 주목해야 합니다. 장용영 외영은 명분상으로는 사도세자의 무덤이 있는 현륭원을 호위하는 것이었지만, 실제로는 정조에게 절대 충성을 바치는 최정예 친위 부대였습니다. 이후 수원 화성을 축성하면서 한양 도성의 장용영 내영보다 수원의 장용영 외영이 더 중요한 위상을 갖게 됩니다.

정조는 매년 수원에서 무과 시험을 실시하여 능력 있는 무인들을 선발하여 장용영 외영에 소속시켰습니다. 1798년에는 장용영 외영만 그 수가 2만 명에 달하였다고 합니다. 장용영 내영까지 포함하면 정조 말년에 4~5만 명 정도의 병력이 있었다고 추정합니다. 정조는 여차하면 도성으로 출병할 막강한 군사력을 손에 넣음으로써 어느 누구도 감히 왕권에 도전할 수 없게 만들었습니다. 장용영은 노론 세력이 장악한 군대에 맞서기 위해 20여 년을 두고 이루어낸 정조의 야심작이었습니다. 정조 시대의 규장각이 '붓'을 상징한다면, 장용영은 '칼'을 상징한다고 볼 수 있습니다.

수원 화성에 담은 원대한 꿈

정조는 즉위 이후 정적들을 제거하고, 규장각과 장용영을 설치하면서 정치적 안정을 찾아갔습니다. 하지만 정조의 마음을 짓누르는 것이 하나 있었습니다. 바로 아버지 사도세자 문제였습니다. 사도세자의 능을 방문할 때마다 그 슬픔은 극명하게 표출되었습니다. 정조는 아버지의 무덤 위에 자란 풀을 부여잡고 울부짖었으며 심한 경우에는 구토 증세까지 보였다고 합니다. 심지어 슬픔을 참지 못하고, 정신을 잃기도 하였습니다.

그래서일까요. 정조는 국왕으로 즉위한 이후에도 종종 "국왕이 된 것이 즐겁지 않다."라는 말을 하였습니다. 단 한 마디이지만 정조 내면의 슬픔이 느껴집니다. 정조는 죄인의 자식이라는 불명예스러운 꼬리표를 떼지 않고서는 강력한 왕권을 확립할 수 없었습니다. 이에 정조는 즉위한 지 열흘 후 사도세자의 호를 '장헌'으로 높여 부르고, 사도세자의 묘소를 '영우원'으로 높여 부르라는 명을 내렸습니다. 그 해 8월에는 영조의 능을 참배하면서 동시에 사도세자의 능도 참배하였습니다.

정조는 국왕이 된 지 13년만인 1789년에 비로소 사도세자의 묘소를 양주 배봉산에서 지금 수원 남쪽의 화산으로 이장하였고, 묘소의 이름도 영우원에서 현륭원으로 고쳤습니다. 여기서 많은 분들이 오해하는 것이 있습니다. 정조가 아버지의 무덤을 수원으로 옮겼기 때문에 그곳에 화성을 건설하였다는 것입니다. 하지만 실제로 정조는 화성 건설을 염두에 두고 아버지의 무덤을 옮긴 것입니다. 정조는 화성 건설을 하기 5년 전에 아버지의 무덤 부근의 팔달산 아래에 왕의 모든 꿈이 담긴 이상향을 건설한다는 웅장하고 원대한 계획을 세웠던 것입니다.

정조의 개혁 정치는 재위 20년을 맞이할 무렵 새로운 전환점을 맞이합니다. 40대 중반의 정조는 자신의 원숙한 정치적 역량과 함께 친위 세력의 결집, 국가 재정의 확충 등 여러 부분에서 뛰어난 성과가 나오면서 국왕의 위상을 보여줄 기회를 만들어냈습니다. 그것이 바로 화성이라는 신도시 건설과 어머니의 회갑을 기념하는 장엄한 화성 행차로 나타났습니다.

화성은 1794년 봄 수원에서 건설을 시작하여 1798년 가을에 완공되었습니다. 공사 기간이 2년여 반, 공사에 투입된 인원은 연 70여만 명, 공사비가 80만 냥에 이르는 거대한 공사였습니다. 그렇다면 왜 하필 수원이었을까요? 과거 수원시 중심에 자리 잡고 있는 팔달산 일대는 풍수지리상으로 '용이 날아오르고 봉황이 춤을 춘다.'는 명당으로 알려져 있었습니다. 물론 수원이 명당인 것도 화성 건설에 어느 정도 영향을 끼쳤지만 더 중요한 이유와 목적은 따로 있습니다.

수원 화성 팔달문(좌)과 동북포루(우) (©문화재청 국가문화유산포털)

수원 화성 팔달문(좌)과 동북포루(우) (©문화재청 국가문화유산포털)

당시 수원은 삼남(충청·경상·전라도)으로 통하는 육로 및 해상 교통의 요지 일 뿐 아니라, 군사적으로 서울을 지키는 남방의 요새지였습니다. 수원에 난 공불락의 최신식 성곽을 건설하여 서울을 호위하는 남방의 요새지를 구축하 고자 하였습니다. 그동안 서울의 외곽 방어 체제가 북쪽으로는 북한산성과 개성 일대의 대흥산성, 서쪽으로는 강화도성과 문수산성, 그리고 동쪽으로는 광주의 남한산성으로 치우치는 결함을 수원 화성으로 보완하고자 하였던 것 입니다.

정조는 1793년 건설 예정인 화성에 친위 부대인 장용영 외영을 설치하였습 니다. 5천 명의 군사를 주둔시킨 이후 1795년~1798년에 걸쳐 화성 근처의 다 섯 읍인 용인, 안산, 진위, 시흥, 과천의 군대 1만 3천여 명을 장용영 외영에 소 속시켜 거대한 지역 방어 체제를 구축하였습니다. 이는 화성이 남쪽 요새지일 뿐 아니라, 수도 한양에 버금가는 위상을 가지게 되었다는 것을 보여줍니다.

그렇다면 정조는 화성을 군사 요새지로만 만들고자 하였을까요? 정조는 화성에 인구를 모으고, 경제를 발전시켜 행정상으로는 부수도의 면모를 갖추기를 원하였습니다. 1793년 수원이란 이름을 화성으로 고치고, 수원부를 유수부로 승격시켰습니다. 유수부란 지방 도시에 중앙의 고관을 파견하여 다스리게 한 것으로 오늘날의 광역시 개념에 해당합니다. 화성이 유수부가 되면서 서울 외곽의 개성, 강화, 광주의 유수부까지 포함하여 4유수부 체제가 확립되었습니다. 거꾸로 말하면, 4유수부를 부수도로 거느린 서울 한양의 위상도 상대적으로 격상된 것을 의미합니다.

화성은 다른 유수부와는 격이 달랐습니다. 정조의 꿈은 화성의 백성들이 "집집마다 부유하고, 사람마다 화락하는" 낙원 도시를 만드는 것이었습니다. 이를 위해 정조는 왕의 사유재산인 내탕금을 화성에 투자하였고, 화성의 도시 주변에 모범적인 수리 시설과 농장을 건설하였습니다. 이외에도 화성의 주민에게는 각종 세금을 면제하고, 주변 지방의 상인이나 장인들에게 여러 가지 혜택을 주었습니다. 이처럼 화성에 백성들이 모여 살 수 있는 여건을 조성하여 농업과 상공업을 촉진시켰습니다. 정조의 애민 정신이 담긴 화성은 백성들이 살기 좋은 신흥도시로 성장하였습니다.

조선을 대표하는 애민 군주가 두 명이 있습니다. 이미 만난 세종, 그리고 이번 주인공 정조입니다. 정조의 백성을 사랑하는 마음에 있어 남다른 열정은 수원 화성 공사 과정에서도 쉽게 확인할 수 있습니다.

"민심을 즐겁게 하고, 민력을 가볍게 하는데 힘쓰라. 혹시라도 백성을 병들게 한다면, 비록 공사가 빨리 진행된다고 하더라도 나의 원하는 바가 아니다."

화성을 건설하고 발전시킨 주역은 정조입니다. 86만 냥에 이르는 건설비용을 투자하고, 도시를 설계한 것도 정조입니다. 물론 화성 건설은 공사의 실무를 집행한 화성 유수 조심태, 거중기를 비롯한 건축 도구를 설계하고 제작한 정약용을 비롯한 학자들의 도움도 컸습니다. 그런데 정조는 백성들의 도움 없이는 화성 건설은 불가능하다는 것을 누구보다 잘 알고 있었습니다.

화성 축성 보고서인 『화성성역의궤』에서는 정조가 왕이 공사에 참여한 70여만 명의 인부들의 원망을 사지 않기 위해 반나절까지 품값을 계산하여 최고의 품값을 지불한 것을 볼 수 있습니다. 정약용의 거중기를 비롯한 최신식 기구를 공사에 투입한 것도 궁극적으로는 백성들의 수고를 덜기 위한 배려였습니다. 이밖에도 정조는 화성 공사에 참여한 인부들과 감독관들에게 겨울에는 의복을 내리고, 여름에는 더위를 막는 약을 내리고, 행궁과 신작로를 만들기 위해 민가를 수용하면서 충분한 보상을 하였고, 흉년이 들자 공사를 중단하는 등 백성을 위해 끊임없는 배려를 하였습니다. 또한 정조가 86만 냥에 이르는 건설비용을 투자한 것도 백성의 세금을 축내지 않으려는 배려였습니다. 당시 10만 냥은 오늘날 시세로 환산한다면 대략 70억 원 정도로 생각하시면 됩니다.

화성 행차로 백성과 맞닿다

여러분들은 매년 이틀간, 창덕궁부터 융릉(사도세자의 묘)까지 1795년 을묘년 원행 59km 전 구간을 재현하는 국내 최대 왕실퍼레이드가 개최되는 것을 아시나요? 바로 '정조대왕 능행차 공동 재현' 행사입니다. 1996년 수원시가 시작하여 2016년부터 서울시, 2017년 화성시, 2018년부터는 경기도가 행사에 공동 참여하는 우리나라의 대표적인 지자체 연합 축제입니다. 2017년과 2019년 행사 때는 제가 MC를 맡기도 하였습니다. 많은 볼거리가 있는 행사로 가족, 연인들과 함께 구경을 오시면 좋은 추억을 남길 수 있을 것입니다.

정조는 그 어떠한 왕들보다 궁궐 밖 나들이가 많았습니다. 왕의 궁궐 밖 나들이를 '거둥' 혹은 '행행'이라고 합니다. 왕과 왕비의 무덤인 능에 가는 행행을 능행, 왕의 후궁, 세자의 무덤인 원에 가는 행행을 원행이라고 합니다. 정조의 현륭원 방문은 원행에 해당합니다. 보통 왕들의 능행이나 원행은 1년에 1회 혹은 2회가 일반적입니다. 그런데 정조는 재위 24년간 66회의 행행을 하여 1년 평균 약 3회를 기록하였습니다. 특히 아버지 묘소인 현륭원 참배가 그 절반을 차지하였습니다.

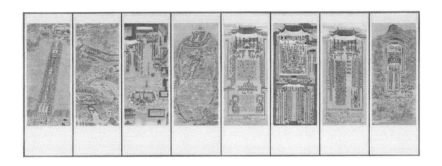

정조는 왜 이토록 많은 행행을 하였을까요? 표면적인 목적은 당연히 어버이에 대한 효심을 보여 주기 위함입니다. 그런데 눈에 보이는 대로 행행의 목적을 효심에만 있다고 생각하시면 큰일 납니다.

"백성들은 나의 자식이니 두려워하지 말고 고충을 말하라"

정조는 백성들의 목소리를 직접 듣고자 하였습니다. 또한 억울한 일을 겪는 백성이 있다면 해결하고자 하였습니다. 조선 시대 백성들은 억울한 일을 겪으면 어떻게 호소하였을까요? 글을 쓸 줄 아는 백성들은 상소로 자신의 억울한 일을 임금에게 호소하면 되었습니다. 하지만 글을 모르는 대부분의 백성들이 억울한 일을 호소하는 방법은 오로지 상언과 격쟁뿐이었습니다. 상언은 백성들이 임금을 직접 만나 억울한 일을 호소하는 것을, 격쟁은 행차 중에 징을 치고 나와서 왕에게 역시 억울한 일을 호소하는 것을 말합니다.

조선 후기 모든 왕들이 상언과 격쟁을 허용하였지만 정조가 가장 적극적이었습니다. 정조가 현륭원을 참배한 것은 모두 13회이며, 이때 처리한 상언이 1천 1백여 건입니다. 한 번의 행차마다 대략 85건의 민원을 처리하였습니다. 이는 정조가 화성 행차를 단순히 아버지에 대한 효심만을 보여주는 것이 아니라 화성 일대 백성들을 직접 살피고 민원을 해결하는 기회로 활용하였다는 것을 의미합니다. 아버지 죽음에서 시작된 정조의 복수는 새로운 나라를 만드는 과정과 일치하였고, 그 끝에는 백성들이 있었던 것입니다.

원행에는 여러 가지 부수적인 효과도 있었습니다. 대규모 인원이 이동하려면 자연히 길을 닦고 다리를 건설하고 보수를 하였기 때문에 치도의 효과가 있었습니다. 또한 많은 군사를 데리고 가면서 수도권의 방위 체제를 점검하고, 군사 훈련의 기회로도 활용할 수 있었습니다. 이외에도 현지에서 정규 과거 외에 임시로 시행되는 별시 등을 통해 지방의 뛰어난 인재를 수시로 발탁하고 등용하였습니다.

정조는 말년에 자신의 호를 '만천명월주인옹'이라고 지었습니다. 하나뿐인 밝은 달이 세상의 수많은 물 하나하나에 어리듯이 자신은 백성 한 사람 한 사람을 보살피는 군주라는 뜻입니다. 하지만 1800년 정조는 뜻하지 않는 병을 얻어 49세의 나이로 갑자기 세상을 떠나면서 더 이상 백성을 보살필 수 없게 됩니다.

정조의 죽음은 그가 추구하였던 수많은 개혁들이 미완성으로 끝나는 것을 의미합니다. 정조 사후 1년 뒤, 곧 신유박해로 측근인 남인 세력이 숙청당하고 2년 뒤에는 장용영이 해체됩니다. 규장각의 기능도 순수 왕실 도서관으로 축소됩니다. 그리고 특정 가문이 권력을 독점하는 세도 정치가 시작되면서 조선은 큰 혼란에 빠지게 됩니다. 정조의 시대가 조금만 더 길었더라면 우리의 역사가 많이 달라지지 않았을까요?

정조 대왕 초상화

02

정약용

　여러분들은 'n잡러'라는 말을 들어본 적이 있나요? n잡러는 여러 개의 직업을 가진 사람을 뜻합니다. 최근 MBC의 인기 예능 프로그램 〈놀면 뭐 하니?〉의 출연자 개그맨 유재석씨가 대표 n잡러라고 할 수 있습니다. 본업은 개그맨 겸 MC지만 본업 외 n잡으로 트로트 가수, 드럼 연주자, 하프 연주자로 활약하고 있습니다. 저 또한 수능 한국사 강사, 공무원 한국사 강사, 인문학 강사, 라디오 MC, 작가 등 n잡러로 살고 있습니다.

　n잡러가 뜨는 데는 여러 이유가 있습니다. 평생직장이라는 개념이 점점 희미해지면서 한 가지 직업에 매달리기보단 다양한 일을 경험해 자신이 일할 수 있는 분야와 직업을 확장해나가려는 사람들이 늘고 있기 때문입니다. 조선 시대에도 n잡러로의 삶을 살아간 인물이 있습니다. 그의 직업은 조선 후기 문신이자 실학자, 저술가, 시인, 의사, 철학자, 과학자, 공학자 등입니다. 이번에 만나볼 주인공은 다산 정약용입니다.

실학의 세계에 눈을 뜨다

시대가 사람을 만드는 것인지 사람이 시대를 만드는 것인지, 어느 것이 확실하다 말할 수 없습니다. 그렇지만 정조와 정약용이 짧은 기간 동안 이루어 놓은 업적은 대단하다 못해 위대한 것 같습니다. 그래서인지 정약용을 연구하시는 분들은 대체로 그의 삶을 출생하여 자라고 공부를 시작하여 성균관에 들어가서 공부한 기간(22세~28세)인 성장기, 28세에 벼슬에 나아가 여러 관직을 거쳐서 39세에 고향에 내려온 시기인 사환기, 40세에 신유박해로 18년 간 유배 생활을 보낸 유배기, 57세에 유배가 풀려 고향으로 돌아와 75세에 세상을 뜰 때까지의 만년으로 총 4개 시기로 나누어 봅니다. 우리는 학술 연구를 하는 것이 아니니 정약용 전 생애를 살펴볼 것입니다.

정약용은 1762년 경기도 광주군 초부방 마현리(현 남양주시 조안면 능내리)에서 5남 3녀 가운데 넷째 아들로 태어났습니다. 아버지는 진주 목사를 지낸 정재원입니다. 아버지는 영조와 정조 대에 남인의 영수였던 체제공과 정치적 동지이자 사돈이기도 합니다. 어머니 해남 윤씨는 숙종대 남인의 주요 인물 중 한 사람이자 자화상으로 유명한 윤두서의 손녀입니다. 이처럼 정약용은 남인의 핵심 가문에서 태어났습니다.

정약용은 4살 때부터 아버지에게 천자문을 배우기 시작했고, 7살에 "작은 산이 큰 산을 가리니 멀고 가까움이 달라서라네[小山蔽大山 遠近地不同]"라는 시를 지어 천재성을 발휘하였다고 합니다. 9살에 어머니 해남 윤씨가 별세하고, 10살에는 스스로 지은 글을 모아 '삼미집'이라는 문집을 만들기도 하였습니다. 정약용은 15살이 되자 서울에 살고 있는 홍화보의 딸 풍산 홍씨와 혼인하였습니다. 이 시기 조선은 정조가 즉위하면서 새로운 정치적 활력이 넘치기 시작하였습니다.

이 무렵 정약용은 누나의 남편 이승훈과 큰 형 정약현의 처남인 이벽과 친하게 지냈으며, 학문으로 명성이 높은 이가환을 처음 만났습니다. 이들은 실학자 성호 이익의 학풍을 계승하였습니다. 정약용은 이들을 따라 이익의 저술을 읽으면서 서학 등 새로운 학문 세계를 접하게 되었고, 자신의 공부 방향을 정하게 되었습니다. 성호 이익은 정약용이 태어난 다음해 세상을 떠나 두 사람이 대면하지는 못했지만 정약용은 이익을 학문적 스승으로 삼았습니다.

> "모두 성호 선생의 학문을 이어받아 펼쳐 나가고 있었다. 나도 이익 선생인 남기신 글들을 얻어 보게 되었는데 그를 보자 혼연히 학문을 해야겠다고 생각했다."
>
> – 정약용, 「자찬묘지명」 중

이익은 농촌 사회의 안정을 위하여 토지 제도의 개혁을 주장한 실학자입니다. 토지 제도 개혁 등 구체적인 사상을 담은 이익의 실학 사상은 젊은 정약용에게 완전히 새로운 세계였습니다. 정약용은 성리학적 질서의 조선이 가진 모순과 한계를 실학으로 극복할 수 있다고 여겼습니다. 실학에 부국강병과 백성들의 삶이 실질적으로 나아지는 길이 있다고 판단한 것입니다. 이렇게 실학은 정약용의 삶의 일부가 되었습니다. 정약용이 실학자로서 뜻을 펼칠 수 있는 기회는 곧 찾아오게 됩니다.

개혁 군주 정조와 운명적으로 만나다

　작품을 만드는 데 영감을 불어 넣어주는 사람이 있다면 항상 곁에 두고 싶을 것입니다. 우리들은 이들을 두고 흔히 '페르소나'나 '뮤즈'라 부릅니다. 페르소나는 원래 연극배우가 쓰는 가면을 가리키는 말이지만, 영화에서 페르소나는 종종 영화감독 자신을 대신하여 세계관을 상징할 배우를 지칭합니다. 최근 봉준호 감독이 영화《기생충》으로 아카데미 4관왕의 역사를 쓸 때도 그의 작품관을 대변하는 페르소나 '송강호'가 있었습니다. 그렇다면 조선 시대에는 봉준호 감독과 송강호 배우와 같은 관계는 없었을까요? 앞서 만난 정조 대왕의 페르소나가 있습니다. 바로 오늘의 주인공 정약용입니다.

> "정조는 정약용이 있기에 정조일 수 있었고, 정약용은 정조가 있기에 정약용일 수 있었다."
>
> － 위당 정인보(1893-1950)

　정조와 정약용의 첫 만남은 1783년 세자 책봉을 축하하기 위해 실시한 증광감시에 합격한 이들을 어전으로 불러 들였을 때입니다. 처음 정약용을 본 정조는 얼굴을 들라고 말하며 "몇 살인가?"라고 물었습니다. 조선 시대에 국왕이 대과에 급제한 신하도 아닌, 기껏 증광감시 생원시에 합격한 22살의 청년에게 자신의 용안을 보여주는 것은 극히 드문 일이었습니다. 나이를 묻는 정조의 질문에 정약용은 예의를 갖춰 "임오생"이라고 답변하였습니다. 아마 답변을 들은 정조의 표정은 순간 굳어졌을 것입니다. 1762년 임오년은 정조의 아버지 사도세자가 뒤주에 갇혀 죽은 해입니다. 이후 정조는 유독 정약용에게 관심을 가지기 시작합니다.

둘의 첫 만남은 문헌상으로 정조의 의도였는지, 정말 우연이 겹친 것인지 확인할 길이 없습니다. 하지만 정조가 의도한 만남일 가능성이 매우 높습니다. 정조는 노론 세력을 견제하기 위해 남인의 핵심인 나주 정씨 가문을 생각하지 않을 수 없었습니다. 정약용의 아버지 정재원은 과거를 보지 않고도 진주 목사로 임명될 정도로 뛰어난 학문과 당파를 초월하는 인품을 지닌 것으로 유명하였습니다. 영조는 정재원에게 정승을 삼고자 하니 과거에 응시 해 달라고 부탁을 할 정도였습니다. 정재원은 늙은 나이에 어린 유생들과 과거 시험장에 나가 경쟁할 수 없다며 완곡하게 영조의 부탁을 거절하였습니다. 이러한 정재원의 아들을 정조는 만나보고 싶지 않았을까요? 어쨌든 정조와 정약용의 관계는 특별하게 발전하게 됩니다.

1784년 정조는 성균관 유생들에게 『중용』에 관한 80여 개의 질문을 정리하라는 과제를 내렸습니다. 정조는 많은 유생들의 답변 중에서 최고 점수와 1등은 정약용에게 주었습니다. 정약용이 중용 강의에 대한 해석을 퇴계 이황의 학설을 따르지 않고, 율곡 이이의 학설을 따라 정리하였기 때문입니다. 조선 후기는 일반적으로 남인은 퇴계의 학설을 따르고 노론의 경우는 율곡의 학설을 따르는 것이 일반적이었습니다. 붕당 간의 대립 격화는 사상의 차이를 가져왔고, 같은 마을에 살아도 당파가 다르면 평생 인사도 하지 않던 시대입니다. 정약용은 남인의 명문가 자제였음에도 불구하고 율곡의 학설이 옳다고 생각하고, 그의 입장을 취하였던 것입니다. 오늘날로 보면 여당의 국회의원이 야당의 의견에 홀로 적극 찬성하는 것과도 같습니다. 정조는 붕당에 휩싸였던 조정을 조화롭게 풀어나가며 자신이 꿈꾸는 탕평 정치를 이루는 데 정약용이 꼭 필요한 인재라는 확신을 하게 됩니다.

이후에도 정조와 정약용은 수많은 일화를 남깁니다. 정조는 수시로 보는 성균관 시험에서 정약용이 1등을 할 때마다 책을 선물로 하사하였습니다. 한번은 정조가 조정에서 발간한 여러 책들을 모두 주어 더 이상 하사할 책이 없자 "그렇다면 술이나 한잔하자꾸나"하며 창덕궁에 불러 약주를 하기도 합니다. 심지어 창덕궁 세심대에서 꽃구경을 하다 술 한 잔 마시고, 시를 지을 때 자신의 어탁을 내어주어 정약용으로 하여금 시를 쓰게 할 정도였습니다.

정조의 정약용 사랑은 계속되었습니다. 정약용이 외갓집인 해남 윤씨 집안을 닮아 살이 찌고 운동을 잘 못하자 활쏘기의 중요성을 강조하고, 군대인 훈련도감에 들어가 무예를 익히도록 하였습니다. 오늘날로 보면 강제로 해병대에 입대시킨 것과 같습니다. 또한 정약용을 조선의 군대를 운용할 수 있는 지휘관으로 키우기 위하여 무반 교육을 받게 하기도 하였습니다. 정조는 정약용을 미래의 재상감으로 생각하여 병법서와 천문, 농업 등 다양한 서적을 내려주었고, 다양한 교육과 체험을 경험하게 해주었습니다.

정약용은 증광감시에 합격한 지 6년 만인 1789년 28살의 나이에 우수한 성적으로 문과에 합격한 후 39세까지 약 12년 동안 관직생활을 하였습니다. 첫 관직인 희릉 직장(종7품)을 시작으로 바로 규장각 초계문신으로 뽑혀 승정원의 가주서(정7품)로 승진하였습니다. 정조가 인재 선발을 위해 세운 규장각에서 교육 및 연구 과정을 밟는 초계문신이 된 정약용은 학문, 지리, 경제, 정치의 각 방면에 걸쳐 학문 연마에 전념하였습니다. 초계문신으로 발탁된 시기에 정약용은 규장각에서 검서관 이덕무, 박제가 등 북학파들과 교유하기도 하였습니다.

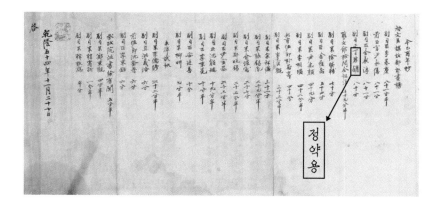

과시 합격자 명단 속 '정약용' (ⓒ문화재청 국가문화유산포털)

이듬해인 1790년에는 우의정 채제공의 천거로 한림직인 예문관 검열(정9품)에 임명되었지만 노론 세력의 반대로 열흘간 유배를 떠나기도 하였습니다. 그 후 예문관 검열, 사간원 정원(정6품), 사헌부 지평(정5품) 등으로 연속 승진하며 순탄한 관직 생활을 이어갔습니다. 특히 1794년에는 정조의 명으로 정약용은 경기 지역 암행어사로 파견되어 처음으로 지방 행정의 현장과 백성들의 실상을 체험하기도 하였습니다. 이듬해에는 사간원 사간(종3품), 승정원 동부승지(정3품), 우부승지(정3품)까지 올랐지만 반대 세력의 정치적 공세로 금정역찰방(종6품)으로 좌천되기도 합니다. 이후 1797년에 36살 정약용은 다시 동부승지에 임명되면서 정조의 옆에서 활동하게 됩니다. 이처럼 정약용은 왕의 가까운 곳에서 왕의 눈과 귀가 되는 중요한 일들을 맡았습니다.

그러나 곧바로 위기가 찾아옵니다. 1797년 정약용은 천주교 관련 혐의로 인해 2년 간 황해도 곡산 부사로 좌천됩니다. 2년 간 외직을 마친 후 1799년 형조참의에 임명되었지만 1800년 또다시 천주교 연관 문제로 공격을 당한 후 형조참의를 사직하고 낙향합니다. 이후 정조가 재차 부르기도 하였지만 얼마 지나지 않아 정조가 세상을 떠나면서 정약용의 관직 생활도 끝이 나게 됩니다. 이후 정약용은 고향집에 '여유당(與猶堂)'이란 이름을 붙이고 조심조심 살아가고자 하였고, 아들들에게도 말과 행동을 의심받지 않도록 조심하라고 당부하였습니다.

수원 화성을 디자인하다

1789년 정조는 아버지 사도세자의 복권을 위한 첫 조치로 아버지의 묘를 수원으로 이장하여 현륭원으로 조성하였습니다. 이때 정조는 초계문신이었던 정약용에게 한강을 건너 사도세자의 능을 행차하기 위한 배다리 설계를 맡겼습니다. 배다리는 다리를 놓기 어려운 큰 강에 수십 척의 배를 나란히 붙여서 임시로 다리를 놓는 것을 말합니다. 배로 가교를 건설하면 마차와 말을 비롯한 수많은 인파가 편하고 신속하게 강을 건널 수 있었습니다.

이때 축척된 기술을 바탕으로 1795년 정조는 노량진에 배다리를 놓았고, 어머니 혜경궁 홍씨의 회갑연을 열기 위한 화성 행차를 할 수 있었습니다. 이 화성 행차는 조선 왕조를 통틀어 가장 장엄하게 치러진 행사였습니다. 앞서 본 오늘날 지차체 연합 축제로 거듭난 정조대왕 능행차 공동 재현 행사의 모티브이기도 합니다. 이 화성 행차는 조선 왕조를 동틀어 가장 장엄하게 치러진 행사였습니다. 정약용이 없었더라면 말 779필과 인원 1779명이 무사히 한강을 배다리로 건널 수 없었을 것입니다. 당시 배다리 건설은 비용도 많이 들고, 위험한 일이어서 많은 사람들이 반대를 하는 일이었습니다. 수십 척의 배, 연결을 위한 널빤지 2천1백개, 공사에 동원된 군사의 숫자만도 수천 명이나 되었습니다. 정조는 이러한 복잡하고 어려운 일을 28살에 불과한 1년 차 관리 정약용에게 맡길 정도로 신뢰를 보여주었습니다. 그리고 정약용은 훌륭히 해내었습니다.

한강 배다리(좌, ©국립고궁박물관)와 오늘날 재현된 배다리(우)

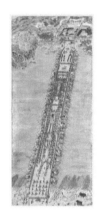 

1792년 홍문관 수찬이던 31살 정약용은 아버지가 세상을 떠나자 고향에서 상복을 입고 시묘살이를 시작하였습니다. 그러나 정조는 정약용을 그냥 놔두지 않았습니다. 시묘살이하는 정약용에게 밀명을 내렸습니다. 바로 정약용의 가장 빛나는 업적 중 하나인 수원 화성 축조입니다. 정조가 아버지의 죽음으로 관직에서 물러나 삼년상을 치르던 젊은 문관 정약용에게 한양 도성에 버금가는 성곽 축성 계획을 맡긴 것은 실로 파격적인 조치였습니다. 정조가 얼마나 정약용을 신뢰하였는지가 느껴지지 않나요?

정약용은 축성 전반에 대한 세세한 설계가 아닌, 정조가 직접 내려준 수많은 중국 서적을 바탕으로 대략의 방안을 만들었습니다. 그중 정조가 정약용에게 하사한 『기기도설』은 중국에서 구입한 서양의 과학문명을 소개하는 내용을 담은 책으로, 도르래 원리를 이용한 실용적인 기계 장치의 해설이 실려 있었습니다. 이를 바탕으로 정약용은 축성 기획서인 『성설(城說)』을 지어 올렸습니다. 『성설(城說)』에는 수원 화성의 규모인 분수(성의 규모), 재료(축성 재료), 호참(내탁식의 축성법과 해자), 축기(기초 공사), 벌석(채석 중 표준화), 치도(석재 운반을 위한 길 닦기), 조거(석재 운반에 사용될 유형거), 성제(규자형 성곽 쌓기) 등 8가지 축성 방략이 담겨 있습니다. 물론 이 계획 그대로 축성되지는 않았으나, 대부분이 적용되었습니다.

정조의 지원을 받은 정약용은 축성 공사를 위한 건설 장비 다수를 창안하였습니다. 화성 축성에 필요한 돌을 옮기고자 수레의 일종인 유형거를 고안하였습니다. 당시 수레의 가장 큰 문제점은 무거운 돌을 얹으면 바퀴살이 견디지 못하고 바퀴가 무너져 내리는 것이었습니다. 더군다나 산에서 돌을 가지고 내려올 때는 경사지에서 기울어지면 안전사고가 날 위험이 있었는데 유형거는 바퀴살을 튼튼하게 통으로 만들어서 무게를 견딜 수 있었습니다. 또한 유형거는 수레 중심에 중심추가 있어서 무게중심을 잡아주고 안전하게 경사지를 다닐 수 있었습니다.

화성 축성에 활용된 가장 획기적인 발명품이 있습니다. 바로 거중기입니다. 정약용은 『기기도설』을 참고하여 삼각 지지대와 수많은 도르래로 구성된 거중기를 제작하였습니다. 비록 독창적인 발명품은 아니었지만 중국 것보다 훨씬 뛰어났습니다. 아래와 위에 각각 4개의 도르래를 맞물리도록 설계해 총 1/16의 무게를 줄였기 때문입니다. 덕분에 장정 한 사람이 240kg의 돌을 거뜬히 들 수 있었고, 일손이 1/8로 줄어드는 효과가 있었습니다. 정약용의 활약으로 10년이 걸릴 것으로 예상했던 화성 축성은 단 2년 9개월 만에 완공될 수 있었습니다. 정조는 화성 축성 이후 "네가 거중기를 만들어 무려 4만 냥이나 절감됐다."며 정약용을 극찬하기도 하였습니다.

다사다난했던 정치 인생

정약용은 정조의 관심과 격려 속에서 탄탄대로의 관직 생활을 누리기 시작하였지만 첫 번째 위기가 옵니다. 앞에서 정약용이 노론 세력의 반대로 열흘 간 유배를 갔다고 언급한 것을 기억하시나요. 1790년에 정약용은 우의정 채제공의 천거로 한림직인 예문관 검열(정9품)에 단독으로 추천되었습니다. 직급은 낮았지만 승지와 함께 왕의 측근을 지키면서 왕명을 대필하는 관직으로 이른바 학문과 덕망이 높은 사람만 앉을 수 있는 자리였습니다. 당연히 노론은 반대하였고, 그들이 장악하고 있는 사헌부를 통해 격식에 어긋나는 추천이라고 임명 취소를 청하였습니다.

당시 사헌부에서 탄핵 글이 올라오면 사직소를 올리는 것이 관례였기 때문에 정약용은 사직 상소를 두 번이나 올린 후 대궐을 나와 버립니다. 그러자 정조는 막 새로 벼슬길에 오른 관리가 임금의 교지를 두고 어찌 이처럼 방자하게 행동할 수 있냐며 화를 내고 충청도 해미로 유배를 명하였습니다. 싱겁게도 열흘 만에 바로 정조의 해배 명령이 내려졌지만 말이죠. 이후 정조는 바로 정약용을 불러 더 높은 자리에 임명합니다.

정약용에게는 조정 내 극소수인 남인 세력인 것보다 더 큰 문제가 있었습니다. 바로 천주교 문제입니다. 반대파 노론 세력은 정약용 공격의 무기로 천주교를 끊임없이 활용하였습니다. 실제로 정약용은 23세 때인 1784년 정약현의 부인(큰 형수)의 남동생 이벽에게 처음 서학에 대한 이야기를 듣고 『천주실의』와 같은 천주교 서적을 접합니다. 한때 정약용은 천주교에 빠지기도 하였지만, 스스로 천주교의 문제를 인식하고 다시 성리학자로 돌아왔습니다. 그러나 천주교는 훗날 정약용에 대한 정치적 탄핵이나 유배에 항상 결정적인 역할을 하게 됩니다. 시련을 피해가기에는 정약용 형제들이 천주교와 인연이 너무 깊었기 때문입니다.

우리나라 최초의 천주교 세례를 받은 영세자 이승훈은 정약용의 누이와 결혼하였습니다. 그는 중국 베이징에서 세례를 받고 귀국하여 천주교회를 세웠습니다. 정약용의 맏형은 정약현입니다. 정약현의 부인에게는 이벽이라는 동생이 있는데, 이벽은 천주교 교단 조직을 결성하여 초창기 조선 천주교 전파에 큰 역할을 하였습니다. 정약현은 훗날 백서 사건의 주인공인 황사영을 사위로 들이기도 합니다만, 정약현 자신은 끝까지 천주교와 거리를 두었습니다. 그러나 둘째 형인 정약전은 천주교를 신봉하였고, 셋째 형인 정약종은 정약용 형제 가운데 천주교 전파에 가장 중요한 역할을 하였습니다. 세례명이 아우구스티노로 1800년경 백성들이 쉽게 알 수 있도록 한글로 정리한 천주교 교리서인『주교요지』라는 책을 저술하였습니다. 특히 정약종의 부인 유조이, 아들 정하상과 정철상, 딸 정정혜는 모두 신유박해와 기해박해 때 순교함으로써 정약종의 가족은 모두 순교자가 됩니다.

여기서 '조선 시대에 천주교를 믿는 것이 죽을죄인가요?'라고 묻는 분들이 있을 것입니다. 종교의 자유가 있는 오늘날의 관점에서 이해를 하시면 안 됩니다. 성리학의 입장에서는 죽은 이후에 내세와 영혼이 존재한다는 것이 허황된 것이었고, 제사를 금지하는 것도 용납할 수 없는 일이었습니다. 나아가 인간이 평등하다는 주장은 신분 질서를 정면으로 부정하는 것이었습니다. 따라서 조선 정부는 성리학적 질서를 지키기 위해 천주교를 사교로 규정하고 탄압하였습니다.

1795년 1월 동부승지, 2월 병조참의로 승승장구하던 정약용은 두 번째 위기를 겪습니다. 중국 사람이자 한국 최초의 외국인 신부였던 주문모가 우리나라 사람으로 변복을 하여 포교를 위해 몰래 들어왔다가 발각된 사건이 일어납니다. 노론 세력은 정약용 등의 남인 세력이 천주교와 연결되었다고 처벌하라는 상소를 올렸습니다. 결국 정약용은 1795년에 충청도 금정 찰방으로 좌천되었습니다. 정조는 일부러 천주교 신자가 많았던 충청도에 정약용을 보냈습니다. 여기서도 정조의 정약용 사랑을 볼 수 있습니다. 정약용이 신자들을 교화시켜 천주교로 인한 혐의에서 벗어날 수 있는 기회를 만들어주었던 것입니다. 정약용은 충청도 금정에 있는 동안 적극적으로 천주교 신자들의 교화에 힘썼고, 열성적인 천주교 전교자 이존창의 체포에 공을 세워 다시 서울로 돌아오게 됩니다.

1797년 6월 정약용은 오늘날 청와대 비서실 수석에 해당하는 동부승지에 다시 임명되면서 세 번째 위기를 겪습니다. 이번에도 노론 세력의 공격 무기는 천주교였습니다. 정약용은 천주교 관련 혐의가 쉽사리 벗겨지지 않자, 「비방을 변명하고 동부승지를 사양하는 소(辯謗辭同副承旨疏)」를 올렸습니다. 한때 깊이 빠져들었던 천주교 신앙을 버리게 된 이유를 논리정연하게 설명하면서 자신의 입장을 명확히 밝혔습니다. 이 글을 읽고 정조는 문장이 좋고 생각이 분명한 글이라는 평가를 내렸지만 노론 세력의 비난은 여전히 그치지 않았습니다.

정조는 상황을 누그러뜨리고 정약용이 논란의 중심에서 벗어날 수 있도록 황해도 곡산 부사로 임명하였습니다. 정약용은 곡산에서 2년 동안 목민관으로 근무하면서 한 고을의 피폐한 민생을 구제하고 누적된 폐단을 바로잡는 행정을 펼쳤습니다. 이때의 경험은 뒤에서 다룰『목민심서』저술에 큰 영향을 주었습니다.

기나긴 유배생활이 시작되다

1799년 정조는 38살의 정약용을 곡산에서 다시 조정으로 불러와 형조참의에 임명하자 정약용은 각종 판결을 명쾌하게 처리하였습니다. 하지만 1800년 또다시 천주교 연관 문제로 공격을 당하자 위기의식을 느낀 정약용은 처자식을 거느리고 고향 마현으로 돌아갑니다. 노론 세력의 시기와 질시를 받는 상황에서 벼슬을 하지 않고 낙향한다면 그들의 공격도 멈출 것으로 생각하였기 때문입니다.

정약용이 낙향한 지 얼마 지나지 않은 1800년 6월 28일 정조가 세상을 떠나게 됩니다. 정약용은 정조가 승하한 날 '눈물이 홍수처럼 쏟아짐을 참지 못하였고, 창경궁 홍화문 앞에서 가슴을 쥐어뜯고 목 놓아 울었다'라고 합니다. 이후 순조가 11세의 나이로 즉위하자 왕실 최고 어른이었던 정순왕후가 수렴청정을 시작하였고, 그녀의 지지 기반인 노론 세력이 권력을 장악합니다. 노론 세력은 순조 즉위와 동시에 남인 세력을 몰아내기 위해 천주교를 믿는 사람들을 대대적으로 탄압하는 신유박해를 주도합니다. 그 결과 이승훈을 비롯한 300여 명의 천주교 신자들이 처형을 당하였고, 정약용은 경상도 포항 부근에 있는 장기로 유배를 가게 됩니다. 곧이어 천주교 신자인 황사영이 청의 베이징 주교에게 신유박해의 실태를 전하고, 서양 함대의 파견을 요청하는 내용의 청원서를 보내려다 발각되는 백서 사건이 발생합니다. 이 여파로 정약용은 다시 문초를 받고 전라도 강진에 유배됩니다.

정약용은 1818년 유배에서 풀려날 때까지 약 18년간의 길고 긴 강진 유배시기를 보냅니다. 분명히 정약용에게는 참당하고 고통스러운 시기였지만 동시에 이른바 '다산학'이라고 말할 수 있는 대저술이 만들어지는 시기이기도 합니다.

여러분들은 부당하게 교도소에 18년 간 수감된다면 어떻겠습니까? 정말 상상만으로도 끔찍하지 않나요. 저라면 그냥 인생을 포기할 것 같습니다. 하지만 정약용은 어려운 상황 속에서도 좌절하지 않았습니다. 오히려 유배기간 동안 나라를 바로 세우겠다는 생각으로 열심히 책을 읽고 글을 썼습니다. 그 결과, 정약용의 3대 저서이자 1표 2서라고도 불리는『경세유표』,『목민심서』,『흠흠신서』를 비롯하여 500권이 넘는 책을 저술하게 됩니다.

『경세유표』는 국가 기구 전반의 개혁 원리를 밝힌 책으로『방례초본』이라고도 합니다. 정약용의 방대한 저술 가운데 가장 큰 비중을 차지하는『경세유표』의 앞머리에는 다음과 같은 글이 있습니다.

> "터럭만큼도 병통이 아닌 것이 없는바 지금이라도 고치지 않으면 반드시 나라가 망할 것이다."

정약용은 근본적인 개혁을 통해서만 국가와 사회가 유지될 수 있음을 강조하였습니다. 『주례』[10]의 이념을 근거로 조선의 현실에 맞는 중앙 관제, 토지 제도, 조세 제도 등을 비롯한 국가 경영에 관한 일체의 제도, 법규에 대하여 먼저 개혁의 대강과 원리를 제시하였습니다. 그러고 나서 기존 제도의 모순과 실제 사례, 개혁의 필요성 등을 논리적이고 실증적으로 설명하였습니다. 정약용은 정치·사회·경제 제도 개혁을 통해 조선의 부국강병을 이루고자 하였던 것입니다.

『경세유표』에는 학창시절 여러분들을 고통스럽게 하였던 정약용의 토지 제도 개혁안도 담겨 있습니다. 이익을 학문적 스승으로 삼은 정약용은 토지 세도의 개혁론으로 두 가지 방안을 주장하였습니다. 그는 유배 가기 전인 1799년 처음에는 여전제를 주장하였고, 이후 1817년 순조 대에 저술한 『경세유표』에서는 정전제를 현실에 맞게 시행할 것을 주장하였습니다. 정약용은 여전제가 당장 실현하기 어렵다고 보고, 정전제를 제시하였던 것입니다. 여[11]전제는 한 마을(여장)을 단위로 하여 토지를 공동으로 소유하고 경작하여 수확량을 노동량에 따라 분배하는 일종의 공동 농장 제도였습니다. 한편, 정전

---

10 「주례」는 과거 중국 주나라 왕실의 관직 제도와 전국시대 각 국의 제도를 기록한 유교 경전입니다.

11 여전제의 '여'는 마을을 나타내는 단위를 뜻합니다.

제는 개별 경작과 조세 납부용 공동 경작을 절충한 제도입니다. 정전제는 전국의 토지를 국유화하여 바둑판형인 우물 정(井)자 모양으로 9등분하여 정전(井田)을 편성한 후, 그중 9분의 1은 공전으로 만들어 조세를 충당하고, 나머지는 농민에게 분배하자는 토지 개혁론입니다. 이 두 제도는 당시의 정치 경제적인 문제를 해결하려는 정약용의 핵심적인 경제 개혁안으로서 오늘날까지도 많은 학자들의 관심을 모으고 있습니다.

다음은 『목민심서』를 살펴보겠습니다. 『목민심서』는 목민관, 즉 수령이 지켜야 할 업무 지침서입니다. 정약용이 이런 책을 쓴 이유는 무엇이었을까요? 정약용이 유배를 떠났던 시기의 조선은 탐관오리의 나라였습니다. 순조 즉위 이후 세도 정치가 전개되면서 관리들의 부정부패가 극심해졌습니다. 백성을 부양하고 보살펴야 할 목민관들은 착취를 일삼고, 그들이 부리는 아전들조차 승냥이나 호랑이처럼 백성을 못살게 구는 맹수 같은 존재였습니다. 정약용은 『목민심서』를 통해 탐관에만 열중하던 당시 목민관들의 실상을 여지없이 폭로하였습니다. 결국 『목민심서』의 주체는 탐관오리들의 횡포와 착취에서 벗어나 보호하고 육성해야 하는 백성들입니다. 정약용은 언제나 백성을 먼저 생각하고, 백성을 주체로 새로운 세상을 꿈꿨던 것입니다. 나아가 『목민심서』에는 이 시대를 살아가는 공직자가 마음으로 새겨야 하는 정신도 담겨 있기 때문에 시대 초월하여 오늘날에도 많은 사랑을 받고 있습니다.

정약용은 해배 후인 1822년에 형법 연구서이자 살인 사건 재판의 실무 지침서인 『흠흠신서』를 저술하였습니다. 흠흠(欽欽)은 『서경』의 한 구절인 '조심하고 조심하여 형벌을 신중하게 내려야만 한다.'에서 따온 것으로 그만큼 억울한 피해자가 없도록 신중히 심의하여 재판하라는 의미를 담고 있습니다.

> "비참함과 고통으로 울부짖는 백성의 소리를 듣고도 태연하고도 편안할 뿐 아니라, 구제할 줄 모르니 화근이 깊어진다."

이처럼 『흠흠신서』의 서문에는 정약용의 저술 의도가 확실하게 담겨 있습니다. 정약용은 인간의 도리, 이를 현실에 옮긴 법을 살리려면 원칙이 분명하고 절차가 공정해야 한다고 믿었습니다. 즉 공정하게 수사하고 재판하여 세상에 억울한 사람이 없도록 해야 한다고 생각한 것입니다. 당시 지방 고을에서는 살인 사건이 한번 발생하면 한 마을이 온통 쑥대밭이 될 정도였습니다. 수령이 시신을 검시하고, 사건을 수사하는 동안 아전들은 백성들을 약탈하고, 무고한 백성을 감옥에 가두는 등의 비리를 저지르고 있었습니다. 심지어 살인 사건 재판이 인명과 관련된 중요한 문제임에도 불구하고, 재판을 맡은 수령들이 법률이나 재판 절차를 잘 알지 못하는 경우도 있었습니다. 수령은 재판 관련 업무를 향리들에게 맡겼고, 그 결과 자의적인 재판과 형벌 부과가 이루어지는 폐단이 발생하였습니다.

정약용은 이러한 폐단을 바로잡고 재판을 맡은 관리들이 참고할 수 있도록 『흠흠신서』를 편찬하였던 것입니다. 이를 위해 조선은 물론 중국에서 일어난 각종 사건·사고의 판례와 수사 내용을 수집하고 평가하였습니다. 심지어 타살인지 자살인지를 판별하는 방법, 진짜 정신이상자를 구분하는 방법까지 구체적으로 써 놓아 관리들이 실제 현장에서 적용할 수 있도록 하였습니다.

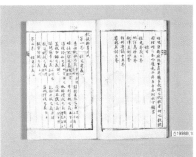

정약용이 유배지에 걸어 다니는 출판사라 불릴 정도로 방대한 양의 책을 저술할 수 있었던 원동력은 무엇이었을까요? 정약용은 '언젠가 유배지에서 벗어나 다시 정계에 복귀하게 될지도 모른다.'는 생각을 하였던 것 같습니다. 만약 복귀하게 되면 '내가 공부한 것을 다시 한번 현실에 옮겨 보겠다.'고 생각하였고, 만약 그렇지 못하더라도 자신이 공부한 내용을 담은 책을 통해 세상이 바뀌기를 꿈꿨습니다. 따라서 정약용의 500권이 넘는 저술은 단순한 저술이 아닙니다. 유배지에서 만난 백성들, 그 이전 지방관 생활을 하면서 만났던 곤궁하고 피폐했던 백성들의 미래에 대한 정약용의 고민이 담긴 저술입니다.

백성의, 백성의 의한, 백성을 위한 나라를 꿈꾸다

'조선후기 최고의 실학자', '500여권 서책의 저술가', '수원 화성의 설계자', '거중기의 발명가'…. 정약용의 수식어는 정말 끝이 없습니다. 그렇지만 오늘날까지 많은 사람들이 정약용을 존경하고 좋아하는 가장 큰 이유는 백성을 위한 나라를 꿈꾸며 여러 개혁을 추진하였기 때문이라 생각합니다.

> "항상 만백성에게 혜택을 베풀고 만물을 육성하겠다는 생각을 마음에 둔 연후라야 바야흐로 독서한 군자가 될 수 있다."
> "백성들이 각기 원하는 바를 얻게 함으로써 천하를 평안하게 하는 것"
>
> － 「여유당전서」

그래서일까요. 세계도 정약용을 함께 기억하고 있습니다. 지난 2012년 정약용 탄생 250주년이 유네스코 관련 기념일로 지정되어 세계인이 그의 정신을 기렸습니다. 유엔 산하 교육·문화·과학 기구인 유네스코는 2004년부터 유네스코의 이념·가치에 맞는 세계사적 사건이나 위인의 기념일을 '유네스코 관련 기념일'로 선정해왔습니다. 우리나라의 기념일이 포함된 것은 처음이었고, 그 해에 프랑스 작곡가 클로드 드뷔시 탄생 150주년, 프랑스의 장 자크 루소 탄생 300주년, 독일의 헤르만 헤세 사망 50주기 등이 함께 선정되었습니다. 정약용이 조선 후기 실학 사상가로서 사회 폐단을 분석하고 개혁안을 제시한 학자임을 유네스코도 인정하였던 것입니다.

1818년 58살의 정약용은 비로소 18년의 유배에서 풀려났습니다. 이후 고향인 남양주 마현으로 돌아와 생가인 여유당에 칩거하였습니다. 그리고 유배지 강진에서 진행하였던 저술을 마무리하고, 기존의 저술을 수정하였습니다. 모든 형제들이 천주교 박해와 귀양살이로 유명을 달리하고 혼자만 살아남아 고향으로 돌아온 정약용은 대부분의 시간을 독서와 사색, 산책에 보냈습니다. 유배지에서 이미 다산학이라는 금자탑을 세운 정약용은 조용히 자신에 대한 후세의 평가를 기다렸던 것입니다. 그리고 1836년 정약용은 여유당에서 파란만장했던 75년의 삶을 조용히 마쳤습니다.

현대 사회에서 원하는 인재상은 무엇일까요? 흔히 기존의 지식, 과거의 틀에서 벗어나 새로운 것을 창조하는 도전적인 자세를 가진 창의적인 사람을 꼽곤 합니다. 정약용은 경직된 신분질서가 지배하고 법도와 예법이 중시되며 학문에 있어서도 정해진 틀을 중시했던 조선 시대에서 가장 창의적인 사람이었습니다. 만약 정약용이 18세기 조선의 학자가 아니라 21세기의 학자로 우리에게 다가온다면 어떤 세상을 만들었을까요?

넷.

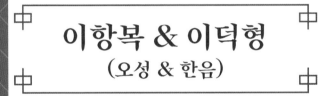

이항복 & 이덕형
(오성 & 한음)

+ + + + + +

조선 제일의 듀오, 오성과 한음

01

이항복

우리나라에서 가장 오래된 친구, 절친, 교유 관계의 대표 명사가 하나 있습니다. 초등학교 시절 무조건 한 번은 꼭 읽었던 책의 주인공인 오성과 한음입니다. 여러분들에게 오성과 한음에 대한 질문을 받는다면 어떤 것들이 나올까요? 아마도 2개의 질문이 번갈아 가며 나올 것입니다. 바로 '오성과 한음은 실존 인물인가요?', '오성과 한음은 본명인가요?'입니다.

당연히 오성과 한음은 실존 인물입니다. 그렇지만 오성과 한음은 본명이 아닙니다. 오성은 오성부원군이란 작위를 받은 백사 이항복을 말합니다. 한음은 영의정을 지낸 뒤 한성부원군이란 작위를 이덕형을 말합니다. 부원군은 왕의 장인이나 공신, 정1품 이상 관료에게 내리는 작위로 그 앞에 본관을 붙이게 됩니다. 따라서 이항복은 본관이 경주 이씨라 경주의 옛 지명인 오성(鰲城)을 붙였고, 이덕형은 광주 이씨라 옛 지명인 한성(漢城)을 붙였습니다.

그렇다면 우리가 이항복의 본관을 한성이 아니라 한음으로 알고 있는 이유는 무엇일까요? 조선 시대에 서울을 한강의 북쪽 햇볕이 드는 땅이라 하여 한양(漢陽)이라고 하였습니다. 반면에 그 반대쪽 한강 남쪽의 광주는 음(陰)을 붙여 한음(漢陰)이라고 하였습니다. 따라서 이덕형의 한음(漢陰)이란 호 역시 본관인 광주를 가리킵니다.

오성과 한음에 대한 충격적인 사실을 하나 알려드리겠습니다. 오성과 한음은 동갑내기 친구가 아닙니다. 둘 사이에는 나이 차이가 무려 5살이나 있었고, 심지어 어려서 함께 논 것도 아닙니다. 그럼에도 불구하고 사람들은 이 둘을 짝으로 삼아 발랄하고 유쾌한 일화를 폭넓게 전승해왔던 것입니다. 주목할 점은 오성과 한음이 양반 출신으로 후에 고관이 된 인물임에도 불구하고 신분에 걸맞지 않는 발랄한 장난꾼 역할을 한다는 것입니다. 이는 백성들이 오성과 한음이라는 인물에 대해 가졌던 친근감이나 신뢰감이 반영된 것이라고 할 수 있습니다. 그럼 오성 이항복부터 만나보겠습니다.

기지 넘치는 어린 시절

한국사 교과서에서 만났던 위인들의 어린 시절은 확실히 우리와는 다른 모습입니다. 지금까지 이 책에서 만난 인물들도 그러하였고요. 그중에서도 단연 돋보이는 인물은 따로 있습니다. 바로 오성과 한음입니다. 아마 한국사를 통틀어 오성과 한음처럼 어렸을 때부터 많은 일화를 남기고, 현재까지도 그의 기지와 능력을 보여주는 다양한 이야기들이 전해지는 경우는 없을 것입니다.

이항복은 1566년 서울 서부 양생방(지금의 서소문동, 남대문로 일대)에서 태어났습니다. 이항복은 집안 대대로 고위 관리를 배출한 명문가였습니다. 아버지는 이조판서와 의정부 좌참찬을 지낸 이몽량입니다. 이몽량은 전의 이씨와 혼인하여 2남 1녀를 두었고, 전주 최씨를 계실(또는 후첩, 첩)로 맞아 2녀 2남을 두었는데, 이항복은 그 막내였습니다. 이항복은 태어날 때부터 일반적인 출생과는 달랐습니다. 갓 태어난 이항복은 2일 동안 젖도 물지 않고 3일 동안 울지도 않았다고 합니다. 이때 점쟁이를 불러 보이니 "정승이 될 사주이니 근심할 것 없습니다."라고 미리 점을 쳤다고 합니다. 훗날 점쟁이의 예언대로 이항복이 정승이 되었는지는 뒤에서 확인해보겠습니다.

이항복 집터: 필운대 (©문화재청 국가문화유산포털)

이항복은 어려서부터 영특하였습니다. 이몽량은 이항복이 8살이 되어 글을 읽고 짓기 시작하자 검(劍)과 금(琴) 두 글자로 시를 짓게 하였습니다. 이항복은 즉시 "검에는 장부의 기상이 있고, 거문고에는 천고의 소리가 담겨 있네 (劍有丈夫氣 琴藏千古音)."라는 시를 지었다고 합니다. 하지만 이항복이 9살이 되던 해에 이몽량은 막내아들이 성공하는 것도 보지 못한 채 세상을 떠났습니다. 이후 이항복은 16살에는 어머니를 잃는 불행을 겪습니다. 어린 나이에 부모를 잃은 이항복의 삶은 마냥 행복하지는 않았을 것입니다.

> "부모를 잃고 형제들이 동서로 헤어지고 나서는 혈혈단신으로 혼자 외로운 그림자뿐 의지할 곳이 없었다. 남들이 주는 것을 받아먹고 자랐다. 여기서는 아버지의 가르침을 받지 못하였고, 자라서는 글로써 사귄 벗의 도움을 입지 못하였다. 미친 듯이 제멋대로 쏘다니면서 짐승처럼 자랐다."
>
> – 이항복, 「백사집」

이항복은 부모를 여의고 독학으로 학문에 전념하였고, 1574년 19살의 나이에 조선 최고의 교육 기관인 성균관에 들어갔습니다. 이항복은 성균관에서 학문에 힘써 명성이 높아졌고, 당대의 유명 인사들이 한번 만나보고자 청할 정도였다고 합니다. 당시 영의정 권철 또한 이항복의 소문을 들었고, 인물 됨됨이를 알아본 후 자신의 손녀를 19살의 이항복에게 시집을 보냈습니다. 여러분들은 이항복의 장인이 누군지를 알면 깜짝 놀랄 것입니다. 바로 임진왜란 때 활약하였던 권율입니다. 『오성과 한음』에는 권율이 이항복을 사위로 맞이한 것에 대한 일화 하나가 전해집니다.

이항복과 권율의 집이 서로 이웃하고 있었다는 데서 이야기가 시작됩니다. 이항복의 집에서 자라던 감나무 가지가 담을 넘어 권율의 집 쪽으로 뻗어나갔습니다. 권율의 하인들이 감나무 가지가 넘어왔으니 그 가지의 감은 자기들 것이라면서 감을 따먹었고 이에 이항복은 권율의 집으로 찾아가 권율이 기거하던 방문에 대뜸 주먹을 찔러 넣고 방 안에 들어간 팔이 누구의 것인지 묻습니다. 권율이 이항복의 팔이라고 답하자 감나무 가지의 감이 누구의 것인지를 다시 묻고 "뿌리가 우리 집에 있는 감나무 가지에서 왜 대감님댁 하인들이 마음대로 감을 따먹습니까?"라고 대답합니다. 당돌한 이항복의 재치에 감탄한 권율이 결국 훗날 이항복을 사위로 삼았다는 것입니다. 이외에도 오성의 일화는 매우 많습니다.

여러분들이 잊어서는 안 되는 것이 있습니다. 이러한 이야기는 대부분 역사적 사실과는 거리가 있는 허구적이고 희극적인 성격을 지닌다는 것입니다. 『오성과 한음』으로 널리 알려진 설화들은 두 인물의 개인사를 반영한 측면도 있습니다만, 오랜 기간 구전되면서 계속 추가되고 변이되어 왔습니다. 따라서 오성과 감나무 이야기도 권율이 아닌 아버지 권철이 주인공인 경우도 있습니다. 그럼 다시 역사 속 현실로 돌아오겠습니다. 1580년 이항복은 25살의 나이에 문과에 급제하면서 벼슬길에 오르면서 본격적인 활약상이 시작됩니다.

붕당과 당쟁의 격화를 조율하다

오성과 한음의 첫 만남은 언제 이루어졌을까요? 두 사람의 첫 만남은 어린 시절이 아니라 1578년 과거 시험장입니다. 당시 성균관 유생이던 오성 이항복은 23살, 한음 이덕형은 18살이었습니다. 이덕형의 시 문집인 『한음문고』

에는 두 사람이 이때 처음 만나 교유가 시작되었다는 기록이 있습니다. 둘은 여기서 합격하여 진사가 되고, 2년 뒤인 1580년 나란히 대과에 합격합니다.

이후 둘은 선조 대의 임진왜란과 같은 국가적인 위기와, 광해군 대의 정치적 격변기를 거치면서 당파를 뛰어넘는 우정을 나누면서 평생을 벗으로 지내게 된 것입니다. 이항복의 장인은 서인으로 분류되는 권율이었고, 이덕형의 장인은 동인(후에 북인)의 영수였던 이산해였습니다. 둘은 정치적 차이에도 불구하고, 붕당 정치를 뛰어넘어 서로 이해하고 협력하면서 조정을 이끌어 나갔습니다.

이항복이 벼슬길에 나선지 얼마 되지 않았을 때의 일입니다. 선조는『자치통감강목』강연을 위해 율곡 이이에게 재능 있는 신하들을 선발하도록 하였고, 이때 추천된 5명에 이항복과 이덕형이 모두 포함되었습니다. 이이의 안목 덕분에 이항복과 이덕형은 명실 공히 향후 조정을 이끌어나갈 인물들로 뽑혀 큰 역할을 하게 됩니다.

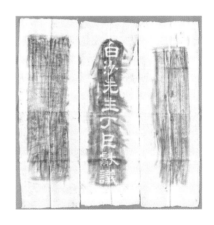

이항복의 헌의비 (ⓒ국립중앙박물관)

이항복은 붕낭 간의 정쟁이 계속되던 시기에 옥당의 정자 · 저작 · 박사, 예문관 봉교, 성균관 전적, 사간원의 정언 겸 지제교, 홍문관 수찬, 이조 좌랑 등의 관직을 역임하였습니다. 붕당 정치는 선조 때부터 시작되었습니다. 선조 때 사림이 동인과 서인으로 나뉘었고, 정여립 모반 사건을 계기로 동인이 다시 남인과 북인으로 갈라졌습니다. 이 시기 이항복은 정여립 모반 사건, 즉 기축옥사(己丑獄事)를 공명정대하게 잘 다스려 선조의 신임을 얻습니다.

1589년 기축옥사의 시작과 끝은 전주 출신의 선비 정여립입니다. 본래 정여립은 서인 세력이었습니다. 1570년 과거에 급제하여 1583년 예조좌랑을 거쳐 이듬해 수찬이 된 뒤 당시 집권 세력이었던 동인 세력으로 당파를 바꾸었습니다. 그리고 서인 세력이자 한 때 스승이었던 율곡 이이를 비판합니다. 오늘날로 치면 야당의 핵심 인물이 여당으로 당을 바꾼 것과도 같습니다. 당연히 정여립은 서인의 집중적인 미움을 받게 되었고, 심지어 선조로부터도 비난의 말을 들을 정도였습니다.

1589년 10월 정철 등의 서인 세력은 정여립이 황해도·전라도 지역의 민중들을 모아 모반을 꾀했다고 주장하였습니다. 서인은 배신자 정여립을 반란의 주역으로 몰아 그와 연루된 천여 명의 동인을 무참하게 처형하였습니다. 당시 동인의 영수였던 이발은 정여립의 집에서 그의 편지가 발견되었다는 죄목으로 고문을 받던 중 옥에서 죽었고, 우의정 정언신은 정여립과 9촌 사이라는 이유만으로 죽임을 당할 정도였습니다.

이항복은 기축옥사가 일어났을 때 예조정랑이었습니다. 이에 죄인을 문초한 조서를 작성하여 읽어주는 일을 하는 임시 관청인 문사낭청으로 선조가 직접 중죄인을 국문하는 친국에 참여하였습니다. 이항복은 서인이었음에도 불구하고 반대 세력인 동인을 처벌하는 데에만 힘쓰지 않고 죄상을 명확히 가려 피해를 최대한 막고자 노력하였습니다. 이항복은 비록 자신과 의견이나 당파가 다르더라도 억울하게 죄와 누명을 쓴 경우에는 자신의 목숨도 두려워 하지 않고 보호하였습니다. 이항복은 정여립 모반 사건을 처리한 공로로 평 난공신 3등에 녹훈되었고, 여러 벼슬을 지내며 경륜을 쌓습니다. 그리고 35살 의 나이에 당상관으로 승진하여 동부승지에 올라 선조를 가까이서 모시게 되 었습니다.

임진왜란을 짊어진 재상

여러분들은 살아오면서 겪었던 가장 큰 위기는 무엇인가요? 저는 짧은 인생 을 살아서 그런지 높은 곳에서 떨어져서 다리뼈가 부러졌던 것이 가장 큰 위 기였던 것 같습니다. 그렇다면 조선 왕조 500년 동안 가장 큰 위기는 무엇일까 요? 여러 사건을 꼽을 수 있겠지만 역시 한 · 중 · 일 삼국의 수많은 백성들을 고통의 나락으로 밀어 넣었던 임진왜란을 가장 먼저 생각할 것입니다.

임진왜란이 일어나자 이항복과 이덕형은 힘을 합쳐 기울어져 가는 나라의 형세를 바로잡기 위해 노력하였습니다. 둘은 선조의 피란길을 수행하며 생사 고락을 함께 하였고, 전쟁 시기 가장 중요한 병조판서직을 돌아가며 맡았고, 이후 재상 자리에 올라 전쟁 수습에 앞장섰습니다. 기록에는 왕과 왕비가 피 난할 때 이항복이 촛불을 잡고 앞을 인도하니 왕비가 성명을 묻고 위로하였 다고 합니다.

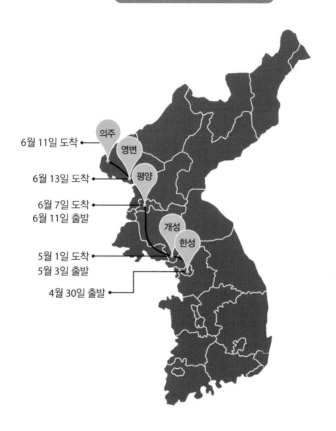

〈임진왜란 당시 선조의 피난길〉

의주
6월 11일 도착 ●

영변

6월 13일 도착 ●　평양

6월 7일 도착 ●
6월 11일 출발

개성

한성

5월 1일 도착 ●
5월 3일 출발

4월 30일 출발 ●

　전쟁 초반 조선에 불리하던 전세는 점차 수군과 전국 각지에서 일어난 의병의 활약으로 바뀌어 가기 시작합니다. 바다에서는 이순신이 이끄는 수군이 일본군 선단을 여러 차례 격파하고 남해안의 제해권을 장악하였습니다. 이에 바닷길을 이용하여 물자를 수송하려던 일본군의 계획은 좌절되었습니다. 전국 각지에서는 의병이 일어나 향토 지리에 밝은 이점을 활용하여 일본군에게 큰 타격을 주었습니다. 한편 전세가 역전되는 결정적인 계기 하나가 더 있는

데요, 바로 명나라 군대의 참전입니다.

"비변사가 요동에 외교 문서를 보내 구원을 청하도록 계청하였다. 당시 상하가 근심하고 두려워하며 계책을 결정하지 못했었는데 이항복이 혼자서 극력 아뢰기를, '지금 팔도가 무너져 수습해서 온전하기를 도모할 희망이 없습니다. 제갈공명의 지혜로도 유비가 몸을 의탁하여 용무(用武)할 곳이 없음을 보고 손권에게 구원을 청하여 마침내 적벽에서 승리를 이루게 했습니다. 지금 우리는 다시 어떻게 할 수가 없으니 명나라에 갖추어 아뢰어 구원병을 청하는 것이 최상입니다.' 하였다. 그러나 조정에서의 의논은 대부분이 그렇게 여기지 않았다."

― 『선조수정실록』

　명나라 군사의 개입은 조선의 외교적 성과로 볼 수 있습니다. 당시 비변사는 요동에 구원을 청하고자 하였지만, 신하들은 두려워하기만 하고 누구도 어떤 결정도 내리지 못하고 있었습니다. 이때 이항복만이 명나라 원군을 청하는 일에 그 누구보다도 적극적이었습니다. 이항복은 삼국지에서 훗날 촉한의 황제가 되는 유비도 손권에게 병사를 청해 적벽에서 조조와의 전투에서 승리했으므로 처한 형편에 따라서 원병을 청할 수 있다고 주장하였습니다. 이항복의 주장에 힘입어 조선은 명나라에 구원병을 요청할 수 있었습니다.

　이항복의 시문집인 『백사집』에서도 임진왜란 당시 명나라에 대한 원군 요청과 관련된 내용을 확인할 수 있습니다.

"내가 명나라에 구원병을 요청할 계책으로 조정에서 소리 높여 말했더니, 조정 신하들은 모두 옳지 않다고 말해 나와 뜻을 같이한 사람이 없었다. 이 계책이 어떠한가. 어차피 망할 바엔 차라리 위급하고 급박한 형세를 통렬히 개진하여 죽기로 작정하고 구원병을 요청해서 한 번 죽기를 결단할 뿐이네."

지지자가 한 명도 없던 이항복은 얼마나 고독감과 상실감이 컸을까요. 그러나 그에게는 이덕형이 있었습니다. 이항복은 절친한 이덕형이 마침 찾아오자 한 방에서 자면서 속마음을 털어놓습니다. 이항복의 주장에 이덕형이 동의하면서 조정 논의의 흐름이 바뀌게 됩니다. 둘이 동시에 구원병 파견 요청을 주장하자, 다른 조정 신하들도 이들의 주장에 동의하였고, 선조도 승인하였습니다.

당시 명나라는 조선이 일본과 함께 자신을 공격하려고 한다는 의심을 갖고 있었습니다. 이를 해결하기 위해 선조는 명나라에 임진왜란이 일어난 까닭을 알리고 원병을 요청하고자 하였습니다. 이때 이항복과 이덕형은 서로 명나라 원군 요청을 위해 요동에 가길 자청하였습니다. 선조는 이항복이 조선의 군사 관계 업무를 총괄하던 병조를 맡고 있어 파견할 수 없다는 신하들의 말에 따라 이덕형을 요동으로 파견하기로 하였습니다. 이항복은 자신이 탄 말을 이덕형에게 주며 "명나라 원병이 오지 않을 것 같으면 나의 시체를 거둬 달라"며 부탁하였고, 이덕형은 "만일 원병이 오지 않는다면 자네는 나의 시체를 노룡(명나라 황성)에서 찾게"라고 말한 뒤 눈물로 작별의 인사를 하였다고 합니다.

이덕형이 명나라로 떠난 사이 조선은 명나라의 황응양에게 일본군의 침략 원인을 설명하고 있었습니다. 명나라는 조선이 일본군을 끌어들여 명나라를 침공하려 한다는 의심을 갖고 있었고, 사실 확인을 위해 조사 차 황응양을 보냈던 것입니다. 조선은 황응양에게 '일본군이 명나라 침략을 위한 길을 빌려달라는 정명가도 요청을 거부하자, 침략하였다'라고 설명하였습니다. 그러나 황응양이 계속 의심을 풀지 않자, 이항복은 일본군이 보낸 편지를 꺼냈습니다. 편지는 임진왜란 직전 일본군이 보낸 것으로 일본군이 조선의 길을 빌어 중국을 침범하겠다는 내용이 담겨 있었습니다. 황응양은 이 편지를 보고 모든 의심과 의혹을 풀었습니다.

이항복은 당시 전세로 보아 명나라에게 원병 요청은 꼭 필요하다고 판단하였고, 이를 성사시키기 위해 필요한 일들을 미리 준비하였던 것입니다. 그중 하나가 명나라의 의심에 대비하여 임진왜란 직전 일본군이 보낸 편지를 챙겨서 피난을 떠난 것입니다. 이러한 공을 인정받아 이항복은 전쟁이 끝난 지 6년 후인 1604년 단 두 명만이 받았던 1등 호성공신에 봉해졌습니다. 만약 이항복의 뛰어난 외교 활동이 없었더라면 우리가 알고 있는 임진왜란의 결과가 나오지 않았을지도 모를 일입니다.

정쟁의 희생양이 되다

이항복의 불우했던 말년은 1607년 선조가 갑자기 세상을 떠나고, 광해군이 왕위에 오르면서 서서히 시작되었습니다. 광해군은 임진왜란을 극복하는 과정에서 공을 세운 북인의 지지를 얻어 즉위하였습니다. 북인은 임진왜란 때 영남 지방을 중심으로 의병 활동을 활발히 전개하였던 정치 세력입니다. 이항복과 이덕형도 광해군 옹립에 앞장섰지만 훗날 둘은 광해군의 정책에 목숨을 걸고, 그 잘못을 비판하다 비극을 맞이합니다.

광해군은 즉위와 동시에 전후 복구 사업에 주력하여 양안과 호적을 새로 만들어 국가 재정을 확충하였고, 성곽과 무기를 수리하여 국방 강화에 힘썼습니다. 전쟁 중 질병으로 많은 희생자가 발생하자 허준에게『동의보감』을 완성하도록 하였습니다. 대외적으로는 명이 쇠약해지고 후금이 강성해지는 국제 정세의 변화를 살피면서 신중하게 중립 외교를 추진하여 국가의 안정을 도모하였습니다.

광해군은 큰 콤플렉스가 하나 있었습니다. 바로 태생적 한계였습니다. 광해군은 왕후 태생이 아닌, 후궁 태생인 것도 모자라 맏이가 아닌 차남이었습니다. 임진왜란이 벌어지면서 세자 책봉 문제를 미룰 수 없었고, 광해군은 급하게 세자로 책봉되어 분조의 책임자가 되었습니다. 분조는 임시 조정을 말합니다. 광해군은 분조를 이끌고 임진왜란 때 의주와 평양 등지에 상주하던 선조의 조정과는 달리 평안도 황해도, 함경도, 강원도 지역을 옮겨 다니며 흩어진 민심을 수습하였습니다. 또한 의병을 모집하여 전투를 독려하고, 군량과 말먹이를 수집하고 운반하는 등 활발한 활동을 벌였습니다. 그럼에도 불구하고 선조는 적장자가 아닌 광해군을 인정하지 않았습니다. 그런데 선조가 뒤늦게 왕후인 인목대비를 맞이하여 적자 영창대군을 얻습니다. 적자가 태어나자 세자인 광해군에 대한 신하들의 견제가 심해졌습니다. 그런 와중에

1608년 선조가 갑작스럽게 죽으면서 광해군은 왕으로 즉위할 수 있었습니다. 영창대군은 나이가 3살에 불과하여, 현실적으로 왕위에 오를 수가 없었기 때문입니다.

　광해군이 즉위하자 북인 세력은 영창대군이 살아있으면 언젠가는 그를 추종하는 세력이 역모를 일으킬 것이라 생각하였습니다. 북인은 광해군이 즉위한지 4년이 되던 해인 1613년 박은서, 서양갑 등 강변칠우라는 명문가의 서자 7명이 일으킨 '7서의 옥'을 역모로 확대시킵니다. 적서 차별에 불만을 품은 서자 출신 7명이 "300명의 군대로 대궐을 습격하여 광해군과 세자를 제거하고, 국새를 인목대비에게 넘겨 수렴청정하게 하고, 영창대군을 임금으로 옹립하고자 했다."는 진술을 받아냈던 것입니다. 이 사건의 배후엔 인목대비의 부친인 김제남이 있다는 자백도 받아냈습니다.

　여러분들이 정치적 감각이 있다면 여기서 어떤 느낌을 받아야 합니다. 이제 북인의 표적이 분명해졌습니다. 인목대비와 영창대군입니다. 수사 과정에서 영창대군이 왕으로 추대되었다는 진술이 나오자 북인을 중심으로 역적 영창대군을 처단하라는 요청이 빗발쳤습니다. 광해군은 동생인 영창대군을 죽이라는 요구를 쉽게 따를 수 없었습니다. 하지만 결국 8살에 불과한 영창대군을 역모에 연루되었다는 죄로 서인(庶人, 보통 사람)으로 신분을 강등시키고, 강화도 교동으로 유배를 보냅니다. 영창대군은 유배 직후 강화부사에 의해 살해되었고, 김제남도 처형되었습니다. 북인은 인목대비도 공격하였습니다. 북인에 의해 인목대비의 폐모 논의가 시작된 것입니다. 아버지와 아들을 동시에 잃은 인목대비는 폐모라는 가혹한 처벌까지 받게 됩니다.

이항복은 북인이 선조의 장인 김제남 일가의 멸문과 영창대군 살해 등을 자행하자 이를 맹렬하게 비판하였습니다. 이에 북인은 인재 천거를 잘못하였다는 구실로 이항복에게 정치적 공세를 가하면서 참수를 시키라는 상소까지 올렸습니다. 그러자 이항복은 1613년 관직에서 물러나 망우리(지금의 서울 중랑구)에 별장인 동강정사를 새로 짓고 동강노인으로 자칭하면서 지냈습니다. 이항복이 떠난 조정에서는 영의정 이덕형만이 홀로 광해군과 북인을 막고자 하였으나 역부족이었습니다. 결국 이덕형도 탄핵을 당하였고, 시골에 낙향한지 한 달 만인 1613년 10월 세상을 떠났습니다. 이항복은 이덕형의 시신을 직접 염하고, 묘지명을 지어 애절함을 표현하였습니다.

우직한 중립의 아이콘

"그가 관직에 있는 40년 동안 누구 한 사람 당색에 물들지 않은 사람이 없을 정도였지만 오직 그만은 초연히 중립을 지켜서 당색이란 찾아볼 수 없었으며, 또한 그의 문장은 이러한 기품에서 이루어졌으니 뛰어날 수밖에 없지 않겠는가!"

"붕당싸움 40년, 현인과 불초를 막론하고 어느 한쪽을 표방하고 나서지 않은 사람이 없었다. 그러나 그는 홀로 중립을 취하며 부동의 자세를 취하니 아무도 감히 헐뜯지 못했다."

조선 중기 문신인 이정구와 신흠이 이항복을 두고 내린 평가입니다. 이항복은 평생토록 당쟁에 가담하지 않았습니다. 하지만 1617년 북인이 인목대비의 폐모론을 제기하자 이항복은 당쟁의 전면에 나서기로 하고 서인에 가담하였습니다. 이는 당파 논리라기보다는 자신의 뚜렷한 소신에서 비롯된 것입니다. 인목대비는 광해군에 비해 9살이나 어렸습니다. 비록 나이는 어렸지만 어머니와 아들의 관계였습니다. 성리학을 지배이념으로 하는 유교 국가에서 어머니를 폐하는 것은 사대부들에게 납득할 수 없는 일이었던 것입니다. 심지어 태종도 이복형제를 죽이는 왕자의 난을 일으켰지만, 어머니를 폐하는 일은 하지 않았습니다.

광해군과 북인이 영창대군을 제거하자마자 인목대비를 유폐하는 일은 누가 보아도 잘못된 일이었습니다. 하지만 고양이 목에 방울 달기처럼 그 누구 하나 나서지 않았습니다. 이때 이항복과 이덕형이 나섰던 것입니다. 이덕형은 탄핵당한 후 병을 얻어 숨을 거두기 전까지 상소를 올리며 폐모를 반대하였습니다. 이항복은 북인의 폐모론 상소가 빗발치자 상소를 올려 강력한 반대 의사를 표명하였습니다. 이때다 싶었던 북인은 이항복을 외딴섬으로 유배를 보내야 한다고 광해군을 압박하였습니다. 이를 견디지 못한 광해군은 1618년 이항복의 관직만 삭탈하였습니다. 하지만 북인의 정치적 공세는 그치지 않자 광해군은 이항복을 함경도 북청으로 유배를 보낼 것을 명합니다.

유배 명령을 받은 이항복은 북청의 먼 길을 떠나면서 살아 돌아오지 못할 것을 알고 아들에게 장례를 준비하게 하였고, 1618년 5월 북청에서 63세로 눈을 감았습니다. 영원한 벗 이덕형이 세상을 떠난 지 5년이 지난 후입니다. 그의 부음 소식을 들은 주변의 백성들이 달려와 모두 통곡하였고, 영남 지방의 학자들도 천리를 달려와 그의 죽음을 애도하였다고 합니다. 광해군은 이항복이 세상을 떠나자 관직을 회복시켜 주고, 정승의 예로 장례를 치르라고 명하였습니다. 이항복이 세상을 떠난 지 5년 후인 1623년 서인은 광해군과 북인이 영창 대군을 죽이고 인목 대비를 유폐한 것을 명분으로 삼아 인조반정을 일으켜 정권을 장악하였습니다. 그 결과 광해군은 폐위되었고, 북인 세력은 제거됩니다.

이항복은 40년의 관직 생활 동안 심한 당쟁과 임진왜란이라는 힘든 시기의 중심에 선 인물입니다. 각 붕당의 선봉장이 되어 상대를 헐뜯거나 탄핵하지 않았고, 오로지 국가와 백성을 우선시하였습니다. 이항복이 당쟁에서 언제나 초연함과 정도를 잃지 않았던 모습은 오늘날 우리뿐만 아니라 위정자들이 깊이 보고 깨닫는 것이 있었으면 좋겠다는 생각이 들기도 합니다.

이항복 초상 (ⓒ문화재청 국가문화유산포털)

02

이덕형

어떤 직장, 부서에 있던 주목받는 직원이 있습니다. 당연히 능력이 뛰어나서, 친화력이 좋아서, 혹은 연줄이 든든해서 등 나름의 이유가 있을 것입니다. 조선 시대에도 오늘날 CEO에 해당하는 임금의 사랑을 받아 고속 승진을 한 인물이 있었을까요? 당연히 있습니다. 바로 앞에서 만난 오성 이항복의 단짝 한음 이덕형입니다. 이덕형은 20살에 과거 급제로 관리가 되어 31살에 대제학에 임명되었습니다. 조선 500년 동안 31살의 나이에 대제학이 된 인물은 한음 이덕형이 최초이자 마지막이었습니다. 이후 38살에 최연소 정승이 되었고, 43살에 영의정에 오르는 등 그야말로 초고속 승진을 한 뛰어난 인물입니다. 그럼 본격적으로 이덕형을 만나보겠습니다.

영특함도 남달랐던 어린 시절

이덕형은 1561년 한양 남부 성명방(지금의 남대문과 필동 사이)에서 태어났습니다. 아버지는 지중추부사 이민성이고, 어머니는 영의정을 지낸 유전의 여동생 유씨 부인이었습니다. 이씨 가문은 명문가로 한때 성종이 "아들을 낳으려면 광주 이씨 같은 아들을 낳아야 할 것이다."라는 말이 있을 정도로 뛰어난 인재를 많이 배출하였습니다.

유명한 옛 인물들을 보면 거의 한결같이 어린 시절부터 영특하고, 지혜로웠습니다. 그중에서도 이덕형은 조금 더 남달랐습니다.

> "약 7~8세부터 문예가 일찍 이루어져 이웃 아이들과 놀 때 기쁨과 노여움을 나타내지 않았고, 입으로 망령된 말을 내지 않았으며 여러 아이들과 함께 놀 때 감히 희롱하는 말로서 함부로 하지 않았다. 나이 겨우 10여 세에 행보와 언어가 이미 성인과 같았으나 단정히 앉기를 종일토록 하여 장중함을 스스로 지니었고 침착히 외물에 동하지 않아 헤아림이 있어 덕기가 일찍 이루어졌으므로 사람들이 모두 총각 정승이라 불렀다."
>
> – 「한음문고」

오늘날 초등학생의 나이에 이미 성인의 언행을 가졌다는 총각 정승 이덕형이 새삼 대단해 보이지 않나요. 영특한 어린 시절을 보낸 이덕형은 14살에는 외숙인 영의정 유전의 집이 있는 포천의 외가에서 지냈습니다. 이때 문장으로 당대에 이름을 떨친 양사언, 양사준, 양사기 형제와 교류하였습니다. 양사언은 학창 시절 교과서에 자주 보았던 시조 "태산이 높다 하되 하늘 아래 뫼이로다"를 쓴 인물입니다.

이덕형은 17살에 동인의 거두 이산해의 둘째 딸과 혼인하였습니다. 이때 일화가 있습니다. 이산해의 숙부는 『토정비결』로 유명한 이지함입니다. 그가 이덕형의 관상을 보고 큰 인물이 될 것으로 보고 사윗감으로 추천하였다고 합니다. 훗날 이산해와 이덕형은 당파에 있어서는 서로의 견해를 달리하게 됩니다. 조정 내에서 장인과 사위가 다른 당에 속하는 특이한 경우가 됩니다. 당시 조정은 동인과 서인으로 나뉘어 있었고, 이산해는 퇴계 이황 계열의 동인이었습니다. 이덕형 역시 동인이었지만 그는 본래 당파에 얽매이지 않았습니다. 이후 동인 중에서 강경파는 북인으로, 온건파는 남인으로 갈라졌는데 이산해는 북인의 대표로, 사위인 이덕형은 남인에 속하게 됩니다. 이덕형은 앞서 만난 이항복처럼 다른 당파의 주장과 견해도 인정하고 수용하면서 중용의 정치, 즉 협치를 강조합니다.

관직 진출과 초고속 승진

이덕형은 18살의 나이에 생원시 수석, 진사시 3등을 하고, 1580년 20살에 별시 문과 수석을 하며 화려하게 조정으로 나가게 됩니다. 이때 같이 공부하면서 친교를 쌓은 25세의 이항복, 그리고 친척인 이정립과 나란히 급제하여 관리가 되었고 조정에서는 이 세 사람을 가리켜 '경진년에 등과한 세 명의 인재, 즉 경진삼이(庚辰三李)'라 불렀습니다.

조선 500년 역사에서 가장 전성기는 언제일까요? 역시 세종 시대입니다. 세종 스스로 뛰어난 능력을 갖춘 것을 모르는 사람은 없습니다. 그런데 세종이 발탁하고 중용한 인물 또한 하나 같이 조선 역사에 한 획을 그은 인물들이었다는 것을 알아야 합니다. 만약 그들이 없었다면 세종이 만들어낸 조선도 없었을 것입니다. 18년간 영의정을 지낸 황희, 행정을 맡은 청백리 맹사성, 국방 문제를 맡은 장군 김종서, 천재 발명가 장영실 외에 성삼문, 이종무, 최윤덕, 박팽년 등등 수많은 인재들이 세종 시대에 등장하였습니다.

세종 시대를 제외하면 가장 많은 인재들이 등장한 시기는 언제였을까요? 놀랍게도 선조 시대입니다. 후대 사람들은 선조의 왕릉을 '목릉'이라고 하고, 선조 시대를 '목릉성세'라고 불렀습니다. 그 이유는 '선조 시대에 훌륭한 인재가 두루 등용되어 문화와 학문을 발전시키고 국가의 위기를 극복해 태평성대를 이뤘다'고 생각하였기 때문입니다. 선조 시대에 유성룡, 이항복, 이덕형, 이원익, 이산해, 이순신, 권율, 신립, 김시민 등의 인재들이 있었기 때문에 임진왜란을 이겨내고, 국가를 재건할 수 있었습니다.

앞서 대제학 율곡 이이가 이덕형과 이항복을 향후 조정을 이끌어나갈 인재로 선조에게 추천하였던 것을 기억하시나요. 그 덕분에 선조 역시 이덕형을 매우 특별하게 보고 주목하였습니다. 이후 이덕형은 부수찬, 정언, 부교리, 이조좌랑, 동부승지, 이부승지, 부제학 등의 관직을 역임하였습니다.

1591년 선조는 유성룡의 후임으로 그 보다 20살이나 아래인 31살의 이덕형을 대제학에 임명하였습니다. 파격적인 인사 조치에 조정은 발칵 뒤집혀졌습니다. 이덕형은 "아직 신의 나이가 젊고 학문이 부족합니다."라고 극구 사양하였습니다. 선조는 이덕형의 간곡한 거절에도 예조참판을 겸직하는 대제학 임명을 고집하였습니다. 거듭 사양하던 이덕형이 결국 직책을 받아들이면서 조선 역사상 전무후무한 31살의 대제학이 탄생하게 됩니다.

　대제학은 비록 정승보다는 직급은 낮았지만 육조의 판서, 한성부 판윤, 의정부 참찬과 더불어 정2품 '정경正卿'으로 불리며 매우 중요하고 존경받는 직책이었습니다. 일반적으로 당대 최고의 학문과 이론을 겸비한 노련한 대신들이 임명되는 자리였습니다. 이덕형은 조선의 선비들을 이끌며 당대의 학문, 문장, 여론을 관장하게 된 것입니다. 이러한 모습을 보면 선조는 역사상 유래가 없는 인사 조치를 할 정도로 적어도 인재를 알아보는 안목만큼은 뛰어났다고 볼 수 있습니다.

　임진왜란이 일어나기 5년 전인 1587년 27살의 이덕형은 이조정랑에 올라 선위사로 차출되어 1590년까지 외교가로 활약합니다. 선위사는 여러 나라의 사신이 입국하였을 때 그 노고를 위문하기 위하여 파견한 관리입니다. 선조는 문장이 뛰어난 이덕형이 일본 사신을 상대로 조선의 우월성을 내보일 수 있다는 판단 아래 선위사로 임명하였습니다. 이덕형은 선위사로써 도요토미 히데요시의 엄명을 받은 겐소 등의 일본 사신을 접대하고 회담을 진행하였고, 또한 그들을 인솔하여 부산 동래와 한양을 왕복하였습니다. 한편, 1587년 왜구들이 전라도 남해안을 약탈하는 정해왜변이 일어나자 이덕형은 일본에게 조선통신사를 파견하는 조건으로 주모자인 사을화동과 함께 왜구 두목들인 신사부로, 긴지로, 마고지로 등을 조선으로 압송케 하여 처형하였습니다. 또한 왜구에게 끌려간 116명의 조선 백성들을 송환하는 성과도 거두었습니다.

　1591년 선조는 선위사 임무를 완수한 이덕형의 공로를 인정하여 홍문관

직제학으로 임명하였습니다. 이후 그는 승정원, 사간원, 성균관을 거쳐 이조 참판 겸 대제학을 지냈으며, 임진왜란이 일어나던 해인 1592년에는 32살의 나이로 사헌부 대사헌에 임명되었습니다. 조선 역사상 30대 초반에 이덕형처럼 대사헌에 오른 경우는 달리 찾을 수 없습니다.

이덕형은 3년간의 선위사 활동으로 대일 외교의 최고위 실무자로서 확실한 경험과 지식을 축적할 수 있었습니다. 이때 일본인들은 이덕형을 조선의 우선적인 외교 상대자로서 인식하게 됩니다. 이에 이덕형은 임진왜란이 일어나자 대일 외교와 대명외교를 주도하는 핵심적 인물로 활약을 하게 됩니다.

외교로 나라를 구하다

외교관은 어떤 자세를 갖춰야 할까요? 뛰어난 외교관이라면 잘 들어주고, 잘 설명하고, 잘 설득하고 그러면서 때로는 겸양의 자세로, 또 때로는 당당한 모습도 잃지 말아야 할 것입니다. 그렇다면 외교관에게 최후의 목표는 무엇일까요? 각자 자신의 조국을 위해 양보할 수 없는 마지막 선을 지켜내는 것이지 않을까요. 따라서 이를 지켜내고 원하는 목표를 이루기 위해 온갖 수단을 다해야 할 것입니다. 이처럼 외교관은 창검만 들지 않았을 뿐 최전선에서 싸우는 병사와도 같습니다. 그럼 임진왜란 당시 외교관으로 창검을 들고 싸운 이덕형을 활약을 보겠습니다.

16세기 말 일본에서는 도요토미 히데요시가 전국 시대의 혼란을 수습하고 통일을 이루었습니다. 이후 도요토미 히데요시는 불평 세력의 관심을 밖으로 돌리고, 자신의 대륙 진출 야욕을 달성하기 위해 조선을 침략하였습니다. 1592년 4월 13일 일본군이 부산에 상륙하여 침략을 개시하면서 임진왜란이 시작되었습니다. 이때 이덕형의 나이는 32살로 사헌부 대사헌을 역임하면서 조정의 요직에 있었습니다. 이덕형은 좌의정 유성룡과 도승지 이항복과 함께 전란에 대한 대책을 세우는 중심인물이었습니다.

전쟁에 미처 대비하지 못하였던 조선은 초기에 일본군을 효과적으로 막아내지 못하였습니다. 4월 15일 고니시 유키나가가 이끄는 일본군 제1군이 동래성을 함락시켰고, 빠른 속도로 북상하여 상주를 함락시켰습니다. 이때 고니시 유키나가는 일본과의 통역을 담당하는 관리인 왜학통사 경응순을 통해 "조선이 강화에 뜻이 있다면 이덕형으로 하여금 22일에 충주에서 나를 만나게 하는 것이 좋을 것이다."라는 서신을 전달하여 회담을 제안합니다. 비록 충주 회담은 성사되지 않았지만, 임진왜란 이전 선위사로 활동한 이력 등으로 인해 이덕형을 조선과 일본 간의 교섭 통로로 인식되었다는 것을 볼 수 있습니다. 이후 대일외교에서 이덕형의 역할이 확대될 것임을 예고하는 것이기도 합니다.

충주 회담이 결렬되자 이덕형이 다음으로 해야 했던 일은 선조의 어가를 따라 잡는 것이었습니다. 서울로 돌아와 보니 일본군의 빠른 진격을 피해 이미 선조는 도성을 떠나 피란길에 올라 평양에 있었습니다. 이덕형은 강을 거슬러 올라가면서 강원도와 함경도의 경계를 돌아서 20일 님새 낮이면 숨고 밤이면 걸었습니다. 이덕형은 구사일생으로 평양에서 임금이 궁궐 밖으로 행차할 때 임시로 머물던 별궁인 행재소에 합류할 수 있었습니다.

고니시 유키나가가 이끄는 제1군은 상륙 20일 만인 5월 3일 한양을 함락시킨 후 임진강 방어선을 돌파하여 5월 27일에 개성에 입성하고 6월 8일에 대동강 남쪽에 도착합니다. 다른 일본군 부대보다 앞서 진군하던 고니시 유키나가는 다시 조선 측에 회담을 제안하는 편지를 보냈습니다. 그 내용의 요지는 이덕형을 만나서 화의에 대하여 논의하고 싶다는 것이었습니다. 일본군의 요구에 이덕형은 어떻게 대처하였을까요? 저라면 너무나 무서워서 몰래 도망갔을 것입니다. 하지만 이덕형은 홀로 배를 타고 대동강 한가운데로 적을 만나러 갔습니다. 충주에서 성사되지 못했던 이덕형과 일본과의 회담은 1592년 6월 9일에 평양의 대동강 선상에서 이루어지게 됩니다.

대동강에 배 한 척을 띄워 놓고 그 위에서 회담이 시작되었습니다. 일본군 측에서는 다음과 같이 말하였습니다.

> "일본은 귀국과 전쟁하려는 것이 아닙니다. 지난번 동래·상주·용인 등지에서도 모두 서계를 보냈으나 귀국에서 답하지 않고 무력으로 대응하였기에 우리들이 결국 여기에까지 이르게 된 것입니다. 원컨대 판서(이덕형)는 국왕을 모시고 이 지방을 피하여 우리가 요동으로 가는 길을 열어 주시오."
> — 「선조실록」

이처럼 일본은 임진왜란의 배경 중 하나인 정명가도 요구를 되풀이 하였습니다. 그러나 이는 수용될 수도 없는 요구였을 뿐만 아니라, '조선이 강화에

응하지 않아 평양까지 진군하였다'는 평계도 사실과 어긋났습니다. 이에 이덕형은 다음과 같이 답변하였습니다.

> "귀국이 만약 중국만을 침범하려고 하였다면 어찌 절강(중국 남동부의 동중국해 연안)으로 가지 않고, 이곳으로 왔습니까. 이것은 실로 우리나라를 멸망시키려는 계책입니다. 명나라는 우리에게는 부모와 같은 나라이니, 죽어도 요구를 들어 줄 수 없습니다."　– 「선조실록」

이덕형은 정명가도 요구가 논리적으로 허구일 뿐만 아니라, 현실적으로 수용 불가능하다는 사실을 명확히 밝혔습니다. 이덕형은 '명나라는 부모와 같은 나라'라는 다소 윤리적·명분론적 수사로 반박하였지만, 사실 전략적 이해득실의 차원에서도 정명가도 요구는 받아들일 수 없었습니다. 결국 타협의 여지에 대한 일말의 기대감에서 이루어졌던 대동강 선상 회담은 결렬되었습니다.

대동강 선상 회담은 이덕형의 풍모나 담대함과 관련한 많은 일화를 만들었고, 후일 선조는 일개의 신하가 자신을 잊고 순국하고자 하는 '망신살국(亡身殉國)'의 결단을 보였다고 극찬하였습니다.

비록 이덕형의 대동강 선상 회담은 결렬되었지만 임진왜란의 전개 과정과 관련하여 회담은 중요한 의미가 있습니다. 우선 조선과 일본 사이에 타협의 여지가 전혀 없다는 사실을 최종적으로 확인할 수 있었습니다. 그리고 일본군의 공세를 잠시나마 지연시켜 약간의 시간을 벌 수 있었고, 선조는 의주로 향하게 됩니다. 대동강 선상 회담은 국면 전환의 기점이 되었던 것입니다. 한편 이덕형의 외교 활동 역시 전환점을 맞습니다. 이제 협상·외교 대상이 침략자 일본군이 아닌, 우방인 명나라로 전환된 것입니다.

일본군은 전쟁 발발 60일 만인 6월 14일 평양성을 함락하였습니다. 평양으로 피난 왔던 선조는 일본군의 압박을 피해 의주로 피난을 떠납니다. 이때 이덕형은 선조를 정주까지 호위하였습니다. 호위 과정 속에서 이덕형과 이항복은 평양이 함락된 상황에서 가장 절실한 것은 명나라의 원병이라고 판단하였습니다. 둘은 원병 요청에 반대 의견을 제기하는 신하들을 설득하였습니다. 그리고 이덕형 스스로 요동을 오가는 청원사 자청하여 그 임무를 직접 수행하였습니다.

> "20년 임진 공 32세, 정주에 이르러 청원사로 뽑혀 요양에 다다라 병사를 구하다. 공이 밤낮으로 2백 리를 달려 요동에 이르러 학걸에게 하루에 여섯 번 글을 올려 원병을 내줄 것을 청하였다. 인하여 선익문의 장하에 이르러 뜰에 서서 통곡을 하니 소리가 슬펐다. 종일토록 물러나지 않으니 학걸이 낯빛을 고치고 임금에게 아뢰기 전에 곧 마땅히 본진 병사 5천을 징발하여 총병 조승훈으로 하여금 거느리게 했고, 유격 사유로 하여금 보좌하여 와서 돕게 했다. 공은 곧 말을 달려 돌아와 의주에서 복명했다."
>
> –「한음문고」

이덕형은 청원사로 요동을 향하였고, 6월 21일 심양 남쪽의 요양에 도착하여 명나라에게 원병을 보내줄 것과 만약의 경우 선조의 요동 귀순·피신을 허용해 달라고 요청하였습니다. 두 가지 요청 가운데 선조의 요동 귀순 건은 비교적 무난히 해결되었습니다만 가장 중요한 원병 요청은 명나라 측에서 애초에 부정적이었습니다. 여진족 세력이 크게 확장되는 등의 여러 이유가 있었지만, 그중에서도 조선과 일본이 비밀리에 공모하여 명나라를 배신하려고 한다는 의심이 가장 컸습니다. 이덕형은 통곡을 하면서까지 설득 작업을 벌여 파병 약속을 얻어내었습니다. 이덕형은 "만약 조선을 도와주지 않는다면 훗날 왜군은 물론이고 조선군도 모두 왜군이 되어 창을 잡고 명나라를 상대할 지경이 올 수도 있다"는 강한 논리로 명나라를 설득하였습니다. 이덕형의 노력으로 명나라는 조선에 대한 의심을 없앴고, 후일에 자국 영토가 전장이 되는 것을 미연에 방지하기 위해 적극적으로 원병을 파병하는 것으로 입장을 바꾸었습니다.

그런데 커다란 문제가 발생합니다. 힘들게 파견된 조승훈이 이끄는 명나라 군대가 7월 평양성 전투에서 심각한 전력 손실을 입고 대패한 것입니다. 명나라에서도 전략상 원병 파견의 불가피성을 인식하였기 때문에 평양성 전투 패배로 인한 충격을 수습하고 대규모의 원정군을 조직합니다. 그리하여 12월 명나라는 조선에 이여송 휘하의 5만의 군대를 파견하였습니다. 하지만 조선에 들어온 명나라 군대의 사령관 이여송은 쉽게 움직이지 않았습니다. 그럴 때마다 이덕형은 이여송을 달래고 설득하여 군대를 움직였습니다. 그 첫 전과가 바로 1593년 1월 평양성 탈환입니다. 조선군과 명나라군이 연합해 거둔 첫 번째 승리였습니다. 평양성 탈환은 평안·황해·경기·강원 지역을 수복하는 계기가 되는 등 전세를 일거에 역전시킨 전환점이 되었고, 일본군은 서울 쪽으로 퇴각하게 됩니다. 조선 조정은 승전 소식에 감격하는 분위기였고, 선조는 북경 황궁을 향해 다섯 번 큰절을 올려 감사와 기쁨을 표할 정도였습니다.

평양성 전투는 이덕형의 외교 활동에 다시 한번 전환점을 제공합니다. 조선에 참전한 명나라 군대 사령관 이여송의 접반사 임무를 맡게 된 것입니다. 접반사는 외국 사신을 접대하던 임시직인데 전시 상황에서는 그 역할이 중요할 수밖에 없습니다. 이덕형은 퇴각하는 일본군을 추격하여 남하하는 명나라 군대를 접반하는 외교 업무와 함께 해결이 불가능해 보이는 일들을 모두 해결해야만 했습니다. 가령 각종 물자를 공급하거나, 명나라 군대의 진격로에 다리를 놓거나, 한강에 부교를 설치하는 자재를 공급하는 일 등이 모두 접반사 이덕형의 임무였습니다. 이덕형은 1593년 9월 이여송이 요동으로 철군할 때까지 접반사 임무를 하였습니다.

1597년 1월 이덕형은 정유재란이 일어나자 명나라 장군 경리양호의 접반사가 되었습니다. 그리고 명나라와 일본 간의 교섭 상황과 전황, 전쟁 경비 조달, 작전 수행과 관련한 상황 등을 파악하여 조정에 보고하고 대응책을 마련하는 등, 수년 전과 다름없는 여러 가지 임무를 수행하였습니다. 1598년 7월 명나라 장군 경리양호가 소환되자 이덕형은 명나라 제독 유정의 접반사로서 임무를 수행하였습니다. 이러한 공을 인정받아 이덕형은 전쟁이 끝날 무렵 38살의 나이에 우의정이 되었고, 그 해에 좌의정에 올랐습니다.

1598년 10월에 이덕형은 순천으로 내려가 명나라 제독 유정, 수군제독 진린, 삼도수군통제사 이순신과 함께 고니시 유키나가의 군사를 대파하였습니다. 전세가 불리해진 일본군은 도요토미 히데요시가 죽자 본국으로 철수하기 시작하였고, 11월 19일 이순신의 노량 해전을 끝으로 7년간의 전란은 막을 내렸습니다. 이덕형은 이순신이 노량 해전에서 전사하자 동요하는 수군을 통제하고 수습에 나서기도 하였습니다. 임진왜란이 끝나자 이덕형은 민심을 수습하는 데 힘썼습니다. 1601년 행판중추부사로 경상도, 전라도, 충청도, 강원도 4도의 제찰사를 겸하여 역질과 기근에 시달리는 백성들을 위해 구호 사업을 전개하여 민심을 수습하였습니다. 지방 군대의 정비에도 온갖 심혈을 기울였습니다. 이렇게 백성들의 삶을 직접 경험하고 살폈던 이덕형은 1602년 42살의 나이에 조선 최고의 관직인 영의정이 되었습니다.

광해군 책봉의 숨겨진 조력자

임진왜란이 종결되자 이덕형은 전쟁으로 망가진 나라를 재건하는데 전력을 다하였습니다. 전쟁이 끝난 지 10년 뒤인 1608년 선조가 죽고, 광해군이 즉위하였습니다. 이때 이덕형은 47살이었습니다. 광해군 즉위 후 외교상 최대 현안이 있었습니다. 바로 광해군 책봉 문제였습니다. 조선은 새로운 왕이 즉위하면 명나라에 이를 알리고 명나라 황제의 책봉, 즉 외교적인 인정을 받아야 했습니다. 그런데 명나라는 광해군의 책봉을 허락하지 않았습니다.

앞서 광해군의 콤플렉스를 알려준 것을 기억하시나요? 광해군은 선조의 둘째 아들이었습니다. 장남 임해군이 있었지만 광폭한 성격으로 인해 선조는 임진왜란이 일어나자 광해군을 세자로 임명하였고, 분조를 일으켜 이를 광해군에게 맡겼습니다. 광해군은 분조의 책임을 맡아 전쟁의 최전선에서 의병을 이끌었고, 군량을 모으는 등 전란을 극복하는 큰 공을 세웠습니다. 하지만 비정한 아버지 선조는 광해군의 공을 인정하지 않았습니다. 임진왜란이 끝난 후인 1606년 선조는 왕후인 인목대비를 맞이한 지 5년 만에 늦둥이 영창대군을 낳습니다. 결국 광해군은 아버지 선조에게 인정받지 못한 아들로 정통성에서는 장남인 임해군은 물론이고 적통인 적자 영창대군에게는 서열에서 뒤떨어진 상태로 왕위에 올랐던 것입니다. 따라서 명나라는 임해군 문제, 영창대군의 존재를 들어 책봉을 허락하지 않았습니다.

그렇다면 명나라는 왜 광해군을 책봉하지 않았는지 궁금할 것입니다. 명분상으로는 장남 임해군이 있다는 명분을 내세워 책봉을 거부하였습니다. 하지만 실제로 명나라는 원군 파견을 계기로 조선을 실질적으로 지배하려는 욕심이 있었습니다. 명나라는 광해군이 왕으로 등극하자 엄일괴, 만애민 등 관원을 파견하여 왕위 세습 과정에 대한 진상 조사를 하였습니다. 심지어 명나라 측에서 임해군을 직접 만나 조선에서 밝힌 것처럼 병으로 폐인이 되어 정말 후사(後嗣)가 되기에 적합하지 않은지를 조사하고자 하였습니다. 이때 이덕형이 나서서 명나라 사신을 설득하였고, 조정에서는 막대한 은을 뇌물로 제공하여 사태를 수습하였습니다.

광해군은 책봉 문제를 해결하기 위해 당시 최고의 외교 전문가인 이덕형에게 불러 외교 임무를 맡겼습니다. 그 임무는 진주사로 명나라에 가서 책봉을 받아오라는 것이었습니다. 이덕형은 밤낮으로 말을 달려 27일 만에 북경에 도착하였고, 5개월 동안 머무르면서 지속적으로 명나라에서 의례를 맡아보던 관청인 예부에 글을 올리는 등의 교섭을 하였습니다. 이덕형은 광해군이 왕이 되어야 하는 사정을 설명하였고, 이를 관철시켜 명나라 황제의 책봉 허락을 받아내었습니다. 이로써 광해군은 정식으로 조선의 왕으로 인정받게 되었습니다.

유배지에서 생을 마감하다

광해군과 북인 세력은 왕권 안정을 위해 1608년 임해군을 역모로 몰아 강릉 교동으로 유배를 보냈습니다. 이어 1613년에 일어난 '칠서의 옥'을 인목대비 부친인 김제남이 주도하여 영창대군 옹립을 시도하였다는 역모로 확대시켰습니다. 북인은 칠서의 옥이 영창대군을 제거할 수 절호의 기회라고 여겼습니다. 당시 영의정 이덕형은 칠서의 옥이 광해군을 지지하는 북인 세력이 조작한 사건임을 인식하고 있었습니다. 이항복과 함께 광해군이 영창대군을 처형하면 목숨을 걸고 반대할 뜻을 분명하게 밝혔습니다. 이 과정에서 이항복은 먼저 탄핵을 받아 물러났고, 이덕형 혼자 외로이 맞서 싸웠습니다. 이덕형은 광해군에게 영창대군을 관대히 다스려 줄 것을 청하는 상소를 매일 올렸습니다. 그가 올린 상소에는 "영창이 비록 왕자이지만 아직 어린아이인데 이를 죽이려는 것은 군왕으로서 할 도리가 아니다"라는 구절이 담겼다고 합니다. 이처럼 이덕형은 광해군의 급소를 찌르는 날카로운 지적을 하였습니다. 그런데 북인은 더 나아가 영창대군의 생모인 인목대비를 폐위하자는 폐모론까지 주장하였습니다. 이에 맞서 이덕형은 반대 상소를 끊임없이 올렸지만 역부족이었습니다.

북인 세력의 정치 공세에 이덕형은 벼슬과 품계를 빼앗기고, 한양 밖으로 추방하는 형벌을 당하였습니다. 이 무렵 이덕형은 병을 오래 앓아 위중한 상태였습니다. 결국 운길산(경기도 남양주) 밑 용진으로 들어가 머무른 지 한 달만인 1613년 53세의 나이로 생애를 마감합니다. 이 소식을 접한 이항복은 급히 달려와 친구의 시신을 손수 염하고, 글을 지어 추모하였습니다. 광해군은 이덕형의 관직을 회복시키고 영의정의 예우로 장례를 치르게 하였습니다. 『조선왕조실록』에는 당대 주요 인물이 숨지면 졸기를 실었는데, 『광해군 일기』에 실린 이덕형 졸기는 다음과 같습니다.

> "덕형은 양근에 있는 시골집에 돌아가 있다가 병으로 졸하였다('죽다'의 완곡한 표현). 덕형은 일찍부터 공보(公輔)가 되리라는 기대를 받았는데, 문학과 덕기(德器)는 이항복과 대등했으나, 덕형이 관직에서는 가장 앞서 나이 38세에 이미 재상 반열에 올랐다. 임진년 난리 이래 공로가 많이 드러나 중국 사람이나 왜인들도 모두 그의 명성에 복종했다. 사람됨이 간솔하고 까다롭지 않으며 부드러우면서도 능히 곧았다. 또 당론을 좋아하지 않아, 장인 이산해가 당파 가운데서도 지론(持論)이 가장 편벽되고 그 문하들이 모두 간악한 자들로 본받을 만하지 못했는데, 덕형은 한 사람도 친하지 않았다. 이 때문에 자주 소인들에게 곤욕을 당했다. 그가 졸하였다는 소리를 듣고 원근의 사람들이 모두 슬퍼하고 애석해했다."

이덕형 사망 이후 8살에 불과한 영창대군은 강화도로 유배를 떠나 그곳에서 최후를 맞이하였고, 인목대비는 유폐되었습니다. 인목대비가 유폐된 지 10년 후인 1623년, 서인 세력은 광해군에게 '폐모살제'[12]의 죄를 묻는다는 명분으로 인조반정을 일으켰습니다. 그 결과 인조가 왕위에 오르면서 광해군은 폐위되고, 북인 세력은 대거 처형을 당하였고, 서인들이 정국을 장악하게 됩니다.

---

12 폐모살제는 광해군이 선조의 계비 인목대비를 폐하고, 그 아들 영창 대군을 살해한 것을 말합니다.

길을 가다 아무나 붙잡고, 임진왜란을 승리로 이끈 인물을 꼽으라면 한다면 어떤 답변이 나올까요? 아마 대부분이 전장에서 활약하였던 이순신, 권율, 김시민, 곽재우 등을 말할 것입니다. 하지만 임진왜란의 승리는 전장에서 활약하였던 무장들뿐만 아니라 유성룡, 이항복, 이덕형 등을 비롯한 재상들, 이름 없이 죽어간 병사와 의병들, 모진 고초를 겪은 백성들, 모두의

이덕형의 영정 (©문화재청 국가문화유산포털)

힘을 하나로 모은 덕분이라는 것을 잊어서는 안 됩니다.

이덕형은 조선이란 작은 나라의 관리로 풍전등화의 위기에 처해있는 조국을 지키기 위해 탁월한 외교력으로 명나라를 참전케 하였습니다. 얼마나 거들먹거렸을지 상상할 수 없는 명나라 장수들의 비위를 맞추어가며 그들의 군대를 전선으로 보내는 임무는 아무나 할 수 없는 일입니다. 듣지 않아도, 보지 않아도 이덕형이 명나라에서 얼마나 많은 고초와 수모를 겪었을지 가늠이 되지 않나요. 이것만으로도 오늘날 우리가 항상 의연하고, 품위를 잃지 않았던 이덕형을 기억해야 하는 이유로 충분하지 않을까요?

다
섯.

권율 & 김시민

++++++

조선의 방패, 임진왜란을 막아내다

권율

한때 연애, 결혼, 출산 3가지를 포기한 '3포 세대'를 넘어 N가지를 포기한 'N포 세대'라는 용어가 유행한 적이 있습니다. 그런데 얼마 전 보도에 따르면 'N포 세대'로 불리는 청년 5명 중 1명은 구직 의욕이 전혀 없이 고용, 교육, 직업훈련도 받지 않는다고 합니다. 언론에서는 이들을 일제히 '니트족'이라 부릅니다.

조선 시대에도 니트족이 있었습니다. 조선 시대 과거 시험 합격자들의 평균 나이는 35살이었는데, 무려 46살에 관직 생활을 시작한 인물입니다. 심시어 자신의 사위(이항복)보다 2년이나 늦게 관직 생활을 시작합니다. 사위가 이항복이라는 말에 이번 주인공이 권율이라는 것을 눈치 채셨을 것 같은데요. 권율은 40살이 다 되도록 한량 같은 생활을 하였던 지금으로 치면 자발적인 니트족입니다. 그럼 이제 니트족 권율이 어떻게 조선의 전쟁 영웅이 되었는지를 보겠습니다.

큰 그릇은 채워지지 않는다

권율을 니트족으로 소개하였지만, 사실 대기만성(大器晚成)이라는 사자성어와 더 잘 어울리는 인물입니다. 대기만성은 중국 춘추 전국 시대 사상가인 노자의 도덕경 41장에 나오는 말로 큰 그릇은 채우는데 오랜 시간이 걸린다는 뜻입니다. 사람에 대입하면 큰 인물이 되려면 오랜 시간이 필요하다는 의미를 담고 있습니다.

권율은 1537년 조선 경기도 강화부(현재의 인천광역시 강화군)에서 명문가의 넷째 아들로 태어났습니다. 할아버지는 강화부사 권적, 아버지는 영의정 권철, 어머니는 적순부위 조승현의 딸입니다. 1553년 17세 때 조휘원의 딸과 혼인하였으나 1559년에 사별하였습니다. 이후 1564년 박세형의 딸과 재혼하여 슬하에 딸을 하나 두었습니다. 이때 낳은 딸의 사위가 앞서 만난 오성 대감 이항복입니다.

특이하게도 권율은 40세가 되도록 관직을 얻으려는 생각을 하지 않았습니다. 당시 권율은 아버지가 영의정을 지낼 정도로 가문이 좋았고, 본인 또한 뛰어난 재능을 가졌기 때문에 얼마든지 높은 관직을 얻을 수 있었습니다. 친구들도 권율을 볼 때마다 과거를 보든지 집안 뒷배로 벼슬을 해야지 언제까지 그렇게 살 것인지 걱정하였습니다. 이에 권율은 "옛날 중국 주나라 때 강태공은 나이 80에 벼슬에 올라 천하를 경영하고 백성을 구했다. 아직 내 나이는 강태공의 절반밖에 안되고 재주도 미치지 못하는데 어찌 출세가 늦은 것을 걱정하겠는가?"라고 말하였습니다. 그러다 1578년 영의정이던 아버지가 별세하자

3년 상을 치른 후 뒤늦게 벼슬에 뜻을 두게 됩니다. 권율은 아버지의 상을 치른 후 금강산에 들어가 과거 공부를 시작하였고 1582년 46살의 나이에 식년 문과에 병과로 급제하여 벼슬길에 오릅니다. 행주대첩으로 인해 많은 분들이 권율을 무관 출신으로 알고 있지만 사실은 문관 출신입니다.

권율은 자기 아들 나이대인 동기들과 하급 관리 수습 생활을 하다 보니 여러 설움을 겪었다고 합니다. 권율의 관직 생활은 승문원 정자를 시작으로 전적 · 감찰 · 예조좌랑 · 호조정랑 · 전라도 도사 · 경성 판관 등을 두루 거쳤지만, 급제한 나이로 볼 때 화려한 경력은 아니었습니다. 1591년에 다시 호조정랑이 되었다가 바로 의주 목사로 발탁되었으나, 이듬해 해직되었습니다. 따라서 임진왜란이 시작되었을 때 권율은 관직을 떠나 있었습니다.

이치 전투로 일본군의 식량 보급로를 끊다

여러분들은 전쟁 승리를 위해 가장 중요한 것이 무엇이라고 생각하나요? 아마 군대를 갔다 온 분들이라면 답을 알 것입니다. 먹는 문제, 식량 보급입니다. 학창시절 점심시간을 앞두고 선생님이 수업을 5분만 연장해도 어떤 일이 벌어지는지는 다들 경험하였을 것입니다. 그만큼 전쟁에서 먹는 문제는 그 어떤 문제보다도 중요합니다.

조선군은 병력 동원 체제나 무기 성능 면에서 일본군에 많이 뒤져 있었기 때문에 전쟁 초기에 부산성과 동래성을 함락 당하였습니다. 20일 만에 한성이 함락되었고, 선조는 의주로 피난하여 명나라에 지원군을 요청하였습니다. 당시 나이로 노년기인 55살에 권율은 전라도 광주 목사로 임명되었습니다. 일본군에 의해 수도 한성이 함락되자 전라도 순찰사 이광과 방어사 곽영이 4만여 명의 군사를 모집하자 광주 목사 권율도 합류하였습니다. 권율은 곽영의 휘하에 소속되어 한성 수복을 위해 함께 북진하였습니다.

거침없이 북진하던 전라도 순찰사 이광은 수원과 용인 근처에 진을 친 소규모 일본군을 공격하고자 하였습니다. 이때 권율은 서울이 멀지 않았고, 곧 대규모 일본군과 전투가 벌어질 수 있기 때문에 조정의 명을 기다리자고 건의하였습니다. 이광은 권율의 주장을 무시하였고, 무모한 공격을 감행하다 일본군의 매복에 걸려 여러 장수들이 전사하는 대패를 겪습니다. 이광의 군대가 많은 군사를 잃자 권율은 남은 군사와 의병 1천 명을 이끌고 전라도 광주로 퇴각하였습니다.

임진왜란 당시 일본은 수군이 남해와 황해를 돌아 물자를 조달하면서 육군과 합세하여 북상한다는 전략을 가지고 있었습니다. 그러나 이순신의 수군이 옥포, 당포, 한산도 등지에서 연승을 거두면서 남해의 제해권을 장악하자 이 전략에 차질이 생겼습니다. 예나 지금이나 모든 군대는 항상 식량 보급에 신경을 씁니다. 원활한 끼니의 공급은 전투력 유지 뿐 아니라 생존과 직결되는 문제이기 때문입니다. 그래서 "작전의 실패는 전투에서 패배하게 하지만, 보급의 실패는 전쟁에서 패배하게 한다."라는 말이 있을 정도입니다.

임진왜란은 7년에 걸친 장기전으로 일본군이 점령지에서 살아남기 위해 가장 필요한 것은 식량이었습니다. 일본군은 조선 백성들이 지어놓은 농산물을 약탈하는 것만으로는 필요한 만큼 식량을 조달할 수 없었습니다. 이에 일본군은 자신들이 직접 농사를 짓거나 혹은 조선 백성들에게 농사를 짓도록 한 다음 그것을 뺏기 위해 곡창 지대가 필요하였습니다. 이제 감이 오시지 않나요? 우리나라에서 주요 식량 생산지는 충청도, 경상도, 전라도입니다. 전쟁 초기에 충청도와 경상도는 이미 일본군이 점령하면서 많은 농민들이 피난을 떠났고, 모든 생산이 중단된 상황이었습니다. 일본군이나 조선의 입장에서 최후의 식량 생산 지역은 오로지 전라도였습니다. 이에 일본군은 대규모 군대를 투입하여 전라도를 점령하고, 황해를 통해 물자를 보급하고자 하였습니다.

그렇다면 일본군은 전라도를 점령하기 위해 어떤 전략을 선택하였을까요? 사실 선택지는 전라도 지역을 바다를 통해 공격하느냐, 육로로 공격하느냐 딱 2가지로 단순합니다. 일본군이 바다로 가기에는 이순신 장군이 이끄는 수군을 이겨낼 수 없었습니다. 따라서 일본군은 점령지였던 충청도에서 육로로 전라도 전역을 장악하기 위해 전주성으로 향하였습니다.

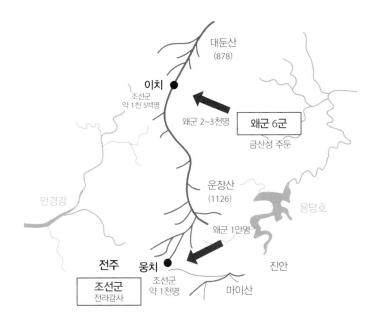

아치전투 지도

대둔산
(878)

이치
조선군
약 1천 5백명

왜군 2~3천명

왜군 6군
금산성 주둔

운장산
(1126)

만경강

용담호

왜군 1만명

전주   웅치

조선군
전라감사

조선군
약 1천명

마이산

진안

일본군이 충청도 금산에서 전주로 가려면 웅치 또는 이치 고갯길을 넘어야 했습니다. 전주로 향하던 일본군은 두 부대로 나누어 1만여 명의 주력군은 용담과 진안을 거쳐 웅치를 향하였고, 2~3천여 명은 이치를 향하였습니다. 이때 전라도를 가는 길목인 이치에는 권율이 기다리고 있었습니다.

이치는 금산군과 전라북도 완주군 사이의 경계를 이루는 대둔산 남쪽 사면에 위치하여 대둔산 산자락의 허리께를 넘는 교통의 요지입니다. 산골짜기가 길고 깊어 매우 험한 이 고개는 당시 골짜기에 배나무가 많아 이치(梨峙)라는 이름이 붙었다고 합니다. 1592년 7월 이곳에서 권율은 동복 현감 황진과 고작

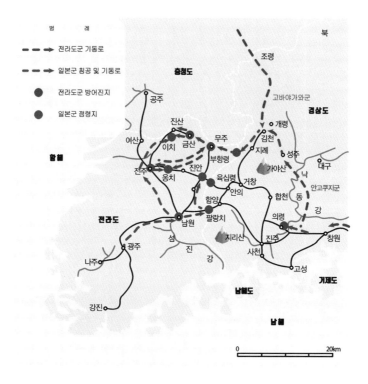

임진왜란 시기 전라도 지역의 상황

1,500여 명의 군대로 고바야카와 다카카케가 이끄는 일본군 3천여 명과 맞서 싸워야 했습니다. 일본군은 수적인 우세함을 믿고 단숨에 이치를 넘으려고 덤벼들면서 처절한 전투가 시작됩니다. 당시 치열했던 전투 상황은 다음과 같습니다.

"(권율은) 곧 군대를 이현(이치)으로 이주하였다. 이때 영남의 적세는 매우 창궐하여 곧장 전라도를 공격하여 군병을 나누어 쳐들어왔다.

… 저녁때 왜적은 우리 군사가 지친 틈을 타서 우리의 성채 안으로 뛰어 들어왔다. 권율이 칼을 빼어 크게 호통을 치며 직접 화살과 돌을 무릅쓰고 독전하니, 사졸들이 모두 용감하게 달려 나가 성위에 뛰어올라 힘껏 막아내는데, 모두가 일당백(一當百)으로 싸웠다. 이에 부르짖는 소리는 천지를 진동하고 화살과 돌은 빗발치듯 하니 적이 감당하지 못하고 드디어 갑옷을 벗어버리고 시체를 끌고 달아났는데, 땅에 버려진 군수 물품과 병장기가 낭자하였고 피는 흘러 길을 덮었다. 왜적이 다시 호남을 엿보지 못하였기 때문에 호남을 근본으로 삼아 국가의 보장(保障)이 되었다."

-「재조번방지」

권율은 일본군이 이치에 도착하기 전, 조카인 승경에게 병력을 주어 이치에서 20리 떨어진 영정곡(지금의 금산군 진산면) 산골짜기에 잠복하게 하였습니다. 그리고 전세를 보아 일본군이 물러나게 되면 퇴로를 끊고 기습하도록 하였습니다. 권율의 전술은 그대로 적중하였고 이치에서 영정곡까지 일본군을 골짜기에 몰아넣고 앞뒤에서 몰아쳤습니다. 심지어 고바야카와 다카카게는 부하를 버리고 달아날 정도였고, 일본군 3천여 명의 병력은 사실상 궤멸되었습니다. 반면에 권율의 군대는 불과 10여 명이 전사하고, 약간의 부상병만이 있었습니다. 권율은 지형을 이용하여 수적인 열세를 극복하고 승리를 거두었던 것입니다.

이치대첩은 규모는 작은 편이지만 임진왜란 최초의 육상 전투 승전이었고, 한성 수복의 계기도 마련하였습니다. 반면에 일본군은 호남에 진출하려는 엄두를 쉽게 내지 못하게 되었고, 계속 식량 조달의 어려움을 겪었습니다.

권율은 이치대첩의 공을 인정받아 전라도 순찰사로 승진하였습니다. 이후 1592년 12월 권율은 병마절도사 선거이를 부사령관으로 삼아 1만여 명의 군사를 거느리고 서울로 진격하다가 수원 독산산성에 견고한 진지를 구축하면서 또 한 번의 전투를 준비합니다.

꾀를 내어 위기를 넘기다

조선군은 전통적으로 강력하였던 활과 총통으로 인해 거리를 두고 싸우는 전투에서 확실한 우위를 보였습니다. 조선의 전투는 기본적으로 성에 의지하고 성을 지켜내는 것이 원칙이었습니다. 반면에 일본군은 소위 사무라이라고 불리는 무사들이 근접해서 싸우는 백병전이 탁월하였습니다. 권율은 이러한 사실을 정확하게 알고 있었습니다.

이치대첩 승리 이후 권율은 1만여 명의 군사를 거느리고 한성 수복을 위해 북진을 단행하여 직산(천안)에 이르자 잠시 머물렀습니다. 몇 달 선에 선라도 순찰사 이광이 용인에서 크게 패한 전철을 다시 밟지 않기 위해 수원 독산산성에 들어가 진지를 구축한 것이죠. 권율은 왜 독산산성에 진지를 구축하였을까요? 독산산성은 크고 작은 구릉지 사이에 해발 208m 높이로 우뚝 서있어 사방을 관망하고 통제하기에 최적의 요새였습니다. 또한 호서와 호남에서 한수 이북으로 통과하는 육상 교통의 길목이었을 뿐 아니라 하천을 통해 서해로 나갈 수 있는 해상 교통의 요충지였습니다.

권율이 독산산성에 있다는 소식을 전해듣자 한성에 주둔하던 일본군은 자신들의 보급로에 크게 위협을 느낄 수밖에 없었습니다. 일본군이 남쪽에서 한성으로 오는 길은 부산, 대구, 수원을 거쳐 오는 길과, 바닷길로는 인천의 제물포를 통해 한강으로 들어오는 뱃길뿐이었습니다. 하지만 남해안 일대는 이순신 장군이 장악하였기 때문에 보급선이 해로로 들어온다는 것은 사실상 불가능하였습니다.

일본군 총사령관 우키다 히데이에는 육로만은 반드시 확보하고자 하였습니다. 휘하에서 가장 용맹한 가토 기요마사로 하여금 서울로부터 내려온 군사와 용인에 주둔한 군사가 결합된 일본군 2만여 명 가운데 일부를 동원하여 독산산성을 선제공격하도록 하였습니다. 1592년 12월 일본군은 오산 일대에 3개의 부대를 편성하여 독산산성을 포위하였습니다. 권율의 부대를 성 밖으로 유인하기 위해 오산 일대를 비롯한 주변 지역을 압박하면서 계속 싸움을 걸었습니다.

권율은 일본군의 도발에 어떻게 대처하였을까요? 성에 의지하고 성을 지켜내는 원칙을 정확하게 지켰습니다. 권율은 성곽을 견고하게 방어하고, 직접적인 교전을 피하였습니다. 대신 정예 부대를 활용하여 소수의 적을 공격하여 예봉을 꺾었고, 적의 진지를 공격하는 등 지구전과 유격전을 적절히 혼용하였습니다. 일본군의 거센 공격으로 한 때 위기도 있었으나, 적절한 타이밍에 의병이 활약하여 무사히 막아낼 수 있었습니다.

오산 독산산성 (ⓒ문화재청 국가문화유산포털)

독산산성에서 권율이 보여준 활약은 정조 대에 쓰인『조야집요』에서 확인할 수 있습니다. 일본군은 수적 우세함을 내세워 산성을 포위한 채 조총을 쏘아대며 몇 차례 공격하였지만, 사상자만 속출하였습니다. 승산이 보이지 않던 일본군은 독산산성의 큰 약점을 찾아냅니다. 독산산성 내에는 우물과 샘이 없다는 정보를 입수한 것입니다. 가토 기요마사는 군사를 뒤로 물린 다음 성으로 흘러 들어가는 냇물을 차단하여 극심한 급수난에 허덕이게끔 만들었습니다. 그리고 권율 부대의 물과 양식이 떨어질 때까지 기다리는 지연 전술에 들어갔습니다.

권율의 부대는 일본군에게 최대의 약점을 노출하고 패배를 할 수밖에 없는 상황이었습니다. 심지어 가토 기요마사는 조선군이 스스로 손을 들고 내려올 것을 기대하며, 부하에게 물 한 지게를 지어 산 위에 있는 권율에게 갖다 주는 조롱까지 하였습니다. 권율은 뛰어난 기지로 위기를 기회로 만들어버립니다. 일본군이 물을 보내왔다는 보고를 받은 권율은 며칠 동안 지탱할 수 있는 물을 비축하도록 한 다음 서장대에 장막을 치고 연회를 크게 벌였습니다. 그리고 군마 몇 마리를 데려다가 물로 씻기는 장면을 연출하였습니다. 권율이 말을 씻긴 물은 실상 물이 아니고 백미였다고 합니다. 말을 씻기는 쌀이 햇빛에 반사하여 멀리서 보면 백색이 찬연하여 영락없이 맑은 물로 보였던 것입니다. 권율의 심리 전술을 본 일본군은 산꼭대기에서 말을 씻길 정도로 물이 풍부하다고 판단하였고 스스로 퇴각하였습니다. 이 순간 권율은 정예 기병 1천 명을 투입하여 일본군을 기습하여 많은 적병을 살상하였습니다. 독산산성 전투는 권율의 지략과 적절한 작전 구사로 승리를 거둘 수 있었습니다.

권율의 독산산성 전투의 승리로 경기 일대의 일본군을 한성으로 몰아넣는 형국을 만들었습니다. 그리고 의주로 통하는 서쪽 길이 열리고, 한성 수복의 가능성도 생겨나자 지금까지 사태를 관망하던 각 고을의 의병들도 일시에 봉기하여 권율에게 적극 호응하였습니다. 이후 권율은 명나라 원군과 호응하여 한성을 수복하기 위해 독산산성에서 서울 근교 서쪽 가까이에 위치한 행주산성으로 진지를 옮겼습니다. 임진왜란의 전설이 되는 행주대첩을 앞두게 된 것입니다.

오늘, 우리가 죽거나 적이 죽는다

여러분들은 해방된 지 불과 5년 만인 1950년에 일어난 6 · 25전쟁을 잘 알 것입니다. 임진왜란과 6·25전쟁은 비슷한 점이 많은 전쟁입니다. 6·25전쟁 초기 국군은 속수무책으로 부산까지 퇴각하지만 개전 3개월이 지나 적의 허점을 찌르는 '인천 상륙 작전'으로 북한 인민군의 보급로를 차단하고, 전쟁 상황을 역전시킬 수 있었습니다. 그런데 만약 미군이 전쟁에 참전하지 않았더라면 인천 상륙 작전은커녕 한반도가 공산화가 되었을지도 모릅니다.

임진왜란도 초기에 조선군이 20여일 만에 한성을 빼앗길 정도로 전세가 불리하였지만 이순신의 수군과 의병의 활약으로 상황을 역전시킬 수 있었습니다. 그런데 전세 역전의 1등 공신이 따로 있습니다. 6·25전쟁 때 미국이 있었다면 임진왜란에는 명나라가 있었습니다. 명나라는 장차 일본군이 요동으로 쳐들어올 것을 대비한다는 계산에서 오랜 논란 끝에 출병을 결정하였습니다.

1593년 1월 명나라의 참전으로 평양성을 탈환하면서 전세가 바뀌기 시작하였고, 일본군은 후퇴를 거듭하였습니다. 이에 명나라는 일본군을 얕잡아 보고 바짝 추격했고 1월 27일 서울 북쪽 벽제관에서 기습 공격을 당해 큰 패배를 겪습니다. 이후 명나라는 조선의 잇따른 공격 요청을 무시하고, 평양으로 물러나 버렸습니다. 벽제관 전투는 임진왜란이 장기간 소강상태로 접어드는 계기가 되었습니다.

조·명 연합군과 일본군의 전투가 잦아들자 행주대첩이 시작됩니다. 권율은 조·명 연합군이 평양성 탈환하고 남쪽으로 내려온다고 보았습니다. 따라서 명나라 군대와 호응하고 한성을 되찾기 위해 관군을 이끌고 북상하였습니다. 권율은 북상 중에 수원 독산산성에서 일본군을 격파한 후 군사 수천 명을 이끌고 행주산성에서 진을 쳤습니다. 행주산성은 남쪽은 한강에 임한 절벽이었고, 동쪽과 북쪽은 평야였지만 역시 절벽이었습니다. 오직 서쪽으로만 사람이 통행할 수 있었는데, 이마저도 좁은 길에 불과하였습니다. 또한 산은 크지 않지만 협곡이 많아 1만여 명에 달하는 군사를 감춰놓아도 밖에서는 잘 보이지 않았습니다.

권율이 행주산성에 주둔하자 전라병사 선거이는 수원 광교산에, 전라 초모사 변이중은 양천에, 창의사 김천일은 통진에, 충청감사 허욱은 파주와 양주를 연결하는 곳에 각각 군사를 집결하고 한성 탈환을 위해 연합 전선을 구축하였습니다. 이때 명나라 이여송 군대는 벽제관에서 치명적인 패배를 당하고 도주한 상태였습니다. 일본군은 명나라 군대를 격퇴하고, 조선군이 한강을 건넜다는 사실을 알고 이들마저 쓸어버리기 위해 한성에 주둔한 전 병력을 동원하였습니다. 이 사실을 까마득히 모르던 권율의 부대와 연합 부대들은 남쪽과 서쪽에서 한양을 느슨하게 포위하며 일본군을 압박해갔습니다. 이 포위망을 일본군이 뚫으려고 하면서 임진왜란의 3대 대첩으로 불리는 행주산성 전투가 시작됩니다.

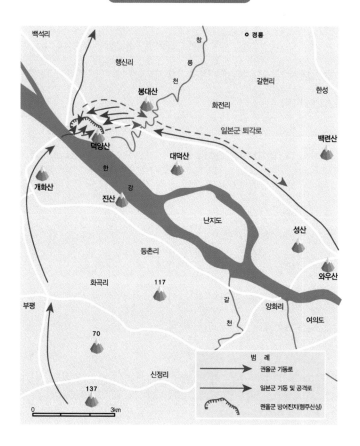

권율군과 일본군의 기동로

행주대첩은 1593년 2월 12일 오전 6시 전후인 묘시에서 오후 6시 전후인 유시 사이 12시간 동안 벌어졌습니다. 권율은 한성을 되찾기 위해 2,300명의 군대로 10배가 넘는 일본군 3만여 명과 맞서 싸워야 했습니다. 권율은 병사들에게 이번 싸움이 병사들의 생사 및 나라의 운명이 달려 있음을 강조하면서 용기를 북돋웠습니다. 또한 권율은 군사들이 3번 먹을 밥을 싸주게 하고,

몸소 군사들이 쉬는 곳으로 순회하면서 "오늘은 적병을 다 죽이거나 우리가 다 죽거나 할 날이다. 이 세 덩어리 밥을 다 먹고도 적을 격파하지 못하면 다시는 밥을 먹을 수 없을 것이다"라는 말로 격려하였습니다.

행주대첩도 (©문화재청 국가문화유산포털)

1593년 2월 12일 제1대장 고니시 유카나가 이끄는 일본군의 첫 번째 공격이 시작되었습니다. 성 안의 조선군은 화차의 포를 발사하고, 돌을 날려 보낼 수 있는 대포인 수차석포에서 돌을 뿜어냈으며 진천뢰·총통 등을 쏘면서 일본군을 저지하였습니다. 권율은 대개 성 방어전에서 적의 첫 번째 공세는 실패로 돌아가는 것을 알았기 때문에 방심하지 않았습니다. 이어서 이시다 미츠나리가 이끈 일본군 제2대가 공격하자 일제 사격으로 막아냈습니다. 권율이 두

차례 공격을 막아낼 수 있었던 것은 일본군이 방심하고 별다른 공성 무기 없이 공격하였기 때문입니다.

실수를 깨달은 일본군은 3차 공격부터 공성탑을 만들고, 탑에는 조총병을 배치하여 성에 접근하였습니다. 권율은 급히 제작되어 내구성이 약한 일본군의 공성탑을 불살라 파괴하였습니다. 이후 일본군의 4~5차 공세도 막아냈습니다.

계속되는 패배에 분노한 제6대장 모리 히데모토와 고바야카와 다카카게는 6차 공격부터는 주요 공격 지점을 서북쪽 능선으로 바꿉니다. 이곳은 능선이 낮아서 절벽이라는 지리적 험고가 없었기 때문에 일본군이 공격하자 백병전이 벌어졌습니다. 처영이 이끌던 승병 1천여 명은 일본군이 성안까지 돌입하려 하자 참호에 기름을 부어 불을 지르고 불을 건너 뛰어 돌격하면서 막아냈습니다. 승병의 놀라운 분전으로 일본군의 공세를 꺾을 수 있었습니다.

정확한 시점은 모르지만 조선군의 화살이 다 떨어졌고 투석전이 펼쳐졌습니다. 이때 유명한 구전설화가 만들어집니다. 부녀자들이 '행주치마'를 개발해 손쉽게 무기용 돌멩이를 옮겨 전투에 힘을 보탰다는 것입니다. 실제로는 때마침 이순신 휘하의 충청 수사 정걸이 권율의 위급함을 알고 화살과 군량을 배에 싣고 산성 절벽 밑에 들어와 구원하였다고 합니다. 여러 고비를 넘긴 권율은 다시 일본군에 맞서 싸울 수 있었습니다. 결국 행주산성 전투는 권율이 7개 부대로 나뉘어 9차례에 걸쳐 종일토록 공격한 3만여 명의 일본군을 막아내면서 조선군의 승리로 끝이 났습니다. 이를 우리는 행주대첩이라고 부릅니다.

행주대첩비 (©문화재청 국가문화유산포털)

　행주대첩의 소식이 전해지자 평양으로 회군하던 명나라의 군대도 다시 움직이기 시작하였고 4월 18일에는 일본군이 한성에서 후퇴하면서 조선군은 1년 만에 한성을 탈환하였습니다. 행주대첩은 임진왜란 전세를 바꾸는 중요한 전투였던 것입니다. 이후 전쟁은 교착 상태에 빠졌고, 명나라와 경상도 해안으로 밀려난 일본군 사이에 휴전 협상이 진행되자 권율은 전라도로 돌아갔습니다. 그해 6월 행주에서의 전공과 한성 수복의 공으로 조선의 군대를 지휘하고 총괄하는 도원수가 되었습니다.

전쟁 그 이후

3년에 걸친 휴전 회담이 결렬되자 1597년 일본군이 다시 공격을 감행하면서 정유재란이 시작되었습니다. 권율은 일본군을 경상도에서 격퇴하고, 전쟁이 끝날 때까지 조선군을 지휘하였습니다. 조·명 연합군이 일본군을 직산(천안)에서 격퇴하고, 이순신이 적의 수군을 명량에서 대파하자 일본군은 남해안 일대로 다시 후퇴하였습니다. 전세가 불리해진 일본군은 도요토미 히데요시가 죽자 본국으로 철수하였습니다. 도망가는 일본군의 수백 척을 노량에서 격파한 노량해전을 끝으로 7년에 걸친 임진왜란은 끝났습니다.

임진왜란이 끝나자 권율은 전란 중에 기력을 소진한 탓인지 노환으로 벼슬에서 물러나 고향으로 돌아갔습니다. 그리고 이듬해인 1599년 7월 63살의 나이로 생을 마감하였습니다. 선조는 권율이 세상을 떠나자 영의정에 추증하였습니다. 1604년에는 이순신, 원균과 함께 임진왜란에서 전공을 세운 장수에게 내려진 최고의 영예인 1등 선무공신에 봉하고 '충장공(忠莊公)'의 시호를 내렸습니다.

> '전 도원수 권율(權慄)이 졸하였다. 율은 임진년 변란을 당하여 몸을 던져 싸움터에 달려가 전투 때마다 견고한 성을 함락시켰었다. 그 이치(梨峙)의 승리와 행주(幸州)의 대첩(大捷)은 비록 옛날 명장(名將)이라 하더라도 어찌 그보다 더 하겠는가. 국가가 중흥(中興)의 업을 이룬 것은 실로 이에 힘입은 것이니, 위대하다고 할 수 있다.'
>
> − 「선조수정실록」

비교적 늦은 나이에 관직에 나온 권율은 죽어서 국가로부터 '위대하다'라는 평을 받습니다. 임진왜란 초기 권율은 일개 수령으로 군사를 이끌고 수적으로 10배나 많은 적군을 상대하면서 군사들을 독려하여 승전과 전세를 역전시킨 것을 국가가 인정하였던 것입니다. '큰 그릇을 만들려면 오랜 시간이 걸리듯이, 큰 인물도 오랜 노력과 시간이 필요하다'라는 대기만성이라는 말에 가장 어울리는 인물은 권율이지 않을까요?

권율 동상 (ⓒ문화재청 국가문화유산포털)

김시민

여러분들은 충무공(忠武公)이라는 단어를 듣게 되면 누가 떠오르나요? 너무 바보 같은 질문을 하였나요. 아마 열이면 열 이순신이라고 말할 것입니다. 여기서 놀라운 사실을 알려드리겠습니다. 충무공은 이순신 한 사람만이 아닙니다. 우리 역사에 충무라는 공신 호를 받은 이는 이순신 장군을 포함하여 열두 명이나 있습니다.

충무공은 '신하의 도리를 지키고 나라를 위하여 몸을 아끼지 않아 밖으로는 외직을 물리치고 안으로는 법도를 바로 세운' 것으로 평가되는 이들에게 임금이 내린 시호입니다. 국란의 위기에 큰 공을 세운 무인들이 받을 수 있는 최고의 시호였습니다.

충무공 시호를 받은 이는 고려시대에 3명, 조선 시대에 9명이 있었습니다. '충무공'의 대명사 이순신 장군은 4번 째 인물입니다. 이번에 만날 주인공은 5번째로 충무공 시호를 받은 인물입니다. 이순신 장군의 한산대첩, 권율 장군의 행주대첩과 함께 임진왜란 3대 대첩으로 손꼽히는 진주대첩을 이끈 김시민이 이번 주인공입니다. 그럼 이제 '충무공 김시민'을 만나보겠습니다.

골목대장 김시민

김시민은 1554년 충청도 목천현 백전동(현재의 충남 천안시 동남구)에서 태어났습니다. 명문 집안인 안동 김씨의 김충갑과 참봉 이성춘의 딸 창평 이씨 사이에서 6남 2녀 중 3남이었습니다. 집안이 안동 김씨이지만 천안에 정착하게 된 이유는 부친 김충갑이 을사사화와 양재역 벽서 사건에 연루되어 20여 년간 천안에서 유배 생활을 하였기 때문입니다.

김시민은 어려서부터 대담하고 의협심이 강했다고 합니다. 목천읍지인『대록지』에 여러 일화를 볼 수 있습니다. 김시민이 8살 때 이웃 아이들과 길가에서 전쟁놀이를 하였다고 합니다. 김시민은 언제나 대장이 되어 아이들을 지휘하였습니다. 마침 천안 군수, 즉 원님의 행차가 김시민이 만든 진 앞을 지나갔습니다. 이를 본 김시민은 큰소리로 "한 고을 사또가 감히 진중을 통과할 수 있느냐?"고 당당하게 외치며 군수 행차를 막았습니다. 이 광경을 지켜보던 군수가 말에서 내려 김시민의 손을 잡고 머리를 쓰다듬고 관리들에게 "이곳을 피해서 가라! 이 아이는 장래가 촉망되는 아이다."라고 말하면서 길을 비켜 지나갔습니다. 이처럼 김시민도 어린 시절부터 남다른 모습을 보였습니다.

김시민은 1578년 25살의 나이에 무과에 급제하여 관직생활을 시작합니다. 병사의 무재시험, 무예의 연습, 병서의 강습을 맡아보던 관청인 훈련원의 주부에 임명되었고 1581년에는 부평 부사가 되었지만 얼마 못 가 파직당합니다. 이후 고향으로 내려와 여러 해를 불우하게 지냅니다. 그러던 중 1583년 이탕개의 난이 발발하면서 새로운 기회를 얻게 됩니다.

임진왜란 영웅들의 데뷔전 '이탕개의 난'

어느 분야의 스타가 된다는 것은 멀고도 험한 길입니다. 오늘날 연예인의 등용문이라고 불리는 방송이 있습니다. 출연자 수 3만 명, 관람객 수 1천만 명, 방송횟수 1650여 회에 30년이 넘는 세월 동안 국민의 사랑을 받는 전국 노래자랑입니다. 그 예로 트로트 가수 장윤정, 박상철, 김혜연, 국악소녀 송소희 등이 방송에 출연한 뒤 그야말로 전국구 스타가 되었습니다.

조선 시대에는 임진왜란에서 맹활약하게 되는 장군들의 등용문이 있었습니다. 임진왜란이 발발하기 9년 전인 1583년에 일어난 이탕개의 난입니다. 흔히 평화로웠다면 나타나지 않았을 인재(人才)가 혼란기에 두각을 드러낼 때 '난세에 영웅 난다'라고 합니다. 이탕개의 난은 훗날 임진왜란에 활약하는 영웅들의 등용문이 됩니다.

이탕개는 원래 조선의 세력 아래 있던 여진족 추장이었습니다. 하지만 어느 순간 이탕개는 조선을 등지고 인근 여진족을 규합하여 무려 2만여 명의 병력을 이끌고 두만강 유역의 6진을 공격하였습니다. 조선은 이탕개를 중심으로 한 조직적이면서 대규모 침입을 효과적으로 막아내는 데 어려움을 겪었습니다. 조선으로서는 만약 6진이 무너질 경우, 두만강 남쪽의 함남평야가 여진족의 손에 넘어갈 가능성이 높았기 때문에 긴장할 수밖에 없는 상황이었습니다.

조선의 군현들은 전투 훈련이 제대로 되어 있지 않았기 때문에 여진족이 침입하자 하나같이 성문을 걸어 잠그고 방어하기에 바빴습니다. 조선군의 수세적 행동으로 여진족은 성을 쉽게 함락시키지는 못하였습니다. 그들의 사기는 나날이 높아져만 갔고, 반란은 더욱 번져나갔습니다. 선조는 특별 무과를 시행하여 다수의 무관을 급히 뽑았고, 신분 상승 등의 유인책으로 부족한 병력을 충원하면서 전쟁 상황에 준하여 이탕개의 침입에 대응하였습니다.

장양공정토 시전부호도 (©문화재청 국가문화유산포털)

함경도 지역을 침략하던 여진족 시전부락을 정벌하는 모습을 그린 그림

조선은 이탕개의 난을 진압하기 위해 우참찬 겸 황해도 도순찰사였던 정언신을 진압 책임자로 임명하였습니다. 이와 관련하여 다음 기록이 있습니다.

> "계미년(1583년) 이탕개의 난 때에 정언신을 함경도 순찰사에 발탁하고, 임금이 운검을 하사하였다. 정언신이 인재를 알아보는 데 능하여 막하에 있던 사람 이순신 · 신립 · 김시민 · 이억기가 모두 명장이었다."
> – 『연려실기술』

여러분들의 눈에 친숙한 이름이 보일 것입니다. 바로 이순신, 신립, 김시민입니다. 이들은 훗날 임진왜란 때 충주 탄금대 전투에서 패장이 된 신립을 제외하고는 모두 큰 공을 세워 선무공신으로 뽑히는 명장이 됩니다. 이처럼 이탕개의 난은 명장들을 탄생시켰고, 이들은 임진왜란이 발발하자 맹활약을 하게 됩니다.

이번 주인공 김시민은 30살의 나이에 도순찰사 정언신의 막하 장수로 출징합니다. 눈에 띄는 활약을 남긴 것은 아니었지만 이순신, 신립, 이억기 등과 반란 진압에 공을 세웠습니다. 이순신의 존재도 이탕개의 난을 진압하면서 처음 드러냈습니다. 이탕개의 난은 이탕개와 율보리 및 우을기내 등이 주도하였습니다. 이순신은 이들 중 우을기내를 유인하여 잡아 참하였습니다. 조선군이 여진족의 졸개들은 많이 베었지만, 그 우두머리를 잡은 이순신이 처음이었습니다. 이순신은 무장으로서의 자질과 역량을 조정에 각인시켰고, 훗날 무인으로서 출세할 발판을 마련하였습니다. 또한 임진왜란 때 이순신과 갈등을 빚었던 원균도 이탕개의 난에 참전하여 공을 세웠습니다.

김시민은 이탕개의 난을 진압한 공을 인정받아 다시 벼슬길에 나갈 수 있었습니다. 김시민은 훈련원의 행정 실무를 지휘하는 판관이 되자 과거 훈련원 주부로 근무하면서 파악하였던 무너진 군대의 기강과 방치되어 녹슨 무기 등의 문제점을 상부에 보고하였습니다. 하지만 국방의 최고 책임자인 병조판서는 나라가 평안한 시기에 군대 기강을 보수하고, 훈련을 강화하는 것은 백성들을 두려움 속에 몰아넣는 망언이라고 오히려 김시민을 질책하였습니다. 이후 김시민은 재차 건의하여도 병조판서가 들어주지 않자 그대로 사직해버립니다.

관직을 물러나 오랫동안 은둔하고 있던 김시민은 임진왜란이 일어나기 1년 전인 1591년에 군기시 판관으로 관직에 복귀합니다. 몇 달 후에는 이탕개의 난 등에서 보였던 무인으로의 전투 경험과 자질을 높이 평가받아 동인 정언신과 서인 조헌으로부터 동시에 천거를 받아 진주 판관으로 부임하였습니다. 당파의 이해관계를 넘어 재능 있는 장수로 인정받은 것입니다.

나라의 큰 위기 임진왜란을 맞이하다

오늘날 영웅이라고 하면 박찬호, 김연아, 박지성 등 스포츠 스타를 많이 떠올립니다. 반면에 전근대 사회에서 영웅이라고 하면 전쟁에서 전설적인 전과를 이루어낸 을지문덕, 강감찬, 윤관, 이순신 등 전쟁 영웅을 떠올립니다. 이 중 김시민은 1591년 진주 판관으로 부임하여 1592년 4월 임진왜란을 맞이하였고, 10월 제1차 진주성 전투에서 장렬히 생을 마감하기까지 1년여의 만에 전쟁 영웅으로 거듭납니다. 1년 동안 어떤 일이 있었던 걸까요? 임진왜란이 발발하자 김시민은 진주 목사 이경의 명에 따라 함께 지리산으로 피난하였습니다. 그해 5월 진주 목사 이경이 병으로 죽게 되자 김시민은 초유사 김성일의 명에 따라 그 직을 대리하였습니다. 김시민은 부임 즉시 진주성으로 돌아와 일시적으로 마비되었던 통치 체제를 정상화하였습니다.

김시민의 출정 지역

"진주는 영남의 큰 고을이다. 김시민이 무인(武人)으로 막 통판(通判)이 되어 목사의 일을 대리로 보게 되니 무기를 수리하고 성을 수축해서 죽기로 지키려 하였다. 이때 적병이 횡행해서 감히 항거하는 곳이 없었는데 유독 진주만이 우뚝하게 호남 영남의 보장(保障)이 되었다."

– 「연려실기술」

초유사 김성일의 사람 보는 안목은 정확하였습니다. 진주성으로 돌아온 김시민은 일본군 공격에 대비하여 성을 수축하고 무기를 정비하였습니다. 아울러 진주 일대에서 군사를 모집하여 부족한 군사를 확보하였고, 전투태세에 만전을 기하였습니다. 6월 초에 금산(현재 금천)에 침입한 일본군을 의병장 김면의 부대와 연합하여 격퇴하였고, 7월에는 전병사 조대곤, 곤양 군수 이광악, 사천 현감 정득렬 등과 더불어 정예병 1천여 명을 거느리고, 강을 건너 사천, 고성, 진해 등지로 출정하여 차례로 일본군을 물리쳤습니다. 이로 인해 호남 지방으로 진출하려는 일본군을 저지시켰고, 조선군은 군사를 정비할 수 있는 시간적 여유를 확보할 수 있었습니다. 이러한 공로로 김시민은 8월에 정식으로 진주 목사가 되었습니다. 김시민의 활약은 이게 끝이 아닙니다.

> "진주 목사 김시민은 전에 진주의 판관으로서 본직에 승진 제수된 사람입니다. 그 뒤 남쪽에서 보내온 글들 중에는 김시민의 공이 거의 대부분을 차지하고 있습니다. 그가 사로잡은 자 가운데에는 진해의 적장 소평태란 자가 있었는데 이는 대장은 아니지만 그가 왜적의 장수임은 의심할 여지가 없습니다. 각별히 중상을 내려야 할 듯합니다."
>
> ─ 「선조실록」

김시민은 9월 초순에 진해로 출진하여 일본군 장군 소평태를 사로잡아 선조가 피난간 곳으로 압송하는 전공을 세우기도 하였습니다. 이에 다음 달 경상우도 병마절도사로 승진하였습니다. 임진왜란 발발하고 조선군이 연전연패를 거듭할 때 김시민은 자신이 처한 상황을 최대한 이용하여 매 전투를 승리로 이끌고 있었습니다.

9월 하순에 이르자 이전과 달리 일본군은 본격적으로 진주성 공격을 위해 대규모 병력을 동원하였습니다. 일본군의 입장에서는 전쟁의 승기를 잡기 위해서는 경상도와 전라도를 잇는 전략적 요충지였던 진주의 확보가 무엇보다 중요하였습니다. 6월에 접어들면서 명나라가 원군을 파병하고, 전국 곳곳에서 의병이 일어나 전쟁이 장기전이 되었기 때문에 곡창지대인 전라도를 침략하여 군량미를 확보하여 장기전에 대비할 필요가 있었습니다.

일본군은 부산 등지에서 김해로 3만여 명의 대병력을 집결하였고, 9월 24일 김해를 출발하여 노현, 창원, 함안을 차례로 점령하고, 마현과 불천으로 두 방면으로 나누어 진주성으로 쳐들어왔습니다. 이때 진주성에는 목사 김시민이 이끄는 군사 3,700여 명과 곤양 군수 이광악의 군사 100여 명 등 도합 3,800여 명이 10배에 가까운 3만여 명의 일본군을 기다리고 있었습니다. 그리고 제1차 진주성 전투, 진주대첩이 시작됩니다.

진주 땅을 지켜낸 영웅

일본은 스스로 임진왜란에서 겪은 가장 큰 치욕을 무엇이라고 생각할까요? 김시민을 영웅으로 만들었던 1592년 음력 10월 5일부터 10월 10일까지 5박 6일간 치러졌던 진주대첩입니다. 일본은 역사책에 임진란 때 '진주에서만 대패했다'라고 서술하는 등 스스로 치욕을 당한 전투로 인정하였습니다. 또한 일본의 문학 작품을 살펴보면 '모꾸소(もくそ) 성(城)'라는 단어를 볼 수 있습니다. 이는 목사성(牧使城)이라는 뜻으로, 임진왜란 당시 일본군이 진주성

을 지칭한 단어입니다. 조선 시대 20개 고을의 목 중에 유일하게 진주성만을 고유명사인 목이라 부른 것입니다. 그만큼 일본군에게 진주성 대패는 충격이 었습니다.

임진왜란의 주요 전투

관군
의병 대장
일본군의 주요 침입로
조·명 연합군의 진격로
격전지

명
1차 파병-조승훈
2차 파병-이여송

휴정(서산 대사)
정문부
백두산
길주
의주
▲묘향산
평양 탈환
조·명 연합군
평양
유정(사명 대사)
▲금강산
충주 전투
신 립
개성
연안
행주
한양
행주 대첩
권 율
충주
상주
상주 전투
이 일
조헌·영규
옥천
금산
고령
경주
김면
정인홍
고경명
합천
담양
의령
김천일
진주
곽재우
나주
제주도
명량 대첩
이순신
울돌목
진주 대첩
김시민
한산도 대첩
이순신

1592년 10월 김시민은 일본군이 대병력과 우세한 화력을 바탕으로 주·야간에 걸쳐 성을 공격하여 단기간에 함락시킬 것으로 미리 예상하였습니다. 일본군 전략에 말려들지 않고 성에 의지하고 성을 지켜내는 수성전을 준비하였습니다. 여기서 김시민이 직면한 가장 큰 문제는 무엇일까요? 앞서 언급하였지만 조선군의 병력은 불과 3,800여 명으로 3만여 명의 일본군 병력의 10/1 수준에 불과하였습니다. 김시민은 병력이 절대 열세인 것과 함께 병력이 적다는 것을 감춰야 했습니다. 김시민은 "내 명령이 있을 때까지는 화살 한 대라도 쏘지 마라."는 엄명을 내려 화살 하나, 탄알 한 발도 함부로 허비하지 못하도록 하였습니다. 절제되고 통제된 명령을 바탕으로 최 근접거리에서만 화살, 총포 등 병기 사용을 집중시켜 병력과 무기의 열세를 극복하였던 것입니다.

이게 끝이 아닙니다. 김시민은 성 안에 있던 백성들 중 노인과 여자들까지 모두 동원하여 남장을 시켰고, 성안의 기병 500명으로 하여금 적이 보이는 곳에서 힘차게 돌진하여 곳곳에서 말발굽이 일으킨 흙먼지가 일어나도록 하였습니다. 이러한 노력으로 일본군은 진주성의 병력이 자신들의 예상보다 많다고 여기게 되었습니다.

전투 1일 차인 10월 5일 일본군이 기병 1천여 명으로 정찰을 하자 조선군은 즉각 전투태세에 돌입하였고, 양측은 탐색전을 펼칩니다. 전투 2일 차인 10월 6일 이른 아침 일본군 3만 명은 3개 제대로 나뉘어 진주성을 본격적으로 에워싸면서 첫 전투가 시작되었습니다. 당시 일본군의 모습은 다음과 같았다고 합니다.

"적은 일제히 말을 타고 마구 달려왔는데, 긴 자루가 달린 둥글고 금빛 나는 부채를 휘두르는 자도 있었고 흰 바탕에 누런 무늬의 금부채 그림에 여러 가지 채색을 섞은 것도 있어 바람결에 펄렁거리므로 광채가 번쩍번쩍하였습니다. 닭의 깃으로 갓을 만들어 쓴 자도 있었고, 머리칼을 풀어 탈을 쓴 자도 있으며 뿔이 돋친 금탈을 쓴 자도 있어 그 수를 알 수 없었습니다. ― 『난중잡록』

조선군은 기이한 형상의 일본군을 보고 많이 놀라고 당황하였을 것입니다. 일본군 선봉대 1천여 명이 성안을 향해 일제히 총을 쏘아대며 공격을 시작하였습니다. 곧바로 3만의 일본군이 세 방향에서 산을 뒤덮고, 새카맣게 들판을 메우며 성을 향해 쳐들어 왔습니다. 진주성 내 조선군은 조금도 동요하지 않고, 일체의 반격도 나오지 않았습니다. 성곽 뒤에 몸을 숨긴 채 일본군이 가까이 접근하기만을 기다렸습니다. 일본군이 가까이 다가오자 김시민은 공격 명령을 내렸고, 조총의 사거리보다 긴 대포와 화살로 공격하여 일본군에게 큰 타격을 입혔습니다. 이에 일본군은 인근 마을에서 판자나 대문 등을 뜯어와 성 밖 100보 밖에 벌여 세워놓고, 그 뒤에 숨어 조총을 쏘아댔습니다. 낮부터 시작된 수차례의 공방전은 밤까지 이어졌습니다.

조선군도 반격을 가하였습니다. 이날 밤 진주성 외곽에 있는 의병들이 활약하기 시작합니다. 홍의장군으로 유명한 곽재우의 부하 장수 심대승이 정예병 200여 명을 거느리고 심야를 틈타 산에 올랐습니다. 그리고 한 사람이 다섯 개의 횃불을 들고 산 위에서 호각을 불며 크게 소리치자, 진주성 안의 군사들이 큰 소리로 응하였습니다. 일본군들은 구원병이 대거 도착한 것으로 알고 크게 놀라 횃불을 들고 산에 오르는 등 밤새도록 잠을 잘 수 없었습니다. 지형, 지리에 능숙한 의병들은 진주성 외곽 곳곳에서 수시로 치고 빠지는 기습공격을 펼치며 적의 간담을 서늘케 한 것입니다. 조선군의 견고한 방어와 의병의 교란 작전. 진주성을 둘러싼 전황은 압도적인 우세를 자신하였던 일본군의 바람대로 흘러가지 않았고, 팽팽한 접전으로 전개되고 있었습니다.

전투 3일 차인 10월 7일 그동안 수차례의 공격이 실패한 일본군은 작정한 듯 아침부터 조총과 화살을 쏘아대며 거세게 공격하였습니다. 또한 성을 넘기 위해 각종 공성 부기가 동원하였습니다. 일본군의 공세는 해가 저물 때까지 계속되었습니다. 몇 차례의 밀고 밀리는 전투가 이어지고 밤이 되자 전투는 다시 소강상태에 접어들었습니다.

> "수성과 공성은 치열하게 계속됐다. 성벽을 기어오르던 많은 일본군들이 목숨을 잃었다. 철환과 화살을 비 오듯 쏘아대니 일본군은 크게 무너져 곡소리가 하늘에 닿았다"
>
> —「고대일록」

일본군은 연이은 공격에도 진주성이 꿈쩍도 하지 않고 피해만 커지자 심리전을 펼치기 시작하였습니다. 일본군 진영에는 많은 조선의 아이들이 포로로 잡혀 있었습니다. 일본군은 아이들을 시켜 서울말과 다양한 사투리로 "서울이 이미 함락되었고 8도가 무너졌는데, 새장 같은 진주성을 어찌 지키겠는가? 속히 항복하는 것이 나을 것이다."고 외치게 하였습니다. 이에 성난 군사들이 화를 내며 즉각 대응하려고 하자 김시민은 이를 제지하였습니다.

여기서 김시민은 그 누구도 생각하지 못한 행동을 합니다. 악공에게 피리를 불게 하였던 것입니다. 치열한 전쟁 중에 울린 피리 소리는 조선군과 백성들의 마음을 진정시켰고, 일본군에게는 우리가 여유가 있다는 것을 보여주었습니다. 오랜 전쟁으로 심신이 지쳐 있는 일본군에게 심리적 타격을 입히기도 하였습니다. 김시민은 섣부른 감정 대응보다는 이성적 판단으로 순간의 상황을 해결하는 냉철함을 보여주었습니다.

이후 일본군은 몇 차례의 공세에도 진주성이 견고하게 버티자 또 다른 계책을 준비합니다. 일본군은 이날 인근의 대나무를 모두 베어와 묶기도 하고,

산대(좌)와 죽편(우)

엮는 작업을 하였습니다. 여러분들은 일본군의 속셈을 눈치 채셨나요? 진주성의 군사와 백성들은 그 용도를 몰라 바라보기만 하였습니다. 이날 밤 일본군은 몰래 낮에 만들어 놓은 수 백 보에 달하는 대나무를 길게 엮은 죽편을 동쪽 성 밖에 세운 다음, 그 안에 판자를 세우고는 빈 가마니에 흙을 담아 층층이 쌓아서 언덕을 만들었습니다.

전투 4일 차인 10월 8일 조선군은 아침이 되어서야 전날 밤에 일본군이 만들어 놓은 대나무 토성과 공성 무기들을 확인합니다. 일본군은 대나무를 촘촘히 엮어서 너비가 한 칸 쯤 되는 '산대(山臺)'를 만들었습니다. 그리고 산대에다 명석을 덮어 비늘처럼 연이어 배열하여 많은 군사가 성벽을 한꺼번에 곧장 올라갈 수 있는 길을 만들고자 하였습니다. 여기에 성벽보다 더 높은 3층의 산대도 제작하여 일본군 조총수들이 진주성을 내려다보며 연신 총을 쏘아댔습니다.

밤사이 일본군이 분주히 움직인 까닭을 알아챈 조선군과 백성들은 당황할 수밖에 없었습니다. 성벽까지 다가온 일본군은 사다리를 성에 걸치고 성벽을 기어오르기 시작하였습니다. 김시민은 화살 끝에 화약 주머니를 매달아 쏘던 작은 대포인 현자총통의 사격 명령을 내렸습니다. 조선군의 사격은 산대를 명중시켰고, 그때마다 산대 위에 올라 있던 일본군이 우수수 떨어져 죽었습니다. 성 위에는 초기의 수류탄이라 할 수 있는 폭탄인 비격진천뢰와, 화포인 질려포, 큰 돌덩이를 설치하여 성에 오르는 일본군을 막았습니다. 그리고 자루가 긴 도끼와 낫 등을 준비하여 바퀴 달린 산대를 밀어내고 돌을 굴렸고, 노약자들은 가마솥에 물을 끓여 일본군에게는 펄펄 끓는 물을 퍼부었습니다. 결국 견디다 못한 일본군이 물러가기 시작하였습니다.

  그런데 일본군은 또 다시 이상한 행동을 하기 시작합니다. 일본군은 자신들의 진 앞에 소나무 가지를 쌓아 놓기 시작한 것입니다. 이번에는 일본군의 속셈을 눈치 채셨나요? 김시민을 비롯한 조선군은 단번에 간파하였습니다. 일본군은 자연 장벽인 진주성 주변의 해자와 늪을 소나무 가지로 메워 손쉽게 성벽으로 접근하여 단병 근접전이 벌어지고자 하였습니다.

  계략을 간파한 김시민은 즉각 화구를 준비하였습니다. 생나무이므로 불을 붙이기가 어려울 것으로 판단하고 종이에다 화약을 싸서 묶은 다음 마른 섶 속에 넣어 성 밖으로 던져 일본군이 쌓아 놓은 소나무 가지와 대나무를 불태우고자 하였습니다. 그리고 짚으로 활을 잔뜩 잡아당기는 모습을 한 인형도 많이 만들어 성곽 곳곳에 배치하였습니다. 이는 일본군이 인형을 조선군으로 착각하게끔 하여 조총 사격으로 인한 피해를 줄이고, 화약과 화살을 낭비하게 하는 계책이었습니다.

  그럼에도 불구하고 성벽을 넘은 일본군과 성곽에서 치열한 단병 근접전도 벌어졌습니다. 김시민과 휘하 장수들은 칼을 빼들고 무수히 많은 적을 베어 넘어뜨렸습니다. 시간이 지날수록 조선군의 피해도 점차 늘어나기 시작하였습니다. 지쳐갈 무렵인 저녁 9시~11시 경 성 밖에서 고성 군수 조응도와 정유경 등이 군사 500여 명을 지휘하여 각자 십자횃불을 들고 호각을 불렀습니다. 이번에도 대규모 구원병이 온 것처럼 하여 일본군을 교란시키고자 한 것입니다. 일본군은 급히 군사를 보내 구원병이 오는 길을 차단하는 등 혼란에 빠졌습니다.

전투 5일 차인 10월 9일, 포위를 당한 지 여러 날 동안 제대로 쉬지도 먹지도 못한 채 매일매일 전투에 임하였기 때문에 조선군은 지쳐갔습니다. 화살과 포탄도 심지어 돌멩이까지 떨어져 갔지만 전투는 끝이 보이지 않았습니다. 김시민은 온갖 계책을 내어 밤낮으로 성을 방어하면서 전투에 지친 군사들의 사기를 북돋워 주기 위해 노력하였습니다.

일본군은 성을 공략한지 5일이 지났지만 병력 손실만 엄청나게 늘었습니다. 여기에 성 주변에서 진주성의 조선군을 응원하는 의병의 수는 갈수록 늘어나고 있었습니다. 결국 일본군은 더 이상 진주성에서 시간을 끌 수 없다고 판단하였고, 모든 전력을 긁어모아 마지막 전투를 준비하였습니다. 전투 6일 차 10월 10일 새벽 1~3시경에 일본군은 막사에 불을 밝히고 우마차에 짐을 싣는 등 퇴각을 준비하였습니다. 여러분들은 일본군의 세 번째 속셈은 눈치 채셨나요? 일본군은 거짓 퇴각으로 조선군을 성 밖으로 유인한 후 은밀하게 침투하고자 하였습니다. 이번에도 김시민은 일본군의 계책을 간파하고 전투를 준비하였습니다.

거짓으로 퇴각하던 일본군은 곧 심야를 틈타 두 부대로 나눠 1만여 명은 동문, 남은 부대는 북문으로 들이닥쳤습니다. 김시민은 동문에서, 판관 성수경은 동문에서 결사대를 지휘하며 죽음을 각오하고 힘껏 싸웠습니다. 일본군의 성벽 근처로의 접근을 막기 위해 진천뢰, 질려포 사격은 물론 불에 달군 쇠붙이를 던지고, 짚에 불을 붙여 던짐은 물론 끓는 물을 적들에게 쏟아 부었습니다. 일본군은 화살에 맞으며 머리와 얼굴을 태우고 덴 부상자들이 속출하였고, 죽은 자가 산처럼 쌓여 갔습니다.

치열한 공방전은 진주 성벽 곳곳에서 벌어졌습니다. 성벽을 넘은 일본군과 조선군 사이에 서로 근접하여 칼·창·총검 등으로 싸우는 전투인 백병전이 치열하게 펼쳐졌습니다. 처절한 사투는 끝이 날줄 몰랐습니다. 성 안의 노약자와 아녀자도 돌을 옮기고 물을 끓여 성벽을 올라오는 일본군에게 쏟아 부었습니다. 손에 잡히는 대로 일본군에게 집어던지다 보니 성 안에는 기와, 돌, 초가지붕이 다 없어질 정도로 눈물겨운 전투가 이어졌습니다.

동녘이 조금씩 밝아올 무렵 일본군이 지쳐가자 공세가 수그러지기 시작하였습니다. 그 순간 성안에 난입한 일본군과 격전을 치르던 김시민이 적이 쏜 탄에 왼쪽 이마를 맞아 쓰러졌습니다. 인근의 조선군이 급히 엄호에 나섰고, 곤양 군수 이광악이 곧바로 지휘권을 이어 받아 임무를 대행하였습니다. 마침내 일본군이 오전 7~11시경에 퇴각하면서 전쟁은 비로소 끝이 났습니다. 그 결과 진주성을 뚫어서 호남의 곡창을 군량 보급지로 삼아 육로로 공격하려던 일본군의 전략을 무위로 돌아가게 하였습니다. 또한 일본군의 기세를 꺾어 임진왜란의 양상을 바꿀 수 있었습니다.

일본군이 퇴각하였지만 김시민이 총상을 입은 데다 원병이 없었기 때문에 달아나는 적을 추격하지는 못하였습니다. 김시민은 6일간 주·야 연속으로 치러진 대접전 끝에 2만여 명을 사상시키는 대승을 거두었습니다. 하지만 진주 목사 김시민은 총상을 입고, 두 달 간의 투병 끝에 1592년 10월 18일 39세의 나이로 순국하였습니다.

충무공, 진주에 잠들다

> "큰 승리를 거둔 뒤에 적의 총탄에 맞은 곳이 날로 더욱 심해져서, 그 정신이 혼미하고 어지러워져 사람들이 모두 대단히 걱정하였다. 21일 머리를 빗고서 옷을 갈아입으니 병이 약간 나은 듯했으나, 다음 날 병이 심해져 결국 사망하고 말았다. 진주 사람들이 어른, 아이 모두가 통곡하여 밤까지 이어졌으니, 마치 자신의 부모님 상(喪)과 같이 하였다."
>
> — 「고대일록」

여러분들은 3,800명의 적은 군사로 신식 무기인 조총으로 무장한 정예 일본군 3만여 명과 싸워 그중 2만 명을 사상시킨 진주대첩의 승리 비결이 무엇이라고 생각하시나요? 많은 분들이 김시민의 탁월한 리더십과 지도력, 일본군의 후방을 끊임없이 교란하고 괴롭힌 의병 등을 말할 것입니다. 저는 그 무엇보다도 김시민이 뛰어난 무장 이전에 백성을 누구보다 사랑한 지도자였던 것에 주목하고 싶습니다. 김시민이 진주 백성들의 인심을 얻었기 때문에 관군과 성 내 백성이 한마음이 되어 성을 지킬 수 있었던 것은 아닐까요.

일본군은 진주성 전투의 패배로 전략의 차질과 치욕을 감수해야 했습니다. 도요토미 히데요시는 진주성 전투 패배의 분을 이기지 못하고 기어이 2차 진주성 전투를 감행하였습니다. 1593년 6월 전년의 패배를 설욕코자 10만여 명의 일본군이 침략하였고, 끝내 진주성이 함락되어 7만여 명의 관군과 민이 순절하는 비운을 겪기도 합니다.

오늘날 충무공 김시민 장군의 충절을 기리는 전공비가 남아있습니다. 이 전공비는 김시민 장군이 공신 교서를 받은 지 15년 후인 1619년 광해군 대에 진주 목사로 부임한 남이흥이 세운 것입니다. 여기에는 다음과 같은 글이 새겨져 있습니다.

"바다에 이순신이 있다면 육지에는 김시민이 있었다."

김시민 장군 전공비 (©문화재청 국가문화유산포털)

여섯.

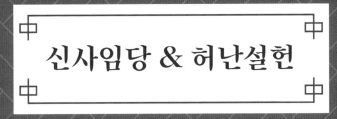

신사임당 & 허난설헌

+ + + + + +

조선을 꽃피운 천재 여성 예술가

01

신사임당

　최근 사회에서 두각을 나타내는 엘리트 여성을 일컫는 신조어로 '알파걸'이 있습니다. 그리스 알파벳의 첫 자모인 알파(α)에서 유래되어 '첫째가는 여성'이라는 뜻을 가진 이 단어는 엘리트 여성 계층을 표현하는 뜻으로 확장되어 사용되고 있습니다. 오늘날 우리나라에서는 알파걸을 쉽게 볼 수 있습니다. 과거 사법연수원을 수료한 뒤 판사로 임용된 90명 중 여성은 전체의 60% 이상인 경우가 많았고, 몇 년 전 서울대학교 학위수여식에서 11개 단과대의 최우수 졸업자가 여성들이었으며, 사관학교, 경찰대학 등에도 여성 수석 졸업자가 배출되었습니다.

　그렇다면 여성의 지위가 낮았던 조선 시대에도 알파걸이 있었을까요? 조선 시대에 자신의 지적 능력을 발휘하여 시, 서, 화에 커다란 업적을 남긴 진취적인 여성이 있습니다. 그럼 조선 시대의 알파걸 신사임당을 만나보겠습니다.

강릉 땅에서 행복한 유년 시절을 보내다

신사임당은 1504년 강원도 강릉 북평촌의 오죽헌에서 아버지 신명화와 어머니 용인 이씨의 다섯 딸 중 둘째로 태어났습니다. 신사임당이 천재성을 발휘할 수 있었던 것은 열린 사고를 가진 부모님과 외조부의 영향이 컸습니다. 신사임당의 부모님은 오늘날로 치면 주말 부부였습니다. 아버지는 한양 사람, 어머니는 강릉 사람이었는데요, 당시 어머니가 집안의 무남독녀로써 편찮으신 모친을 모시기 위해 강릉에 내려와 있기를 원하였고, 아버지는 쿨하게 허락하였습니다. 500리 길은 족히 떨어져 지내야 하는 장거리 부부였지만 아버지는 불평 한 번 하지 않을 정도로 너그러운 인품의 소유자였다고 합니다. 이에 신사임당은 강원도 강릉 북평촌에 있는 외가에서 태어나서 어린 시절은 한양이 아닌 강릉 외갓집에서 성장했습니다.

조선 시대에 주말 부부가 가능했었는지에 대한 의문이 생길 것 같은데요. 15세기 조선 중기만 하더라도 아직 남귀여가혼(男歸女家婚) 풍습이 남아있었습니다. 이 풍습은 남자가 여자 집에서 혼례를 치른 후 그대로 처가에 살다 자녀를 낳고 그 자녀가 어느 정도 성장하면 본가로 돌아오는 것을 말합니다. 일종의 처가살이인데 신사임당의 어머니가 무남독녀이기에 가능한 일이었습니다.

한편, 아버지 신명화가 아예 강릉으로 내려오는 사건이 일어납니다. 당시 신명화는 조광조 등 젊은 선비들과 교류하였는데, 기묘사화로 인해 이들이 죽거나 옥고를 치르는 모습을 본 이후 정치에 뜻을 버리게 됩니다. 이후 딸들과 조카들에게 성리학과 글씨와 그림을 가르치며 살았습니다.

신명화는 둘도 없는 조선의 '딸 바보'였던 것 같습니다. 신사임당은 19살의 나이로 이원수와 혼인하기 전까지 유복한 집안에서 외할아버지와 아버지의 적극적인 후원을 받으며 마음껏 경전을 읽고 그림을 그릴 수 있었습니다. 한양도 아닌 시골이었지만 종이와 물감을 쓰는 데 부족함이 없었고, 아버지 신명화는 벗들에게서 좋은 그림을 빌려와 보여줄 정도로 딸의 재주를 아꼈습니다. 집에 손님이 찾아오면 슬쩍 딸아이의 그림을 보여주며 자랑을 하였다고 합니다. 조선 시대 일반적인 관습이 여자아이들은 으레 바느질과 집안일을 배우던 것임을 감안하면 당시로서는 이례적인 가풍을 지닌 집안이었습니다. 이 점이 신사임당의 삶이 그 시대의 다른 여성들과 다를 수 있었던 배경 중 하나였습니다.

딸에 대한 사랑이 지극하였던 신명화는 사위를 맞을 때도 딸의 재능을 살려줄 수 있는 사위를 원하였습니다. 영특한 둘째 딸을 위해 잘난 사위보다 외조할 수 있는 인물로 선택하였는데, 그가 바로 편모슬하에서 독자로 자란 이원수입니다.

그저 단순한 '현모양처'이길 거부하다

2007년 10월 한국은행은 "여성·문화 예술인으로서 대표적 상징성이 있다"는 이유로 신사임당을 5만 원권 지폐에 넣고자 했습니다. 당시 한국여성단체연합 등 일부 여성단체가 "신사임당은 부계 혈통을 성공적으로 계승한 현모양처로 지지되고 있다."는 것을 이유로 반대하였습니다. 물론 "이번 화폐 인물 선정이 신사임당을 새롭게 재해석하는 계기가 되었으면 좋겠다."는 긍

정적인 의견도 있었습니다만, 지금도 많은 분들이 신사임당을 가부장적 가치관에 기초한 현모양처 이데올로기의 전형으로 생각합니다. 그런데 이는 상당 부분 잘못 알려진 사실입니다.

신사임당이 정말 현모양처인가를 알기 위해서는 먼저 남편 이원수와의 부부 관계를 살펴야 할 것입니다. 신사임당과 이원수 부부가 결혼한 시기에도 남귀여가혼의 풍습이 남아있었습니다. 신사임당은 과거 어머니가 아버지에게 요청하였던 것처럼 남편 이원수에게 친정에 머물고 싶다고 말합니다. 신사임당은 자기 집안에 아들이 없기 때문에 그 역할을 본인이 하면서 친정을 돌보고 싶었던 것입니다. 온화한 품성의 남편 이원수는 아내 신사임당의 요청을 받아들였고, 부부는 자연스럽게 강릉에서 살게 되었습니다. 이러한 이유로 율곡 이이의 고향 또한 외가인 강릉 오죽헌이 되었던 것입니다. 한편 신사임당은 화목한 가정환경과 남편의 배려로, 시댁 문제에서 벗어나 결혼 후에도 예술 작품에 몰입할 수 있었습니다.

강릉 오죽헌 (©문화재청 국가문화유산포털)

남편 이원수는 신사임당의 그림을 친구들에게 자랑할 만큼 아내를 이해하고 재능을 인정하였지만, 본인은 학문에 크게 두각을 나타내지 못하였습니다. 그런 남편을 학문에 정진시키기 위해 신사임당은 특단의 조치를 취하였습니다. 강제로 남편 이원수를 과거 시험을 보기 전까지 10년 간 떨어져 지내기로 하고, 산으로 보내버린 것입니다. 이원수가 아내가 보고 싶다며 3년 만에 공부를 중단하고 집으로 돌아오자 신사임당은 가위로 자신의 머리카락을 자르며 제대로 공부하지 않으면 비구니가 되겠다고 으름장을 놓았다고 합니다.

지금부터는 신사임당과 자녀들의 이야기를 해보겠습니다. 신사임당은 30년간의 결혼 생활을 이어가면서 20세에 맏아들 선을 낳고 25세에 큰 딸 매창, 그 뒤로 둘째 아들 번과 둘째 딸, 32세에 아들 율곡 이이를 낳고, 그 뒤로 셋째 딸을 낳은 후 1542년 38세의 나이로 막내아들 우를 낳습니다. 무려 18년간 출산과 육아를 이어온 것입니다.

육아의 어려움을 경험하신 분들은 도대체 일곱 아이의 엄마인 신사임당은 공부는 언제 하고, 그림은 언제 그린 것인지 궁금할 것입니다. 신사임당은 시부모님을 모시고 집안일을 돌보는 와중에도 저녁이면 호롱불 밑에 단정히 앉아 책을 펼쳤습니다. 그림을 그리고 시를 짓고 글을 읽으며 지적 허기를 채워나가기를 게을리 하지 않았습니다. 늘 공부하고 배우기를 멈추지 않는 어머니 신사임당의 모습은 자식들에게도 귀감이 되었을 것입니다. 오늘날 부모님들이 자신들은 집에서 핸드폰과 텔레비전을 보면서 자녀들에게는 방에 들어가서 공부를 하라고 말한다면 신사임당에게 엄청난 꾸지람을 들을 것입니다.

놀랍게도 신사임당은 일곱이나 되는 자녀를 서당에 보내지 않고 직접 사서 삼경을 가르쳤습니다. 그만큼 뛰어난 학식을 지녔다는 것을 보여줍니다. 심지어 아들인 율곡 이이는 학문에 있어 자신의 스승은 어머니뿐이라고 할 정도였으니, 신사임당이 얼마나 위대한 선생이었는지 짐작할 수 있습니다. 아울러 신사임당은 자식들에게 입지를 세우도록 하였습니다. 입지는 뜻을 세우는 것입니다. 장차 걸어갈 인생의 목표를 뚜렷이 정하고 한결같이 이를 위해 노력하는 것을 말합니다. 신사임당은 자녀들을 교육할 때 '공부를 함에 있어서 먼저 입지를 세워야 한다.'는 것을 항상 강조하였습니다.

이러한 교육 덕분인지 신사임당의 큰딸 매창은 시와 그림에 능하여 소사임당이라 불렸고, 막내아들 이우는 시와 그림, 글씨는 물론 거문고에도 탁월한 재주를 보였다고 합니다. 물론 일곱 자식 모두가 뛰어났던 것은 아닙니다. 냉정하게 본다면 오늘날 부모님의 워너비라고 할 수 있는 신사임당의 자녀는 셋째 아들 율곡 이이뿐입니다. 율곡 이이는 13세에 처음 치른 진사 시험에 장원으로 급제하며 영특함을 드러냈고, 모두 9번의 과거에서 장원을 하여 구도장원공(九度壯元公)이라는 별칭을 얻기도 하였습니다. 하지만 다른 자녀들의 학업과 예술적 성취는 모두 신사임당이 세상을 뜬 후에야 빛을 발하였습니다.

신사임당은 필요할 때 꼿꼿이 제 목소리를 낸 시대를 앞서간 여인이었습니다. 가족을 사랑했지만 자신의 뜻을 당당하게 펼치는 여인이었고, 자녀가 스스로 재능을 키워갈 수 있도록 끊임없이 응원하는 슬기롭고 자애로운 어머니였습니다. 모든 자녀들이 성공한 것은 아니었지만 제각기 지닌 재능을 최대한 살려 자신에게 맞는 진정 행복하고 참된 삶을 살 수 있도록 이끌어주었지요. 신사임당에게 뚜렷한 자기 주관이 있었기 때문에 조선 시대에서 가장 진취적인 여성으로써의 삶을 살았던 것은 아닐까요?

현모양처의 전설로 빚어지다

이번에는 근본적인 문제에 접근해보겠습니다. 오늘날 신사임당은 어떻게 현모양처를 상징하는 인물이 되어버린 걸까요?

신사임당은 17세기에 접어들면서부터 '율곡 이이의 어머니'로 역사의 전면에 등장합니다. 화가로서의 신사임당은 어디론가 사라지고 율곡 이이를 낳은 위대한 어머니의 이미지만 크게 부각되기 시작합니다. 송시열은 성리학의 대가이자 스승이었던 율곡 이이를 띄우기 위해 신사임당의 이미지를 천재 예술인이 아닌 그저 율곡 이이의 어머니로만 부각시켰고, 이후 노론 계열의 유학자들이 신사임당의 예찬에 가담하면서 현모양처 이미지는 더욱 확고해집니다. 신사임당의 현모양처 이미지는 정치적 목적과 의도에 따른 신화 만들기 프로젝트였던 것입니다.

시간이 흘러 근대 개항기부터 식민지 시대에 신사임당은 자녀 교육을 성공한 여성으로 등장합니다. 그러다 일제 강점기인 1930년대에는 현모양처를 대표하는 상징적 존재로 주목받았고, 1937년 중·일 전쟁을 시작으로 전선이 태평양으로 확대되자 일제는 신사임당을 조선인 징병을 독려하기 위한 이념적 도구로도 활용합니다. 조선 총독부는 식민지 조선에서 젊은 남성을 동원하는데 가장 큰 걸림돌이라고 여겨진 어머니, 그리고 아내를 설득하기 위해 현모양처로서 '신사임당'을 이용한 것이죠. 이때 신사임당이 '군국의 어머니', 후방에서 전쟁을 돕는 '총후부인(銃後婦人: 총 뒤의 부인)'을 상징하는 인물로 사용되었습니다.

광복 이후에도 신사임당의 현모양처 이미지는 계속 이어졌습니다. 특히 박정희 정부의 역사 정책으로 신사임당의 현모양처 이미지는 절정에 달합니다. 민족의 주체성을 확립한다는 명목으로 세종대왕, 이순신 등과 같은 역사 인물을 앞세워 '충성'과 '효성' 등을 국가 사상으로 강조하였고, 신사임당은 민족의 어머니가 되었습니다. 이처럼 수백 년 세월에 걸쳐 신사임당에게 자애로운 모성의 이미지가 씌워지고 이것이 오늘날까지 우리에게 전해졌던 것입니다.

팔방미인의 정석

과거 조선 시대에는 여자의 이름은 기록에 남기지 않는 것이 법도였고, 왕비조차도 희빈 장씨(장희빈), 정순왕후 김씨 등으로 불렸습니다. 그러나 신사임당은 조선 시대에도 당당히 호를 가졌습니다. 그렇다면 신사임당이 그 시절 평범한 여염집 아낙처럼 강릉댁이나 북평댁으로 불리지 않고 사임당으로 남을 수 있었던 이유는 무엇일까요? 바로 시(詩)·서(書)·화(畵)에서 탁월한 능력을 발휘하고 인정받았기 때문입니다.

신사임당은 어려서부터 총명하여 일찍이 소학과 천자문을 깨쳤고, 어린 나

이에 한시를 지어 사람들을 놀라게 하였다고 합니다. 신사임당은 시에 조예
가 깊었으나 아쉽게도 '대관령을 넘으며 친정을 바라보다(踰大關嶺望親庭)',
'어머니를 그리며(思親)' 두 편의 시문과 어머니를 생각하는 낙귀 한 구절만이
전해져 올 뿐입니다.

思親   사친

千里家山萬疊峯   천 리 고향은 만 겹의 봉우리로 막혔으니,

歸心長在夢魂中   돌아가고 싶은 마음은 길이 꿈속에 있도다.

寒松亭畔孤輪月   한송정 가에는 외로운 보름달이요,

鏡浦臺前一陣風   경포대 앞에는 한 바탕 바람이로다.

沙上白鷺恒聚散   모래 위엔 백로가 항상 모였다가 흩어지고,

波頭漁艇各西東   파도머리엔 고깃배가 각기 동서로 왔다 갔다 하네.

何時重踏臨瀛路   언제나 임영 가는 길을 다시 밟아,

綵服斑衣膝下縫   비단 색동옷 입고 슬하에서 바느질할까?

이 시는 신사임당이 서울에 와서 고향에 계신 부모님을 그리워하며 지은
것입니다. 가장 마지막 부분인 미련(8구)은 노래자(老萊子)의 고사를 인용하여
효심을 형상화하고 있습니다. 옛날 초나라의 노래자는 연로하신 어머니를 기
쁘게 해 드리기 위해 칠십이 넘었으면서도 색동저고리를 입고 그 앞에서 노
래하고 춤추면서 재롱을 부렸다고 합니다. 작자인 신사임당도 늙으신 부모님
을 찾아뵙고 기쁘게 해 드리고 싶다는 마음을 고사로 인용하여 표현한 것입
니다. 저는 이 시만 보면 대구에 계신 부모님께 항상 전화 연락을 드리곤 합
니다. 여러분들도 부모님과 떨어져 살고 계신다면 전화 연락을 드리는 것은
어떨까요.

신사임당은 아름다운 글씨로도 유명합니다. 현재 1편의 해서와 초서 6폭의 병풍, 1편의 초서와 4자의 전서가 남아 전해지고 있습니다. 신사임당의 글씨 가운데 가장 대표작으로 전하는 것은 초서 6폭의 병풍입니다. 1868년 고종 재위 기간에 강릉부사 윤종의는 이 병풍의 글씨를 베끼어 따로따로 판각하여 오죽헌에 보관하면서 다음과 같은 발문을 적었습니다.

"정성들여 그은 획이 그윽하고 고상하고 정결하고 고요하여 부인께서 더욱더 저 태임의 덕을 본뜬 것임을 알 수 있다."

초서병풍 일부 (©문화재청 국가문화유산포털)

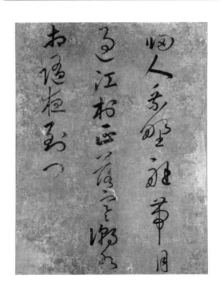

신사임당의 글씨체를 흔히 마제잠두(말발굽과 누에머리)라는 체법에 의한 글씨라고 합니다. 마제잠두는 글자의 가로획을 긋는데 왼쪽의 끝은 말굽 형상으로, 오른쪽 끝은 누에의 대가리 형상으로 글씨를 쓰는 필법을 말합니다. 따라서 신사임당의 글씨는 짜임이 단정하여 전체적으로 깔끔하고 차분한 풍채와 품격을 보여준다고 합니다. 여러분들은 신사임당의 글씨를 보면 어떤 느낌이 드시나요?

자연을 그려내다

신사임당은 조선 초기 화단을 대표하는 인물이자 한국 회화사에 거의 유일하게 등장하는 여류화가입니다. 현재 신사임당의 그림은 채색화, 묵화 등 40여 점이 전해지고 있습니다. 신사임당의 그림을 종류별로 나누어 보면 풀벌레 그림 22점, 포도 3점, 화조 2점, 화조어죽 4점, 매화 14점, 자수초충도 8점 등이 있습니다.

그런데 오늘날 신사임당이 그렸다는 많은 그림은 '사임당이 그렸다고 전해지는' 이른바 전칭(傳稱, 전하여 일컬음)작입니다. 신사임당의 모든 전칭 작품들은 작가가 자신의 이름이나 호를 쓰고 도장을 찍는 낙관이 결여되었기 때문에 진품이라고 단정 지을 만한 것이 없습니다.

신사임당의 작품이 가짜인지 진짜인지를 어떻게 구분할 수 있을까요? 서울대 규장각한국학연구원에서 친절하게도 신사임당의 작품을 진짜로 볼만한 요건을 크게 네 가지 정도로 정리하였습니다. 먼저, 신사임당이 살았던 강릉에 작품이 있었거나 둘째, 사임당 후손의 집에서 작품이 나왔거나 셋째, 당대의 유명 인사가 작품을 소장하였거나 넷째, 작품의 유통 경로가 자세하게 밝혀졌다면 진품일 가능성이 큰 걸로 여긴다고 합니다.

신상임당의 전칭 작품들 중에는 끝에 발문이 게재되어 있는 경우가 있습니다. 발문의 필자는 대개 신사임당의 후손이나 이들과 친인척 관계에 있던 사람들, 그리고 율곡 이이의 학통을 이어받았던 학자들입니다. 이들의 발문에는 그 그림이 언제부터 그 집안에 보관되었는지의 내력이 적혀있어 작품의 신빙성 여부를 가려내는 데에 도움이 되는 단서를 제공합니다. 그러나 이들 발문도 진위를 확정하기 어려운 경우가 많습니다. 대부분이 신사임당이 사망한 이삼백년 뒤에 쓰여 졌다는 뚜렷한 한계를 갖고 있기 때문입니다.

그나마 신사임당의 작품이라고 볼 수 있는 근거가 뚜렷한 작품이 하나 있습니다. 여러분들 오만 원 권 지폐를 한번 살펴보시죠. 앞면에는 신사임당 초상과 그녀의 작품으로 전해오는 〈묵포도도(墨葡萄圖)〉, 〈초충도수병(草蟲圖繡屛)〉가, 뒷면에는 16세기 화가인 어몽룡의 매화 그림 〈월매도(月梅圖)〉가 들어가 있습니다.

신사임당의 그림으로 전해오는 대개의 그림이 그렇듯 〈묵포도도〉도 낙관이나 관지는 없습니다. 이 그림은 조선 후기 최고의 그림 수집가였던 김광국이 펴낸 전설적인 그림 모음집 『석농화원』으로도 불리는 『해동명화집』 속에 〈수묵포도(水墨葡萄)〉란 제목으로 수록되어 있습니다. 그림에는 조선 후기 영조 대의 문장가인 조귀명이 쓴 글을 별지로 붙여 놓았습니다.

> "우계 성혼과 율곡 이이가 나란히 유림에서 우뚝하고, 청송 성수침
> 의 글씨와 신부인 신사임당의 그림이 또 빼어난 예술로 세상에 이름
> 이 났으니, 또한 기이한 일이다."

그림에 별지까지 첨부할만큼 그림 수집가 김광국은 확실하게 신사임당의
작품이자 진품인 것을 말하고 싶었던 것 같습니다. 옛 사람들이 보고 싶어 하
고, 기억하고 싶어 했던 사임당의 모습을 가늠할 수 있다는 것만으로도 이 〈
묵포도도〉의 가치는 충분하다는 생각이 듭니다.

초충도, 작은 것들을 위한 그림

이제 화가로써의 신사임당 위상과 입지를 세워준 작품인 초충도를 만나보
겠습니다. 신사임당은 신수화와 묵포도도 이외에 풀벌레, 화조, 어죽, 묵죽, 묵
매 등 다양한 소재를 폭넓게 그림의 주인공으로 활용하였습니다. 신사임당의
초충도도 오만 원권 지폐에서 볼 수 있습니다. 신사임당 영정 옆 보조 소재
로 사용된 가지 그림이 보이시나요. 잘 익은 가지 세 개가 탐스럽게 달려 있
는 이 작품은 먹으로 그린 그림이 아니라 실로 한 땀 한 땀 수를 놓아 완성한
자수입니다. 줄기며 잎이며 꽃이며 벌이며 그 어느 것 하나도 허투루 보이지
않을 정도로 생동감 있는 묘사가 일품이라는 평가를 받습니다. 그래서 이 가
지가 포함된 여덟 폭짜리 자수 초충도수병은 보물 제 595호로 지정되어 귀한

대접을 받고 있습니다.

신사임당 초충도의 백미는 따로 있습니다. 오천 원 권 지폐 뒷면에 새겨진 8폭의 병풍인 〈신사임당 초충도병〉에서 〈수박과 여치〉와 〈맨드라미와 개구리〉 2폭입니다.

초충도병 (ⓒ문화재청 국가문화유산포털)

〈수박과 여치〉
8폭의 병풍 그림 가운데 3째폭

〈맨드라미와 개구리〉
8폭의 병풍 그림 가운데 5째폭

〈수박과 여치〉를 보면 수박 넝쿨 위와 달개비 위에는 나비가 날고 있고, 땅 위에는 여치가 기어가고 있는 모습을 볼 수 있습니다. 수박은 씨앗이 많은 채소로 자손의 번성을 비는 마음을, 넝쿨째 그리는 것은 자손들이 만대(萬代)에 이르도록 번성하라는 축복의 뜻을 담고 있습니다. 달개비는 독한 닭똥 옆에서도 잘 자라서 '닭의장풀'이라고도 불리는데 그만큼 강한 생명력을 상징합니다. 알을 많이 낳는 여치는 자손의 번성을 뜻합니다. 나비를 의미하는 한자인 접(蝶)자는 80살 노인을 뜻하는 글자와 중국어 발음이 같아 장수를 의미합니다. 또한 펄럭거리는 날갯짓에 온몸이 반으로 접히듯 합쳐졌다가 펴지기를 반복하므로 부부간의 금슬을 은유하기도 합니다.

〈맨드라미와 개구리〉에는 붉은 맨드라미와 파란 도라지꽃이 나란히 있고, 그 옆에는 노란 나비 한 쌍과 땅위에는 개구리가 있습니다. 맨드라미는 꽃 모양이 닭 볏을 닮아 계관화(鷄冠花)라고도 하고, 관모(冠帽)와도 생김새가 비슷해 벼슬이 높아지기를 기원하는 뜻을 담고 있습니다. 개구리는 올챙이에서 변태하는 과정 때문에 상서로운 동물로 꼽히며 왕권의 신성함과 왕족의 흥성을 기원하는 뜻을 담고 있습니다. 도라지꽃은 아들과 남성을 상징합니다. 그리고 이 8폭의 병풍 가장자리에는 조선 후기 숙종 대의 문신 정호가 그림을 평가한 글이 붙어 있습니다.

"벌레들이 살아 움직이는 것 같음과 풀포기들의 향기롭고 깨끗해 보임이 어떻게 핍진한지[13] 그야말로 저 이른바 하늘 조화를 빼앗았다는 그것이 아닌가 싶었다."

---

13 핍진하다 : 사물과 아주 비슷하다.

신사임당 남긴 초충도는 한 포기 벌레 한 마리에 이르기까지 여성만이 느낄 수 있는 섬세하고 예리한 관찰력을 볼 수 있습니다. 들여다볼수록 인위적이고 의도적이라기보다는 자연에 근거를 둔 우리 고유의 미의식인 자연미가 담겨 있습니다.

인간의 모든 활동은 자연을 떠나서는 생각할 수 없습니다. 신사임당은 바로 이러한 자연에서 가장 작고 보잘 것 없는 초충을 소재로 삼았습니다. 그 누구도 그리려고 시도하지 않은 들쥐, 도마뱀, 개구리, 사마귀, 쇠똥벌레 등을 화폭으로 끌어들여 다른 소재들과 잘 어울리게 하여 정서적인 미감을 잘 드러냈습니다. 더군다나 곤충들이나 작은 동물의 표정과 행동에서 나타난 익살스런 해학미는 밝고 명랑하며 솔직해서 보는 이로 하여금 잔잔한 미소를 짓게 합니다.

그림은 감성적인 분야입니다. 각자가 느끼는 감정이 중요하다고 할 수 있습니다. 따라서 무슨 작품이든 감상한 후에 그것에 대해 어떤 비평을 가하는 것은 감상자의 자유입니다. 저는 신사임당의 그림을 가만히 들여다보면, 살아있는 것을 소중히 여기는 마음과 자연과 더불어 살아가려는 정신이 고스란히 느껴집니다. 신사임당의 작품들은 정직하면서도 순수하게 자연의 목소리를 그려냈기 때문에 오늘날까지 많은 사람들 사이에서 회자되는 것은 아닐까 싶습니다.

우리는 신사임당을 오만 원 권 지폐의 주인공이 아닌, 현모양처의 표본이 아닌, 엄격했던 조선 시대의 여성으로 자신을 사랑할 줄 알고, 자신을 있는 그대로 표현할 줄 아는, 스스로 빛을 발한 예술가로 기억해야 하지 않을까요?

02

허난설헌

2018년부터 현재까지 우리나라 문단에서는 여성 작가들의 강세가 이어지고 있다고 합니다. 여성 작가들이 최근 서점가 주 독자층인 20~40대 여성의 공감을 받는 작품들을 많이 내고 있습니다. 그래서일까요. 매해 신작을 낼 예정인 작가의 수는 여성 작가들이 압도적이라고 합니다.

그렇다면 조선 시대에도 여성 작가들이 있었을지 궁금해집니다. 조선은 여성에게 우호적인 나라는 아니었습니다. 가부장 중심의 가족 관계를 중시하는 성리학적 이념체계 안에서 여성의 삶과 사회활동은 극히 제한적일 수밖에 없습니다.

그런데 중국 땅에 발을 디딘 적도 없지만, 오로지 애상 어린 시만으로 수많은 중국인의 가슴을 울렸던 조선의 여성 시인이 있습니다. 여성이라는 이유만으로 조선에서는 인정받지 못하였지만 중국 문인들에 의해 높이 평가되어 그녀의 위대함은 돌고 돌아 다시 조선으로 돌아오게 됩니다. 그럼 오늘의 주인공 원조 한류 스타 허난설헌을 만나보겠습니다.

천재들의 집안에 태어나 행복한 유년 시절을 보내다

"훌륭하다. 부인의 말이 아니다.(異哉 非婦人語)"

"말을 세우고 뜻을 창조함이 허공의 꽃이나 물속에 비친 달과 같아서 맑고 영롱해서 눈여겨 볼 수 없고…. 한·위나라 제가보다 뛰어나고 성당(盛唐)의 것만 하다."

유성룡은 허균의 죽은 누이 허난설헌의 시를 읽고는 그 자리에서 경악을 금치 못하였다고 합니다. 자신의 시문집인 『서애집』에서 허난설헌의 시를 한·위나라와 당나라 전성기(성당) 시기의 유명한 시인들과 견주거나 오히려 뛰어나다는 극찬까지 남겼습니다.

허난설헌은 1563년 강릉의 명문 집안으로 유명한 양천 허씨 집안에서 초당 허엽의 3남 3녀 중 다섯째로 태어났습니다. 허난설헌의 이름은 초희(楚姬), 자(字)는 경번(景樊)이며 난설헌(蘭雪軒)은 당호입니다. 아버지 허엽은 삼척부사, 부제학, 경상도 관찰사 등을 지냈고, 동인과 서인이 분당될 때 김효원과 함께 동인의 영수가 된 인물입니다. 허엽의 첫째 아들이자 허난설헌의 배다른 오빠 허성은 이조판서·병조판서에 올랐고, 허난설헌의 12살 터울 오빠 허봉은 이조좌랑, 창원부사 등에, 허난설헌의 동생 허균은 형조·예조판서를 지내면서 광해군 재위 시절에는 이이첨과 함께 조정의 집권 세력을 형성하였습니다. 물론 우리에게 허균은 『홍길동전』의 저자로 더 유명합니다.

허난설헌의 집안은 당대 최고의 명문가 중 하나였습니다. 문학적 재능이 출중한 이들 가족을 두고 조선 후기 황현은 『매천집』에서 허엽, 허성, 허봉, 허난설헌, 허균을 '허씨 오문장가'라 칭하였고, 그중 첫 번째 신선의 재주를 가진 이는 경번(허난설헌의 이름)이라고 평하였습니다.

허엽은 학문에 대한 열린 생각을 가졌고, 딸인 허난설헌도 남자와 똑같은 교육 기회를 주었고, 아들들에게는 자유로운 사상을 가질 기회를 마련해주었습니다. 허난설헌에게 가장 많은 영향을 미친 사람은 둘째 오빠 허봉으로 일찍이 여동생의 문학적 재능을 알아보고, 아껴주었습니다. 허봉은 자신의 친구이자 당대 시의 천재로 평가받던 이달에게 허난설헌과 허균을 부탁하기도 했습니다.

우리는 재주와 슬기가 남다른 아이를 신동이라고 합니다. 허난설헌도 어렸을 때부터 천재성을 어김없이 드러낸 신동이었습니다. 5살에 글을 읽고, 7살에 시에 능하여 불과 8살의 나이에는 '광한전 백옥루 상량문(廣寒殿白玉樓上梁文)'를 지었다고 합니다. 상량문은 집을 지을 때 대들보를 올리며 행하는 상량 의식의 글입니다. 허난설헌은 신선 세계에 있다는 상상의 궁궐인 광한전 백옥루의 상량식에 자신이 초대받았다고 생각하면서 다음과 같은 글을 지었습니다.

> "어영차 동쪽으로 대들보 올리세. 새벽에 봉황타고 요궁에 들어가 날이 밝자 해가 부상 밑에서 솟아올라 일만 가닥 붉은 노을 바다에 비쳐 붉도다. 어영차, 남쪽으로 대들보 올리세. 옥룡이 하염없이 구슬못 물 마신다. 은평상에서 잠자다가 꽃그늘 짙은 한 낮에 일어나,

웃으며 요희를 불러 푸른 적삼 벗기네. 어영차, 서쪽으로 대들보 올리세. 푸른 꽃 시들어 떨어지고 오색 난새 우짖는데, 비단 천에 아름다운 글씨로 서왕모(도교에서 최고의 여인) 맞으니, 날 저문 뒤에 학 타고 돌아가길 재촉한다. 어영차, 북쪽으로 대들보 올리세. 북해 아득하고 아득해 북극성에 젖어 드는데, 봉새 날개 하늘 치니 그 바람 힘으로 물이 높이 치솟아 구만리 하늘에 구름 드리워 비의 기운이 어둑하다. 어영차. 위쪽으로 대들보 올리세."

여러분은 초등학교 1학년이 이러한 글을 썼다고 하면 믿겠습니까? 당시에도 명문이라는 소문이 퍼져 여러 사람들이 이 글을 보기를 요청하였다고 합니다. 글재주 있는 집안에서 태어나 다정하게 지냈던 남동생 허균과 함께 시를 배우던 짧은 어린 시절이 허난설헌에게는 일생을 통해 가장 행복했던 시간이 됩니다.

불행으로 얼룩진 결혼생활

많은 남녀가 검은머리 파뿌리 되도록 잘 살자며 결혼을 합니다. 그런데 서울에서 하루 평균 189쌍이 결혼하는 동안 무려 55쌍이 이혼을 한다고 합니다. 결혼 정보 회사에서 재혼 회원을 대상으로 조사한 이혼 사유로는 부부 간의 성격 차이가 47.2%로 가장 높았고, 경제 문제가 12.7%로 2위였습니다. 이어서 외도가 7%, 가족 불화가 6.5%, 신체 · 정신적 학대가 4.2%로 뒤를 이었습니다. 만약 허난설헌이 오늘날 사람이었다면 이혼을 하였을 것 같습니다.

허난설헌은 부부 간의 성격 차이, 남편의 외도, 가족 불화, 정식적 학대 등 경제 문제를 제외하고는 모든 부분에서 마찰을 겪습니다.

허난설헌은 15세에 김성립과 결혼하였습니다. 김성립은 안동 김씨로 그녀보다 한 살이 많았습니다. 김성립의 집안도 5대가 계속 문과에 급제한 명문가였습니다. 그런데 허난설헌은 자유로운 가풍을 가진 친정에서 가부장적인 가문으로 시집을 가면서 시집살이에 잘 적응하지 못합니다. 조선 시대 일반적인 양반가에서는 여성에게 글을 가르치지 않았기 때문에 시어머니는 시를 쓰는 허난설헌을 좋아할 수 없었습니다. 시어머니는 지식인 며느리 허난설헌을 이해하지 못하였고, 갈등의 골은 깊어만 갔습니다.

그러나 가장 큰 고통은 남편 김성립이었습니다. 그는 고부 갈등을 겪는 허난설헌을 보듬어주기보다는 과거 공부를 핑계 삼아 바깥으로 돌며 가정을 등한시하고, 기생집이나 드나들던 한량이었습니다. 뛰어난 오빠와 남동생을 보고 성장한 허난설헌에게 김성립은 성에 차지 않는 인물이었을 테지요. 허난설헌의 남동생 허균은 훗날 자신의 매형인 김성립에 대해 "문리(文理)는 모자라도 능히 글을 짓는 자", "글을 읽으라고 하면 제대로 혀도 놀리지 못하는데 과거의 문장은 우수하였다."고 혹평하였습니다.

여러분들은 사랑하는 배우자나 연인이 너무나도 뛰어난 능력을 가졌다면 부담스러울 것 같나요? 저라면 온 동네방네에 자랑을 하고 다니는 팔불출이 될 것 같은데요. 하지만 김성립은 아니었던 것 같습니다. 김성립의 학문적 깊이나 시를 쓰는 재주는 아내 허난설헌에 미치지 못하였습니다. 김성립에게 8

살 때부터 이미 신동으로 소문난 아내 허난설헌은 여간 부담스러운 존재였을 것입니다. 주변에서도 아내 허난설헌이 남편 김성립보다 재주가 뛰어난 것을 두고 분명히 놀리고 비웃었을 것입니다.

열등감 때문이었을까요. 김성립은 학문에 열중하기보다는 기생들과 노는 시간이 늘어났고, 허난설헌의 외로움은 더욱 깊어갔습니다. 이에 허난설헌은 결혼 초기에 바깥으로 도는 남편을 그리는 연문의 시 「규원가」를 짓기도 하였습니다. 현대어로 풀이한 내용은 다음과 같습니다.

> 여러 사람이 떼를 지어 다니는 술집에 새 기생이 나타났다는 말인 가? 꽃 피고 날 저물 때 정처 없이 나가서 호사로운 행장을 하고 어 디 어디 머물러 노는고? 집안에만 있어서 원근 지리를 모르는데 임 의 소식이야 더욱 알 수 있으랴. 겉으로는 인연을 끊었지만 임에 대 한 생각이야 없을 것인가? 임의 얼굴을 못 보거니 그립기나 말았으 면 좋으련만, 하루가 길기도 길구나. 한 달 곧 서른 날이 지루하다. 규방 앞에 심은 매화 몇 번이나 피었다 지었는고? 겨울밤 차고 찬 때 자국눈 섞어 내리고, 여름날 길고 긴 때 궂은비는 무슨 일인고? 봄날 온갖 꽃 피고 버들잎이 돋아나는 좋은 시절에 아름다운 경치 를 보아도 아무 생각이 없다. 가을 달 방에 들이비추고 귀뚜라미 침 상에서 울 때 긴 한숨 흘리는 눈물 헛되이 생각만 많다. 아마도 모진 목숨 죽기도 어렵구나.

여러분, 임에 대한 원망과 자신의 고달픈 심정이 느껴지지 않나요? 저는 작중 화자가 슬픔에 싸여 있는 모습이 선하게 나타나 비극미도 느껴지는 것 같습니다. 「규원가」는 허난설헌 자신이 남편의 사랑을 잃고, 외로이 세월을 보내는 외로움과 한(恨)의 표출이라고 볼 수 있습니다.

　허난설헌과 김성립 부부의 금실은 그다지 좋지 못하였고, 고부간의 갈등도 점차 심해졌습니다. 그러는 사이 허난설헌의 친정은 아버지 허엽과 오빠 허봉이 당파 싸움에 휘말리면서 몰락의 길을 걷고 있었습니다. 이러한 상황 속에서 허난설헌의 유일한 희망은 두 명의 자식이었습니다. 하지만 돌림병으로 딸을 잃고, 그 다음 해에 아들마저 세상을 떠났습니다. 심지어 뱃속의 아이를 유산하는 불행을 겪습니다. 이때의 슬픔을 그녀는 「곡자」라는 시로 남겨놓았습니다.

　　　　지난 해 사랑하는 딸을 잃었고
　　　　올해에는 사랑하는 아들을 잃었네.
　　　　슬프고 슬픈 광릉 땅이여.
　　　　두 무덤이 마주 보고 있구나.
　　　　백양나무에는 으스스 바람이 일어나고
　　　　도깨비불은 숲속에서 번쩍인다.
　　　　지전으로 너의 혼을 부르고,
　　　　너희 무덤에 술잔을 따르네.
　　　　아아, 너희들 남매의 혼은
　　　　밤마다 정겹게 어울려 놀으리.
　　　　비록 뱃속에 아기가 있다 한들

244

어찌 그것이 자라기를 바라리오.

황대 노래를 부질없이 부르며

피눈물로 울다가 목이 메이도다.

「곡자」는 자식들을 떠나보낸 후 피눈물 나는 슬픔을 노래합니다. 무덤 앞에서 종이돈을 태우며 명복을 빌고, 두 아이가 혼백만이라도 꼭 붙어 다니며 이승에서 다하지 못한 정을 나누기를 바라는 마음을 전하는 화자 허난설헌의 바람에서 극한의 슬픔과 안타까운 모정을 느낄 수 있습니다. 허난설헌은 연이은 불행을 겪으면서 건강을 잃고 점차 쇠약해졌고, 27세의 나이로 숨을 거두게 되었습니다.

허난설헌묘 (ⓒ문화재청 국가문화유산포털)

유선시로 신선 세계를 노닐다

허난설헌은 자신에게 세 가지 한, 삼한이 있다고 하였습니다. 첫 번째는 자신이 남자가 아닌 여자로 태어난 것이요, 두 번째는 이백이나 두목 같이 재능이 출중한 남자가 아닌 남편 김성립과 결혼한 것이요, 세 번째는 중국이 아닌 조선에서 태어난 것이라 하였습니다. 개인적 차원의 한을 넘어서 조선 시대의 법률, 제도 등 구조적 차원에서의 모순과 그에 따른 여성의 희생 문제가 삼한에 담긴 셈입니다. 속박과 장애의 연속이었던 결혼 생활 속에서 허난설헌은 더욱 시문과 독서에 열중하면서 불행과 고독으로 점철된 삶을 글쓰기로 승화하였습니다. 그래서 허난설헌이 마냥 행복하기만 하였다면 지금과 같은 시들이 나올 수 있었을까 하는 생각이 들기도 합니다.

허난설헌의 시는 210여 수에 이르는데 그 가운데 유선시가 128수에 이를 정도로 우리나라 최고의 유선시 시인이자 유선시를 창작한 유일한 여류 시인입니다. 허난설헌 이전에 유선시라 할만 것이 없을 뿐만 아니라 오빠 허봉과 동생 허균조차도 허난설헌의 유선시를 흉내 낼 수 없었습니다. 유선시의 '유선'은 이상적인 신선 세계의 모습을 말함과 동시에 자유를 갈망하고 행복을 추구하는 상징적인 공간입니다. 따라서 허난설헌에게 유선은 영원한 도피처이자 현실에서는 이룰 수 없었던 그녀의 꿈을 실현하는 장소였던 것입니다. 다음은 총 87수로 이루어진 허난설헌의 〈신선이 노니는 노래〉 가운데 3수입니다.

상서로운 바람이 신선의 옷을 휘날리고

246

손에는 난새 오색구름을 탄다
꽃나무 밖에는 어린 신선 흰 호랑이를 타고 와
푸른 성에서 여신선을 맞는다

광한궁의 들보는 옥으로 만들었고
밝은 촛불에 금병풍 밤이 길다
난간 밖 계수나무에 이슬은 서늘하고
자색 퉁소소리에 오색구름이 향기롭다

푸른 사슴 타고 봉래산에 드니
꽃 아래 신선들이 웃고 있네
소란스런 와중에 드러난 분은
칠성부가 머리에 있는 분이네

　　허난설헌의 시에는 '신선'과 '꿈'이 자주 등장합니다. 현실에 만족하지 못
하였기 때문에 언제나 꿈의 세계와 신선의 세계를 그리워하였던 것입니다.
유선시의 배경이 되는 신선 설화는 도가 사상에서 태동한 신선들의 이야기입
니다. 허난설헌의 시에 등장하는 신선은 하늘나라를 자유로이 왕래하며 조물
주인 천제와 접할 수 있고, 인간 세계에 나타나서는 생사의 한계나 시공의 경
계를 초월하여 활동할 수 있는 존재입니다. 또한 신선은 죽음을 초월하였기
때문에 우주와 더불어 영생할 수 있고, 하늘과 땅을 거리낌 없이 날아다닐 수
있습니다.

허난설헌에게 신선 세계는 영원한 마음의 고향입니다. 주어진 운명에 적응하지 못하고, 그렇다고 정면 대결도 할 수 없었던 허난설헌은 현실을 떠나 신선이 사는 세계로 숨어든 것입니다. 그곳에 이르면 고통도 없어지고 슬픔과 눈물도 없어집니다. 늘 신선 세계를 동경하였던 허난설헌은 잠시 인간 세계에 내려와 살았던 선녀였을지도 모르겠습니다.

태우지 못한 글, 베스트셀러로 타오르다

여러분들은 내일 죽음을 앞두고 있다면 어떤 유언을 남길 건가요? 저는 제 모든 인터넷 강의를 무료로 제공해달라는 말을 할 것 같습니다. 조금이라도 더 학생들을 만나 역사의 즐거움을 전하고 싶기 때문입니다. 영국의 여왕으로 전성기를 이뤄낸 엘리자베스 1세는 "내가 가진 모든 것은 이 짧은 순간을 위한 것이었군.", 영국의 제독으로 수많은 전쟁을 승리로 이끈 호레이쇼 넬슨은 "신이시여, 감사합니다. 난 내 의무를 다 했습니다."라는 유언을 남겼습니다.

1589년 허난설헌은 죽기 직전 "나의 저작들을 모두 불태우라(平生著述甚富 遺命茶毘之)"는 유언을 남겼습니다. 살아생전 자신이 쓴 시를 모두 태우라고 하였던 것입니다. 당시 허난설헌이 남긴 시는 족히 방 한 칸 분량이 되었다고 하는데, 유언에 따라 모두 불에 태워졌습니다. 오늘날 우리가 허난설헌의 작품을 볼 수 있는 이유는 허난설헌의 동생 허균이 찬란한 천재성을 가진 누이의 작품들이 불꽃 속에 사라지는 것을 안타까워했기 때문입니다. 허균은 누이가 세상을 떠난 다음 해인 1590년에 필사본을 만들었습니다. 친정에 남아있던 시들과 자신이 기억하고 있던 시들을 모아서 『난설헌집』이라는 시집의 초고를 제작하였습니다. 유성룡의 발문까지 받았지만 얼마 가지 않아 임진왜란이 일어나면서 정식 출간은 뒤로 미뤄지게 됩니다.

오늘날 일본을 비롯해 중국, 베트남 등 아시아 지역뿐만 아니라 유럽과 남미에서도 여행을 하다 보면 낯이 익은 얼굴들을 심심찮게 만날 수 있습니다. 바로 방탄소년단(BTS)과 같은 한류 스타들입니다. 최근 전 세계에 K-팝 아이돌 그룹 열풍이 불어 '지구촌 한류 팬 1억 명 시대'를 눈 앞에 두고 있다고 합니

난설헌시집 목판초간본 (ⓒ문화재청 국가문화유산포털)

다. 그런데 한류 열풍에 따른 스타의 등장은 어제오늘의 일이 아닙니다. 오랜 세월을 거슬러 올라간 과거에도 성격은 다르지만 원조 한류 스타들이 있었습니다. 그중 한 명이 허난설헌입니다.

조선에서 인정받지 못한 허난설헌의 시들은 대륙을 건너 중국인들 사이에서 선풍적인 인기를 끌게 됩니다. 한마디로 허난설헌 열풍이 생겨날 정도였습니다. 당시 허난설헌의 작품이 실린 중국 문헌은 『조선 시선』 등 10여 종으로 중국 명나라 말기인 1600년대 초부터 20~30여 년간 중국 문단에서 허난설헌

의 인기는 그야말로 하늘을 찔렀다고 합니다. 여성의 시가 귀했던 당시 중국에서 단아한 조선의 여류 시는 중국 문인들의 호기심을 크게 자극했습니다.

이상하지 않나요? 중국 땅을 한발도 디딘 적이 없는 허난설헌과 그녀의 작품이 어떻게 중국에서 재평가되어 큰 인기를 누렸던 걸까요? 그 이유는 중국 문인 오명제와 허난설헌의 동생 허균과의 교류가 있었기 때문입니다.

임진왜란 시기 명나라 사신으로 조선에 왔던 오명제는 우리나라의 한시에 관심을 가지고 신라부터 조선에 이르는 100여 명의 문집을 수집하였습니다. 오명제는 병조좌랑이던 허균의 집에 머물면서 200편의 허난설헌 시 필사본을 얻게 됩니다. 이후 오명제는 최치원, 김부식, 정몽주, 서거정, 김종직, 강희맹 등 우리나라 대표적 문인이자 학자들의 시 332편을 모아 『조선시선』을 간행합니다. 여기에 허난설헌의 시를 58수 담았는데 이 『조선시선』이 명나라에 소개되어 허난설헌의 시는 엄청난 반향을 불러일으키게 됩니다. 허난설헌의 인기 비결은 명나라 문인 오명제와 허균이었던 것입니다.

시간이 흘러 1606년 조선을 방문한 중국 사신 주지번도 허난설헌의 시에 대해 지대한 관심을 가져습니다. 당시 중국 사신을 맞는 영접단의 종사관이었던 허균은 허난설헌의 시를 모아 만든 『난설헌집』 초고를 주지번에게 선물로 주었고, 중국으로 돌아간 주지번은 1608년 『난설헌집』을 간행였습니다. 그렇게 허난설헌이 세상을 떠난 지 18년이 지나 중국에서 최초로 발간된 『난설헌집』은 중국 지식인들 사회에서 선풍적인 인기를 얻었고, 그녀는 우리나라 역사상 최초의 국제적 베스트셀러 작가가 되었습니다.

이후에도 허난설헌의 시는 여러 사람에게 사랑받았습니다. 남방위의 『조선 고시』에는 25수가, 반지긍의 『궁사』는 168수가 수록되었고, 여러 문헌들도 앞다퉈 허난설헌 시를 인용 및 편찬하였습니다. 심지어 허난설헌의 작품이 아닌 것도 섞여 있어 검증이 필요할 정도였다고 합니다. 중국인들이 얼마나 허난설헌의 시에 열광했었는지, 반지긍의 『궁사』를 통해 엿볼 수 있습니다.

> "조선에 한나라 반소(유명한 여류시인)와 견줄 수 있는 여인이 있다. 조선의 군신들도 그녀보다 앞서지는 못할 것이다. 허경번(난설헌)은 혜녀(慧女)만이 아니라 천인(天人)이라 할 수 있다. 허경번이 어릴 때 지은 〈광한전 백옥루 상량문〉을 보라. 하늘이 내린 지혜가 아니라면 어떻게 이런 글을 지을 수 있단 말인가."

명나라 시인 종성은 여성 시집 『명원시귀』을 편찬하며 전체 11권 중 한 권을 아예 '허경번'으로 묶어 허난설헌의 시 68수를 실었습니다. 또한 "남편 김성립이 죽자 허난설헌은 여도사(女道士)가 되었다."면서 아예 허난설헌을 신격화의 경지로 올려 버리기도 합니다.

표절 의혹의 불명예를 딛고

흔히 연예인들의 인기는 안티에 정비례 한다고도 합니다. 이건 과거에도 별반 다르지 않았던 것 같습니다. 청나라의 전겸익은 『열조시집』에서 허난설헌의 시를 표절이라 폄훼했습니다. 그러나 여기에서조차 "난설헌의 시는 하늘에서 떨어지는 꽃처럼 많은 사람들에게 회자됐다.", "우리나라(명나라) 문사들은 기이한 것만 찾아다니다가 한갓 외방 오랑캐 여자(허난설헌)의 손에서 나온 시만 보고 놀라고 찬탄했다."는 호평이 적혀있습니다.

허난설헌의 시는 18세기에 부산 동래에 무역 차 나온 일본인의 손에 의해 일본으로도 전해졌습니다. 그리고 1711년 일본의 분다이야 지로에 의해 간행되어 일본에서도 큰 인기를 끌었습니다.

조선 후기에 이르러 사대부 지식인들 사이에서 허난설헌의 시는 재평가되었고, 그녀를 규방의 유일한 시인이자 뛰어난 천재로 인정하였습니다. 그러나 광해군 대에 동생 허균이 역모 혐의로 능지처참 당하면서 집안이 몰락하였고, 임진왜란 이후 보수적인 성리학적 이념이 정착되면서 남성 중심의 가부장적인 사회가 되었기 때문에 허난설헌은 제대로 평가받기가 어려웠습니다.

특히 허균이 역적으로 몰려 죽으면서 허난설헌의 작품에 대한 표절 시비가 일기 시작하였습니다. 여기에는 허난설헌이 다른 이의 시를 표절하였을 것이라는 주장과 허균이 지었거나 표절해서 『난설헌집』에 끼워 넣었을 것이라는 주장이 있습니다. 허균이 허난설헌의 명성을 더 높이기 위하여 중국 시들을 몰래 집어넣었다는 것입니다.

허난설헌을 둘러싼 표절 논쟁은 사실 그 정답을 찾기가 매우 어렵습니다. 표절에 대한 기준이 시대마다 다르기 때문입니다. 그럼 이수광이 제기한 허난설헌의 '금봉화칠지가' 표절 의혹을 보겠습니다. 명나라 '금봉화염지가'의 끝 구절은 '화미홍우과춘산(畵眉紅雨過春山)'이고, 허난설헌 작품은 '지우홍우과춘산(只疑紅雨過春山)'입니다. 같은 한자가 있는 것을 보니 얼핏 표절인 것 같은 느낌이 듭니다. 과연 그럴까요?

> 화미홍우과춘산: 때마침 눈썹 그리는 붓을 쥐고 초생달 같은 눈썹을 그리는데 바로 붉은 빗방울이 미간에 지나가는 것 같다

> 지의홍우과춘산 : 거울 같은 하늘에 유성이 흐르는 달밤이요. 그린 눈썹은 꽃비가 봄산을 지남이라

하나의 예시만을 들었을 뿐이지만 표절이라고 부르기에는 너무 깐깐하게 잣대를 들이댄 것이 아닌가 싶습니다. 한시들은 아무리 독창적이고 널리 알려져 있다 하더라도 그 이전의 무수한 한시들 속에서 유사한 구절들과 시상을 찾아내는 경우가 많이 있습니다. 때문에 당시에도 한시는 그 모방과 답습의 정도가 명백하게 심할 경우를 제외하고는 함부로 표절이라고 부르기가 어렵다는 인식이 널리 퍼져있었습니다.

오늘날 허난설헌 연구자들은 명나라 사람의 작품을 모두 옮긴 것으로 본다면 금세 발각될 것이 분명한데 허균이 『난설헌집』의 서문을 주지번에게 부탁하고 초고를 선물로 주었을 리가 없다고 반박합니다. 또한 표절을 거론하는 인물들이 허균과 당파가 다르거나 허균과 사이가 좋지 않은 사람들이기 때문에 그들의 비평은 객관적이라고 보기 어렵다고 주장합니다. 물론 허난설헌의 시집이 동생 허균에 의해 간행된 만큼 편집에 있어서 일부는 허균의 생각이

반영되었을 가능성이 없지는 않습니다. 그렇다 하더라도 허난설헌이 여성에게 혹독하였던 조선 시대를 살면서 주옥같은 시를 남기고, 수많은 사람들에게 감동을 주었다는 것은 잊어서는 안 될 것입니다.

본받아야 할 여성상의 첫 번째로 꼽히는 신사임당과 달리 반 세대 뒤의 인물인 허난설헌의 생애는 상대적으로 너무나 비극적이라 가슴이 아프기도 합니다. 허난설헌은 우리나라 문학사에 길이 빛나는 인물입니다. 현재 출판되어 있는 허난설헌 시집들이 많이 있습니다. 시간적 여유가 있으실 때 시집을 한번 읽어보는 것은 어떨까요?

일
곱.

김만덕 & 임상옥

+ + + + + +

조선의 으뜸가는 두 상인

여러분들은 '유리천장'이라는 단어를 들어보셨나요? 유리천장은 여성의 사회적 지위 상승을 막는 보이지 않는 벽을 말합니다. 1979년 미국의 경제주간지 '월스트리트저널'에서 처음 사용되어 지금까지 여성 승진의 한계를 나타내는 경제 용어로 통용되고 있습니다. 아직까지 이 용어가 통용되고 있다는 것은 곧 여성을 가로막은 견고한 유리벽이 깨지지 않았음을 의미합니다.

오늘날 여성의 사회적 참여가 활발해지고, 여성의 지위에 대한 인식도 개선되었다고 합니다. 그럼에도 불구하고 아직도 여성의 차별이 우리 사회에 존재한다고 합니다. 그렇다면 조선 시대 여성의 지위는 어땠을까요? 앞서 신사임당과 허난설헌을 만나보았지만 성리학적 이념에 따른 가부장적 질서 속에 조선 시대 여성은 단지 남성에 종속된 존재에 불과하였습니다. 그런데 조선 시대 공식 기록으로 인정받는 『조선왕조실록』, 『승정원일기』, 『일성록』뿐만 아니라, 정약용의 『다산시문집』, 박제가의 『초정전서』 등 많은 사대부들이 앞 다투어 기록으로 남긴 여성이 있습니다. 바로 오늘의 주인공인 제주 출신 여성 김만덕입니다.

탐라도의 김만덕

조선 시대에 변방의 섬 제주도라는 지역적 한계와 여성과 천민이라는 성별적, 신분적 굴레를 스스로 극복한 인물이 있습니다. 자신의 운명을 한탄하지 않고 스스로 개척한 여성 김만덕입니다. 그래서일까요? 2009년 오만 원 신권 도안을 공모할 당시 후보 명단에 오르기도 하였고, 과거 드라마로 반영되면서 우후죽순 책들이 쏟아져 나오기도 하였습니다. 그럼에도 불구하고 김만덕의 생애를 정확히 재구성하는 것은 쉽지 않습니다. 지금부터는 남아있는 여러 기록들로 김만덕의 생애를 퍼즐 조각 맞추듯이 하나씩 밝혀나가겠습니다.

> 만덕의 성은 김 씨이니, 탐라에 사는 양가집 딸이었다. 어려서 어머니를 여의었으나 어디라도 가서 의지할 곳이 없어 기생의 집에 의탁하여 살았다. 조금 자라나자 관가에서 만덕의 이름을 기안에 올렸다. 만덕이 머리를 숙이고 기생 노릇을 하였으나 그 자신은 기생으로 처신하지 않았다.
>
> — 「번안집」, 「만덕전」

이 글은 정조 대에 영의정을 지냈던 채제공의 『번안집』의 「만덕전」에 시작되는 부분입니다. 기록에 따르면 1739년 제주에서 양인 신분으로 태어난 김만덕은 상인이었던 아버지가 바다에 빠져 죽은 후 어머니도 곧 세상을 떠나면서 어려서 고아가 되었습니다. 이후 기생의 수양딸로 들어가 기적에 이름을 올리고 양인이 아닌 관기[14]의 삶을 살게 되었습니다.

---

14 관청에 소속된 국가의 재산으로 가무·기악 등을 하는 기생을 말합니다.

제주 사람들은 김만덕이 죽은 후 만덕을 칭할 때 기생이라는 말은 결코 입에 올리지 않았다고 합니다. 대신에 '만덕 할망' 또는 '나눔 할망'이라고 불렀습니다. 제주도를 만들었다고 전해지는 키 큰 여신 설문대 할망 이후로 김만덕은 제주도의 중시조 격으로 추앙받은 것입니다. 기생 김만덕은 어떻게 제주도의 할망이 되었던 것일까요?

제주를 수렁에서 구하다

조선 시대 제주도는 어떤 곳이었을까요? 제주도는 사면이 바다로 둘러싸인 섬 지방입니다. 돌과 바람, 여자가 많다하여 삼다(三多)라 하였고, 도둑이 없고, 대문이 없고, 거지가 없다하여 삼무(三無)라 하여 우리 제주도를 삼다삼무(三多三無)의 고장으로 불렀습니다. 이러한 미풍양속의 이면에 옛날부터 재앙의 섬, 또는 삼재(三災)의 섬으로도 불렀습니다. 그 이유는 제주도민들이 수천 년에 걸쳐 가뭄으로 인한 한재(旱災), 홍수로 인한 수재(水災), 태풍으로 인한 풍재(風災)에 시달렸기 때문입니다.

이와 같은 상황 속에서 조선 후기 제주도는 3번의 대기근을 겪습니다. 그 첫 번째가 현종 대에 일어난 경신대기근(1670~1671)이며, 두 번째가 숙종 대에 일어난 계정대기근(1713~1717), 마지막으로 정조 대에 일어난 임을대기근(1792~1794)입니다. 특히 18세기 연이은 계정대기근과 임을대기근으로 제주도 인구의 30%와 23%가 굶어죽을 정도로 재난과 재앙의 수준을 넘어선 상황이었습니다. 지금도 제주도에는 "갑인년 흉년에도 살아남았는데"라는 속담이 있습니다. 여기서 갑인년은 바로 1794년, 정조 18년으로 임을대기근을 가리 킵니다. 이처럼 임을대기근은 극심한 흉년을 가리키는 고유명사였습니다. 도 대체 200년 전 임을대기근은 얼마나 참혹하였던 것일까요?

> "제주도는 여러 차례 흉년이 들었지만 지난해처럼 추수할 것이 전 혀 없었던 것은 전에 없던 일이었습니다. 겨울부터 여름까지 굶어 죽은 사람이 몇 천 명이나 되는지 모르는데, 올해 8월에 또 큰 바람 이 연일 불어서 정의현과 대정현은 적지나 다름없고 제주 좌면과 우 면도 심한 재해를 입어 내년 봄이면 틀림없이 금년보다 배나 더 굶 주림을 호소할 것입니다. …(중략)… 굶어 죽은 섬사람들의 수를 신 이 하나하나 명확하게 알지는 못합니다마는 별도리 한 곳으로 말하 더라도 주민이 불과 1백여 호인데 굶어 죽은 사람이 80여 명이나 됩 니다."
>
> – 「정조실록」

1793년 『정조실록』의 내용을 보면 굶어 죽는 사람이 속출하고 있음을 볼 수 있습니다. 글만으로도 심각한 상황이 느껴지지 않나요? 여기서 잠깐 수학 을 해보겠습니다. 한 마을에서 발생된 기아의 수치를 대략 계산해보겠습니 다. 당시 호당 인구수가 6명인 점을 감안하면 사료 속 별도리 1백여 호의 대 략적인 인구수는 600여 명으로 추정됩니다. 이에 따르면 약 13.3% 해당하는 제주도민이 굶어 죽어갔던 것입니다. 다음해인 1794년에는 8월 27일과 28일 에 태풍이 불어 닥쳐 온 섬이 비에 쓸려버려 어디가 어딘지 구별할 수가 없는 상태에 빠져버립니다.

"며칠 새 동풍이 강하게 불어 기와가 날아가고 돌이 굴러가 나부끼는 것이 마치 나뭇잎이 날리는 것 같았습니다. 그리하여 곡식이 짓밟히고 피해를 입은 것은 물론 바다의 짠물에 마치 김치를 담근 것 같이 절여졌습니다. 이 같은 큰 흉년은 고금에 드문 것입니다. 쌀로 쳐서 2만여 섬을 배로 실어 보내지 않는다면 백성들은 장차 다 죽을 것입니다."

– 심낙수 장계, 정조 18년(1794) 9월 17일

여러분들은 제주 목사 심낙수의 장계에서 절박함이 느껴지나요? 장계에는 언급되지 않지만 당시 살아남은 사람들의 모습은 처참하였습니다. 법으로 금지되어 있던 말과 소를 훔쳐 잡아먹는 일이 비일비재하였고, '자식을 내다버리고, 사람이 사람을 잡아먹고, 심지어 시체를 파먹는다.' 등 차마 입에 담지 못할 흉흉한 소문이 나돌기도 하였습니다.

다행히 제주 목사 심낙수의 구휼미 2만여 섬을 보내달라는 장계는 무사히 조정에 도착하였습니다. 당시 왕이었던 정조는 이러한 상황을 그냥 두지 않았고, 구휼미를 보내고자 하였습니다. 하지만 신하들은 호남 연안의 고을들도 가뭄과 강풍의 피해가 극심하였기 때문에 제주도민만 특별하게 배려할 수 없다고 반대하였습니다.

정조는 어떤 선택을 하였을까요? 당연히 정조는 신하들의 반대에도 불구하고 전라도 강진, 해남, 장흥에서 구휼미를 마련하라는 명을 내렸습니다. 그리고 1795년 2월 드디어 제주도민을 구휼하기 위해 구호 곡물 1만 1천석을 실은 배 12척이 영암에서 출발하였습니다. 하지만 그 해 하늘은 제주를 버렸던 것은 아닐까요? 구휼미를 실은 배 12척 중 5척이 풍랑을 만나 침몰하였던 것입니다. 이대로라면 제주 백성들은 꼼짝없이 굶어죽을 수밖에 없었습니다. 제주가 생사의 기로에 선 순간 김만덕이 나섰습니다.

1795년 김만덕은 10년 동안 모은 거액의 재산을 내놓고, 자신의 인맥과 역량을 총동원하여 육지에서 쌀을 구했습니다. 그리고 전라도, 경상도 등 육지에서 쌀을 들여와 모두 관아로 보냈습니다. 즉 김만덕은 재산을 풀어 육지에서 곡식을 사들여 와 굶주림에 허덕이는 제주도민의 구휼에 모든 것을 바쳤던 것입니다. 체제공 기록에 따르면 김만덕은 '천금'을 내놓아 육지에서 쌀을 사들여, 그중 1/10로 친척을 살리고, 나머지는 모두 관아에 바쳤다고 합니다.

김만덕이 어떠한 의도도 없이 오로지 굶주린 사람들을 위해 많은 돈을 선뜻 내놓았기 때문에 1만 8천명의 제주도민의 생명을 구할 수 있었습니다. 내 가족과 남의 가족을 구분하지 않고, 굶주린 사람들에게 곡식을 나누어 주는 것이 쉬울까요? 저라면 수십 번 고민하겠지만 김만덕처럼 행동하는 것은 쉽지 않을 것 같습니다. 그래서 제주도 사람들이 남녀노소를 가릴 것 없이 한목소리로 자신들을 살린 사람은 만덕이라고 칭송하였고, 그녀는 '만덕 할망'이 되었습니다.

객주가 되어 유통업에 뛰어들다

오늘날 우리는 온갖 정보에 파묻혀 살고 있습니다. 재테크와 관련하여 조금이라도 돈이 되는 정보를 얻으면 물불 가리지 않고 불나방처럼 투자에 뛰어드는 경우가 많습니다. 주식이나 펀드에 자산을 투자하는 방식부터 투잡을 통해 저축하고 굴리는 방법까지 돈을 좇는 모양은 각양각색입니다. 최종 목표는 단 하나입니다. 바로 재산을 축적하고 부를 얻는 것입니다.

김만덕은 조선 시대에 살던 사람입니다. 사회 · 경제적 지위상 부를 축적하기 어려운 때였죠. 더군다나 김만덕은 양인의 자식으로 태어났지만 은퇴한 기생의 수양딸로 들어간 제주 관아의 관기였습니다. 다만 김만덕은 평생 기생이었던 것은 아닌 것 같습니다. 체제공의 『번안집』에서는 김만덕이 20여 세가 되었을 때 과거 양인이었던 사정을 제주 관아에 지속적으로 하소연하니, 이를 불쌍히 여겨 관아에서 양인으로 신분을 회복시켜 주었다고 하였습니다. 김만덕이 면천되어 양인으로 환원되었다는 것은 오늘날 가장 널리 알려진 통설입니다.

물론 김만덕이 양인 신분을 회복하지 못했다는 주장도 있습니다. 정약용은 『여유당전서』에서 김만덕을 '제주(탐라)의 기녀', '기적의 실린 몸으로 과부로 수절함' 등 그녀의 신분을 기녀 혹은 비로 기록하였고, 『일성록』은 '그녀는 천한 기생으로서 의롭게 재물을 내놓아 진휼하는데 힘을 썼으니 가상하다'고 한다거나, '제주 기녀(비) 만덕을 내의원에 충원시켜 행수의녀로 임명하라' 등 기녀로 기록하였습니다. 여기서 여러분들은 한 가지 사실에 주목해야 합니다. 기생이었던 김만덕이 다시 양인 신분을 회복하였는가와 상관없이 그녀가 부를 축적하는 것은 결코 쉬운 일이 아니라는 점입니다.

도대체 김만덕은 어떤 방법으로 부를 축적하였던 걸까요? 그리고 얼마나 부를 축적하였기에 제주도민들을 구휼할 수 있었던 것일까요? 『승정원일기』 및 여러 개인 문집, 비문 등에 기재된 내용을 살펴보면 김만덕의 재산 축적 방법은 크게 기녀 활동, 객주업, 매점매석, 유통업, 근검절약 등으로 구분됩니다. 그런데 직접 제주도로 건너와 생활하였던 심노숭은 『효전산고』를 통해 다른 문인들과는 180도 다르게 김만덕을 평가하였습니다. 남아있는 김만덕 기록들 중에 거의 유일한 부정적인 기록입니다.

"만덕은 품성이 음흉하고, 인색해 돈을 보고 따랐다가 돈이 다하면 떠나는데, 문득 그 옷까지 빼앗으니 갖고 있는 남자의 바지저고리가 수백 벌이 되었다. ……본토 상인(北商)이 만덕으로 인해 패가망신 하는 이가 잇달았더니 이리하여 그녀는 최고의 부자가 되었다."

– 『효전산고』

김만덕이 기생의 신분을 적극 활용하여 재산을 축적하고, 가증하고 허위로 가득한 탐욕스러운 인물로 묘사되는 것에 충격을 받으신 분들이 있을 것입니다. 김만덕이 기생 활동으로 재산을 축척하였다는 기록은 『승정원일기』, 이원조의 『탐라지초본』, 작자미상의 『탐라지』 등에서도 볼 수 있습니다. 그러나 만약 이 기록이 사실이라도 김만덕이 임을대기근 때 보여준 선행을 깎아내려서는 안 될 것입니다.

우리는 심노숭의 『효전산고』에서 김만덕의 또 다른 직업과 부를 얻는 방법에 대한 힌트를 얻을 수 있습니다. 바로 '본토 상인(北商)'이란 단어에 주목해야 합니다. 이는 김만덕이 육지 본토 상인과의 교류를 내포하고 있기 때문입니다. 따라서 김만덕이 기방이 아닌 객주를 운영하여 부를 축적하였다는 것을 추론할 수 있게 해줍니다.

오늘날 가장 널리 알려진 김만덕의 부 축적의 비결은 다음과 같습니다. 양인으로 환속된 김만덕은 건입포구 일대에 객주를 차려 제주의 특산물인 말총, 미역, 전복, 표고, 버섯, 양태, 우황, 약초, 녹용, 귤 등을 수집하였다가 육지 상인에게 공급하였고, 제주의 양반, 부녀자나 기녀들을 대상으로 육지의 옷감, 장신구, 화장품 등을 파는 유통업을 하였으며, 또한 척박한 제주에서 귀한 육지의 쌀과 소금을 들여와 많은 시세차익을 남겼다는 것입니다. 이후 관가의 물품도 공급하게 되었고, 적극적으로 선상을 유치하고 자신의 배까지 소유하면서 제주도 포구의 전 상권을 장악하여 제주의 최고 거상이자 최고의 CEO가 되었다는 것입니다.

지금부터 제주도 기녀 출신에서 성공한 CEO로 자리 잡은 김만덕 객주를 만나보겠습니다. 정확하게 김만덕 객주를 일려면 당시 조선 시대 경제 상황을 알아야 합니다. 조선 시대에는 도로와 수레가 발달하지 못하였습니다. 따라서 상품을 운반할 때 육로보다 뱃길을 많이 이용하였기 때문에 18세기에 이르러 포구가 크게 발전하였습니다. 포구에서는 선상, 객주, 여각 등이 활발한 상업 활동을 벌였습니다. 선상은 선박을 이용하여 각 지방의 물품을 구입한 뒤 포구에서 판매하였습니다. 객주와 여각은 각 지방의 선상이 가져온 물화가 포구에 도착하면 그 상품을 위탁받아 다른 상인에게 팔거나 매매를 주선하였습니다. 심지어 객주와 여각은 부수적으로 상인의 숙박, 화물의 보관, 운송 등의 영업도 하였고, 자금 대부와 어음 발행 등 금융업까지 수행하였습니다.

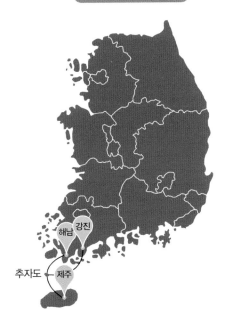

김만덕의 진출 지역

이러한 사회 · 경제적 분위기 속에서 김만덕은 기생 생활을 하며 모아둔 자금을 갖고 객주를 시작하였습니다. 기생 시절의 인맥도 십분 활용하였을 것입니다. 제주 관리들은 물론 육지에서 업무로 내려온 관리들도 김만덕의 객주에 드나들었을 것입니다. 이면승의 「만덕전」에서 김만덕의 구체적인 경제 활동 모습을 볼 수 있습니다.

> "김만덕이 배를 만들어 쌀을 사들이고, 점포를 차려 놓고 삿갓과 말총을 판매하니, 재물이 쌓여 자못 넉넉하였다."   – 「감은편」, 「만덕전」

김만덕은 객주를 차린 후 선박을 이용하여 제주의 특산물인 미역과 마른 전복, 말총, 양태 등을 강경과 기타 지방에 내다 팔았습니다. 그리고 육지에서 일용 잡화와 백미와 잡곡 등을 사서 돌아왔습니다. 이처럼 김만덕은 객주를 운영하면서 제주도 물품과 육지 물품을 교역하는 유통업을 통해 막대한 부를 이루어나갔습니다.

김만덕의 재산 축적 방식 중에 눈에 띄는 것이 있습니다. 바로 매점매석입니다. 매점매석이란 가격이 오를 것을 기대하여 그 물건을 대량으로 구매하여 보관했다가 높은 가격에 되파는 행위를 말합니다. 매점매석은 중국 한나라의 역사가 사마천의 『사기』에도 등장할 만큼 고대에서부터 이어진 자산 증식 행위입니다. 다만 오늘날 우리나라는 기획재정부장관이 물가의 안정을 해칠 우려가 있다고 인정되는 물품은 매점매석 대상으로 지정하여 처벌하고 있습니다.

> "재화를 늘리는데 재능이 있어 물가의 높고 낮음을 잘 짐작하여 내어 팔거나 쌓아놓거나 했다. 그런지 몇 십 년 만에 제법 부자로 이름이 드높았다."
>
> — 『이향견문록』

김만덕도 물건 값이 오를 것을 예상하고 많이 사두었다가 값이 오를 때까지 팔지 않고 보관해 두는 행위인 매점매석을 통해 부를 축적하였습니다. 또한 채재공의 『번암집』을 보면 김만덕을 도고로 인식하고, 상품의 유통을 독점하여 매점매석을 통해 엄청난 부를 얻었다는 기록이 있습니다. 조선 후기에 상업이 발달하면서 일부 상인들은 부를 축적하였고, 이를 바탕으로 매점매석을 하는 독점적 도매상인인 도고로 성장하였습니다. 김만덕은 제주도의 도고였던 것입니다.

"근검절약으로 재산을 점점 늘렸다." — 『제주도실기』

"옷을 줄이고 음식을 덜어 재산이 커지게 되었다." — 『증보탐라지』

"살결이 곱고 아름다우므로 기방에 의탁한 바가 되었는데, 근검하여 큰 재산을 이루었다." — 『탐라기년』

김만덕은 객주를 차린 후 막대한 부를 얻었지만 근검절약을 실천하였습니다. 기록만 보면 김만덕은 마치 스크루지 영감이나 구두쇠처럼 보일 것입니다. 하지만 우리는 김만덕이 제주도 전체를 고통으로 내몰았던 대기근 때 일말의 망설임 없이 자신의 재산으로 육지의 곡식을 구매하여 제주도 백성들을 구휼하였다는 사실을 잊어서는 안 됩니다. 김만덕은 돈을 써야 할 타이밍을 정확하게 알고 화끈하게 쓸 줄 아는 제주도 최고의 큰 부자였습니다.

그렇다면 임을대기근 때 김만덕의 진휼 규모는 어느 정도였을까요? 김만덕의 진휼 관련 기록을 보면 재산을 내놓다, 쌀을 사들이거나 혹은 곡식을 풀거나, 곡식과 돈을 모두 내놓거나 하는 등의 다양한 제주도민 구제 방식이 확인됩니다. 하지만 '쌀 300석', '쌀 600곡', '천금', '수천 석의 곡식과 수천 꿰미 돈' 등으로 여러 문헌들마다 서로 다른 수치와 수량을 기재하여 명확한 진휼 수량을 파악하기는 어렵습니다. 다만 당시 연이은 심각한 기근 상황에서 제주도에 쌀을 직접 사들여와 '제주 기민 천여 명' 혹은 '열흘의 기간을 재활시켰다'라는 기록을 통해 김만덕이 기부가 얼마나 큰 규모였는지 미루어 짐작 가능합니다.

평민 여성 최초로 왕을 알현하다

어느 날 신이 나타나서 소원을 하나만 들어준다면 무엇을 빌어야 할까요? 상상만으로도 마음이 설레고 머릿속에 그동안 바라던 소원들이 가득 떠오를 것입니다. 저는 침착하게 로또 단독 1등을 빌겠습니다. 그런데 김만덕은 신은 아니지만 조선에서 신에 버금간다고 할 수 있는 사람을 직접 만나 소원을 말하는 행운을 누리게 됩니다.

1795년 김만덕이 보였던 선행은 그해 조정에 보고되지 못하였습니다. 당시 시대상을 감안하면 천민 여성의 이름이 임금에게 보고되는 것은 아무리 큰 공을 세웠더라도 바람직하지 않다고 판단하였던 것 같습니다. 덮어두기에는 제주도를 살린 김만덕의 공이 너무나 컸습니다. 결국 이듬해인 1796년 제주도 백성을 살린 김만덕의 이야기는 정조에게 보고되었습니다. 정조는 일개 천민 여성이 거액의 재산을 내놓아 백성들을 구한 것에 감동하였습니다. 이에 제주 목사를 통해 김만덕이 소원이 있다면 쉽고 어려움을 따지지 말고 특별히 들어주라고 명을 내렸습니다. 김만덕은 정조에게 어떤 소원을 말하였을까요?

> "제주의 기생 만덕이 재물을 풀어서 굶주리는 백성들의 목숨을 구하였다고 목사가 보고하였다. 상을 주려고 하자, 만덕은 사양하면서 바다를 건너 상경하여 임금님이 계신 대궐을 보고, 금강산을 유람하기를 원하였다. 허락해 주고 나서 가는 길의 고을들로 하여금 양식을 지급하게 하였다."
>
> – 『번안집』, 「만덕전」

정조는 김만덕에게 상을 내리고자 하였습니다. 김만덕은 상을 사양하고 조금은 엉뚱한 소원을 말합니다. 바로 바다를 건너 상경하여 대궐을 보고, 금강산을 유람하는 것입니다. 여러분들이 볼 때는 하찮은 소원으로 보일 수 있습니다. 하지만 당시 김만덕의 소원은 오늘날 로또 1등을 하는 것보다 더 힘든 것이었습니다.

제주도는 삼재(三災)로 인해 살기 어려운 땅이었기 때문에 많은 도민들이 섬을 떠나 육지에 가서 살고자 하였습니다. 제주도 인구가 계속 줄어들자 결국 1629년 인조는 제주도민의 출륙을 엄금한다는 명을 내렸고, 여자들의 출륙은 더욱 엄하게 금지되었습니다. 제주도 여자는 바다를 건너 육지로 나갈 수 없었을 뿐만 아니라 육지의 남자와 혼인을 해서 그곳으로 옮겨가 사는 것도 금지되었습니다. 정조 대에도 제주도 여인들은 출륙금지령으로 인해 어떠한 경우라도 육지에 나갈 수 없었습니다.

정조는 다른 왕과는 달랐습니다. 이러한 상황을 알고 있음에도 불구하고 김만덕의 소원을 들어주라 명하였습니다. 천민에 가까운 일개 상인이자 여성이 왕의 부름을 받았다는 것은 그 자체로 역사상 유례없는 일이었습니다. 김만덕은 제주도 사람으로 태어나 바다를 건너 육지에 나갈 수 있는 특권을 누리게 되었고, 한양은 물론이고 금강산까지 여행하는 최초의 제주도 출신 여성이 되었습니다. 교통편도 시원찮고, 여성의 여행은 꿈도 꿀 수 없던 조선 시대에 김만덕은 그렇게 여행을 떠난 것입니다. 김만덕은 마치 꿈을 꾸는 것 같지 않았을까요?

1796년 김만덕은 왕의 부름을 받아 서울로 향하는 뱃길에 올랐습니다. 그리고 한양에 도착하였습니다. 하지만 문제가 하나 있었습니다. 평민은 임금을 알현할 수 없었기 때문에 벼슬이 있어야만 했습니다. 김만덕은 내명부[15]와 외명부[16] 그 어디에도 속한 여인이 아니었습니다. 정조는 명예 관직이었지만 당시 여성이 오를 수 있었던 최고의 벼슬인 '의녀반수'를 하사하여 궁궐 출입을 가능하게 하였습니다.

김만덕은 한양에 도착하여 우의정 윤시동의 부인 처소에서 지냈으며, 궁궐에 나아가 정조뿐만 아니라 혜경궁 홍씨를 비롯한 왕실 어른들도 만났습니다. 한편 정조는 김만덕의 삶을 널리 알리기 위해 초계문신들에게 '만덕전'을 주제로 하여 시험을 치르도록 하였습니다. 이에 채제공, 정약용, 박제가 등은 김만덕의 생애를 다룬 『만덕전』을 집필하거나 그녀를 칭송하는 시와 글을 남겼습니다.

금강산에서 다시 제주로

김만덕은 다음해 봄까지 한양에서 지내다가 금강산 유람길을 떠났습니다. 당연히 각종 편의가 제공되어 편안하게 금강산 1만 2천 봉우리를 두루 유람하고 돌아올 수 있었습니다. 김만덕이 금강산의 아름다운 경치를 바라보며 얼마나 행복한 미소를 지었을까요?

---

15 내명부는 궁중 내에 거주하는 품계를 받은 여인을 통틀어 이르는 말입니다.

16 외명부는 궁중 밖에 거주하면서 작위나 품계를 받은 왕족이나 문무 대신의 부인이나 여인들을 통틀어 이르는 말입니다.

김만덕이 다시 한양으로 돌아오자 백성은 물론 선비와 고위 관리들까지 앞다투어 찾아와 그녀의 얼굴을 한 번이라도 보고자 하였습니다. 정조가 관심을 가지는 인물이기도 하지만 기생 출신 양인이 왕을 알현한 것은 전례가 없는 일로 당대 지식인이자 정치인들의 관심을 한 몸에 받았던 것입니다. 그렇게 김만덕은 본인의 의지와 상관없이 이미 한양 최고의 스타이자 유명인사가 되었습니다. 이후 김만덕은 한양에서 며칠을 머문 뒤 고향 제주도로 돌아왔습니다.

김만덕은 6개월간의 짧지만 평생 잊을 수 없는 궁궐 구경과 금강산 유람을 마치고 제주도로 돌아왔습니다. 그리고 제주도로 돌아온 지 15년 후인 1812년 73세로 세상을 떠났습니다. 그녀가 세상을 떠난 지 20여 년 후 제주도 대정현으로 유배 온 추사 김정희는 굶주린 백성을 살린 김만덕의 선행을 듣고서 매우 감동하여 그 후손에게 '은광연세(恩光衍世 · 은혜의 빛이 널리 퍼지다)'라는 편액을 증정하기도 하였습니다.

김만덕의 구휼 행위는 제주라는 섬 하나를 죽음의 문턱에서 구해냈습니다. 쉽게 이룬 부가 아닌 만큼 선뜻 큰 재산을 내놓기란 그녀에게도 어려운 일이었을 것입니다. 그러나 김만덕은 나눔과 베풂을 선택하였습니다. 김만덕은 제주도를 기반으로 부를 이루었고, 앞으로도 삶의 터전은 제주도가 될 것이기에 제주도의 불행은 곧 자신의 불행으로 여겼을 것입니다. 그래서 이렇게 멋있는 이야기를 후세에 남겨놓을 수 있었던 것은 아닐까요?

> "아, 만덕이 남자라면 어떻게 되었을까? … 그가 여인의 따분한 기질을 싹 쓸어버렸기에 천 년을 두고 그 이름이 살아남을 것이다."
>
> — 「송만덕귀제주시서」

02

임상옥

여러분들은 부자가 되고 싶나요? 모든 사람이 부자가 되기를 원합니다. 그렇다면 가난에서 벗어나 부자가 되는 최상의 방법은 무엇일까요? 중국 한나라의 역사가 사마천은 "농업이 공업만 못하고, 공업이 상업만 못하다."면서 비단에 수를 놓는 일보다는 저잣거리에서 장사하는 것이 더 낫다고 하였습니다.

여러분들은 '상업이 최상'이라는 사마천의 부자론에 동의를 하시나요? 과거 신라 시대 해상왕 장보고부터 오늘날 대기업까지 한 나라를 좌지우지할 정도의 경제력을 과시한 부자들은 대부분 토지에 바탕을 둔 농업 부지가 아니라 상업 부자들이었습니다. 조선 시대에도 상업 부자가 있었을까요? 르네상스 시대 이탈리아의 메디치 가문, 청나라의 호설암, 미국의 록펠러 가문 등에 뒤지지 않는 인물이 있습니다. 조선 시대 국제 무역을 통해 거상으로 성공한 인물인 인삼왕 임상옥입니다.

상인 집안에 태어나 상업의 기초를 쌓다

조선 시대 사·농·공·상(士農工商)의 신분 제도에서 맨 아래쪽에 있던 직업은 장사를 하는 상인입니다. 조선은 상업을 말업(末業)으로 규정하고, 본업(本業)인 농업과 비교하여 열등하게 보면서 '억말론(상업 억제)'을 주장하였습니다. 그래서일까요, 조선 후기 국제 무역 시장을 쥐락펴락하였던 거상 임상옥의 기록을 찾는 것은 쉽지 않습니다. 그의 행적은 박지원의 『열하일기』, 문일평의 『조선 명인전』 등을 통해 조각그림 맞추듯 재구성할 수밖에 없습니다.

임상옥은 1779년 평안북도 의주에서 태어났습니다. 임상옥의 선대에 대한 기록은 거의 전무하지만 문일평의 『조선명인전』에 따르면 '본래 평남 안주에서 거주하다가 그 증조 때에 의주로 옮겨 왔는데 선대부터 상업에 종사하였으며, 아버지 임봉핵도 중국의 서울이었던 연경(북경)에 왕래하던 상인이었다.'고 합니다. 이 짧은 기록을 통해 임상옥이 상인 집안에서 태어났음을 알수 있습니다. 기록을 보면 '7세 때부터 15세에 이르기까지 경사(經史)를 섭렵하고, 15세에 이르러 문리가 트이기 시작하고, 18세 되던 무렵부터 연경에 출입하기 시작하였다.'고 합니다. 임상옥은 18세까지 학문에 전념하면서 상인으로서의 기본적인 소양을 닦았을 것입니다.

우리가 임상옥을 이해하기 위해 꼭 알아야 하는 지명이 있습니다. 임상옥의 고향이자 활동 근거지인 의주입니다. 의주는 중국 청나라와 국경을 접하고 있는 도시입니다. 청나라로 사신 행차를 떠나는 사람들이 국경을 넘어가기 직전에 마지막으로 수일 간 머무르면서 사행단을 정리하고 밀무역을 단속

하던 곳이기도 합니다. 동시에 무역 상인들에게는 대청 무역의 전초기지 같
은 곳이기도 합니다.

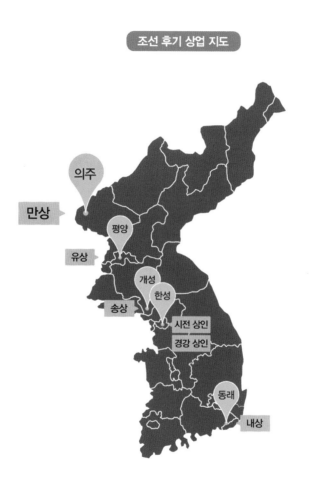

조선 후기 상업 지도

의주 상인 만상은 어떻게 대청 무역에 참여하였을까요? 합법적인 방법으로는 청나라로 떠나는 사절단인 연행사의 일원이 되는 것이 있습니다. 의주 만상은 연행사가 중국을 떠날 때마다 만상 군관으로 참여하였습니다. 연행사에는 만상 군관 2명이 포함되었는데, 의주 출신만이 임명되었습니다. 만상 군관은 사행에 필요한 말에게 먹일 풀을 담당하는 방요 군관과 사행이 압록강을 건너면 하루 앞서 잠자리와 음식 등을 미리 준비하는 하처 군관이 있습니다. 이외에도 의주 만상은 군졸, 마부, 호송군 등 사행단의 하층을 구성하면서 참여하기도 하였습니다. 이처럼 의주 만상은 연행사에 편승하여 대청 무역에 적극 참여하였습니다.

임상옥의 집안은 중조 대에 의주로 옮겨 온 이후 자연스럽게 의주 상인, 즉 만상이 되었습니다. 임상옥에게 의주와 만상은 국제 거상으로 성장하는 데 중요한 배경이 된다고 할 수 있습니다.

인생을 건 도박으로 날개를 달다

임상옥은 18세 되던 무렵부터 인삼을 짊어지고, 아버지를 따라 연경 사행을 따라다니며 만주어와 중국어, 북경 장사꾼들의 은어와 시세 변동 등을 배웠습니다. 그러나 임상옥의 상업 활동은 성공적이지 않았던 것 같습니다. 임상옥이 28살 때 아버지가 세상을 떠나자 어렵사리 장례는 치렀지만, 아버지가 진 빚 수천 금을 떠안게 되었습니다. 그는 상주의 몸으로 다시 수천 리 연경 장삿길을 떠나야 했습니다. 임상옥은 눈물을 삼키며 압록강 험한 물을 수 없이 건넜을 것입니다. 인삼 보따리를 챙겨 국경선을 넘는 연경 사행길에서 말의 고삐를 잡고 앞에서 끌거나 뒤에서 따르는 일을 하는 말군 생활은 너무나도 고달팠을 것입니다. 임상옥은 큰 자본이 없는 보따리장수에 불과하였기 때문입니다. 이때 임상옥은 중국에서 인기가 많은 인삼에 대한 교역권을 독점할 수만 있다면 자신의 삶을 바꿀 수 있다는 생각을 하게 됩니다. 그리고 자신의 삶을 바꾸기 위한 과감한 승부수를 던집니다.

> "…38세에 이르렀다. 1816년에 백마산 서쪽 삼봉산 아래에 조상의 묘를 이장하고, 1817년에는 묘소에 규모가 큰 건물 수백 간을 신축하고 장차 살만한 곳을 헤아렸다."
> – 『조선명인전』

여러분들은 지금 하고 있는 일을 10년 만에 극적인 성장이나 성공을 이룰 수 있다고 생각하시나요? 분명 쉽지 않은 일일 것입니다. 임상옥은 단 10년 만에 수백 간에 이르는 대저택을 지을 만큼 부를 축적하였습니다. 도대체 10년 사이에 임상옥에게는 어떤 일이 있었던 걸까요?

당시 조선은 갑작스러운 정조의 죽음으로 나이 어린 순조가 즉위하면서 왕실과 혼인 관계를 맺은 몇몇 가문이 정권을 장악하는 세도 정치가 나타났습니다. 이후 세도 정치는 순조, 헌종, 철종의 3대 60여 년 동안 안동 김씨, 풍양 조씨 등 왕의 외척 세력에 의해 지속되었습니다.

임상옥은 1806~1816년 사이의 어느 해에 순조 대에 세도 가문이었던 박종경의 지원 하에 국가의 힘으로도 터주기 어려운 10년 간의 인삼 무역 독점권을 얻었습니다. 이에 임상옥은 대청 무역을 주도하면서 거상으로 성장할 수 있었습니다. 임상옥이 국제적인 거상으로 성장할 수 있었던 결정적인 계기는 세도 가문의 지원이었고, 그 지원의 주체는 박종경이었습니다. 이를 놓고 문일평은 '이것이 임상옥으로 하여금 그 상업상 천재적인 재능을 마음대로 발휘케 할 일대 기회를 준 것이거니와 자본가와 정치가가 서로 결탁하는 것은 오늘날만 있는 일이 아니다.'라고 평하였습니다.

임상옥은 어떻게 순조 초기 김조순의 안동 김씨와 함께 세도 정치를 주도한 반남 박씨의 박종경과 긴밀한 관계를 맺게 되었을까요? 비유를 하자면 일개 강사인 제가 교육부 장관과 단 둘이 만나고 그의 전폭적인 지원을 받게 되는 것과 비슷하지 않을까요? 말 그대로 현실적으로 불가능한 일이었습니다.

> 임상옥은 당시 판서 박종경의 문객이 되었다. 박종경이 모친상을 당하자 임상옥은 4천냥을 부조금으로 내었더니 후에 박종경은 임상옥을 따로 불렀다. 박종경은 '임서방 자네는 하루에 남대문으로 사람이 몇이나 드나드는지 아는가?'라고 질문을 하였다. 임상옥은 문득 대답하되 利害二人이라 하였다.
>
> — 「개벽」

일제강점기 잡지인 『개벽』에 실린 일화를 통해 우리는 일개 보따리장수 임상옥과 최고 권력가 박종경의 만남이 어떻게 이루어졌는지를 엿볼 수 있습니다. 순조의 외삼촌인 박종경이 부모상을 당하자 전국이 들썩거렸을 것입니다. 전국의 벼슬아치·부자·사또들이 세도 가문의 줄을 잡기 위해 앞 다투어 얼굴을 내밀고, 몇 백 냥씩 부조금을 보내왔을 것입니다. 이때 평안도 의주

장사꾼 임상옥은 명함도 못 내밀 상황이었지만 태연하게 박종경에게 무려 4천 냥을 바쳐 올렸습니다.

당시 4천 냥의 가치는 어느 정도였을까요? 속담 중에 "말 한마디로 천 냥 빚을 갚는다."가 있습니다. 당시에 '천 냥'은 화폐 가치를 놓고 보았을 때 상징적 의미가 있는 금액이었을 것입니다. 당시 1냥은 10전=100푼의 가치였습니다. 엽전 한 개가 한 푼으로 천 냥은 엽전 10만 개만큼의 가치를 가진 돈이었습니다. 조선 후기 학자 황윤석이 쓴 일기인 『이재난고』에 따르면 머슴의 한 달 월급이 7냥 정도, 양반이 입는 고급 누비솜옷이 4냥, 평민이 입는 누비솜옷이 2냥에 거래되었다고 합니다. 즉 천 냥은 18세기 머슴이 11년 11개월 동안 딱 한 푼만 쓰고 나머지를 전부 모아야 모을 수 있는 큰돈이었습니다. 이제 박종경이 임상옥을 후에 따로 불러 만난 이유가 납득이 될 것입니다. 여러분들도 전혀 모르는 누군가가 부조금을 4천 냥이나 냈다면 궁금해서라도 만나지 않았을까요.

그렇게 만난 박종경은 임상옥에게 질문을 던집니다. 만약 박종경이 여러분들에게 '자네는 하루에 남대문으로 사람이 몇이나 드나드는지 아는가?'라는 질문을 던진다면 어떤 답을 하실 건가요? 누구는 2천 명, 누구는 7천 명, 누구는 1만 명 등 제각각 답을 할 것입니다. 임상옥이 한 대답은 사료에서 일부러 원문으로 표기한 '利害二人'으로 다음과 같이 답하였습니다.

> "두 사람입니다. 하루에 남대문으로 몇 명이 드나들던 그 가운데는 대감에게 이롭거나 해가 될 사람이 섞여 있을 뿐입니다. 이도, 해도

주지 못할 사람이라면 대감에게는 아무 쓸모가 없는 사람이 아니겠습니까?"

박종경은 껄껄껄 웃으며 임상옥은 어느 쪽인지 되묻습니다. 임상옥은 생각하고 있었다는 듯이 즉시 답합니다.

"저는 심(心)가이옵니다. 이해득실을 떠나 대감의 마음을 얻고자 함입니다."

임상옥은 순간적인 기지와 판단력을 보여주었고, 이를 확인한 박종경은 정치적 후견인이 되었습니다. 그리고 임상옥은 박종경의 권력을 배경 삼아 국경 지방에서 인삼 무역 독점권을 획득하여 조선 최대 갑부의 터전을 닦게 됩니다. 요즘 말로 철저한 정경유착이었던 것입니다.

여기서 임상옥의 큰 성공의 배후에 정권의 뒷받침이 있었다고 평가 절하하는 분들이 있을 것 같습니다. 여러분들은 박종경을 단 한 번 만나기 위해 거금 4천 냥을 아낌없이 내놓을 자신이 있나요? 만약 임상옥의 계산대로 박종경이 만나주고 그의 뜻을 알아준다면 다행이지만 그렇지 않을 경우 파산당할 위기에 몰릴 수도 있는 거액입니다. 그만큼 임상옥의 구상과 계획은 누가 보더라도 무모하고 터무니없는 것이었습니다. 당시 권력의 핵심에 있던 박종경이 자신과 연결되어 있는 숱한 상인들을 나 몰라라 하고 전혀 알지도 못하는 임상옥에게 막대한 이득이 남는 인삼 독점권을 선뜻 내줄 리가 만무하였기 때문입니다. 그러나 임상옥은 엄청난 배짱과 기지를 발휘하여 박종경의 마음을 움직였습니다.

저 인삼을 모두 불태워라

인삼은 '기사회생(起死回生)의 귀재(貴材)'로 불려온 신비의 약용 특산물로 '신초(神艸)'로도 불렸습니다. 이러한 인삼이 여러 곳에서 생산되는 것을 아시나요? 중국의 운남성과 광서성 일대에서 생산되는 인삼은 전칠삼, 미국과 캐나다에서 나는 인삼은 화기삼, 일본 인삼은 죽절삼이라 불렸습니다. 조선 인삼은 고려 인삼으로도 불렸습니다.

현대 과학은 인삼의 약효가 사포닌(Saponin)이란 성분에서 기인한다고 밝혔습니다. 사포닌은 해독 작용과 혈소판 응집 억제 작용 등 다양한 효과를 내는 화합물을 통틀어 말합니다. 우리나라를 중심으로 하여 중국 만주 일대에서 생산되는 인삼에서 사포닌 성분이 가장 많이 나온다고 합니다. 과거에는 이 효능을 먹어보고, 직접 몸으로 느꼈을 것입니다. 특히 조선 인삼은 예부터 만고명약으로 널리 알려져 중국 상인들의 요청이 끊이지 않았습니다. 때문에 18세기까지 인삼은 조선의 대외 교역품의 목록에서도 빠질 수 없는 중요한 물품이었습니다.

시간이 지남에 따라 인삼의 대외 수출은 공급이 절대적으로 부족해졌습니다. 그 결과 18세기 중반 이후부터 자연삼인 산삼(山蔘)이 끊어지고, 재배 인삼 즉 가삼(家蔘)이 전국 각지에서 생산되었습니다. 산삼과 가삼에는 백삼(白蔘)과 홍삼(紅蔘)이 있습니다. 백삼은 흙에서 캔 삼을 그대로 말린 것이며, 홍삼은 그것을 가마에 넣고 쪄서 붉은 빛이 나도록 한 것입니다. 재배 인삼은 장기간 보존과 약재로 활용하기 위해 홍삼으로 가공되었고, 중국에서 선풍적인 인기를 끌며 팔려나갔습니다.

임상옥은 18세기 가삼의 매매가 널리 행해지고, 중국에서 백삼보다 홍삼이 인기를 모으기 시작하는 시기에 박종경의 후원으로 대청 인삼 무역 독점권을 획득합니다. 정확하게는 대청 홍삼 무역 독점권을 얻었지요. 당시 홍삼 무역 독점권을 획득하였던 의주 만상은 6명이었는데 임상옥은 그중에서도 특별한 수완으로 조선 최고의 거상이 되었습니다. 관련 자료 부족으로 임상옥이 수행한 대청 홍삼 무역의 정확한 실태를 확인하는 것은 어렵습니다만 임상옥의 대청 무역 활동과 관련한 유명한 일화들과 당시 홍삼 무역의 전반적인 추이를 통해 그의 무역 활동을 엿볼 수는 있습니다.

연행사의 길

임상옥이 의주-연경(북경)-한양 3천 리를 어떤 상술로 쥐락펴락하였는지를 보여주는 일화가 있습니다. 임상옥이 연경 가는 사신을 따라 인삼 무역을 하러 북경에 도착하였을 때의 일입니다. 임상옥이 도착하면 반색을 하며 반기던 청나라 상인들이 모두 그를 매몰차게 내몰았고, 말조차 하지 않았습니다. 임상옥이 인삼을 독점하여 온 것을 시기하였던 청나라 상인들이 '인삼불매동맹(人蔘不買同盟)'을 맺었기 때문입니다. 이들은 사신 일행의 귀국 날짜가 차츰 가까워 오고 있으니, 임상옥이 부득이 인삼을 헐값으로라도 내다 팔 것으로 여겼습니다. 이러한 교묘하고 치사한 청나라 상인의 상술은 임상옥만이 겪은 일이 아닙니다. 조선 정부의 공식 기록인 『승정원일기』에는 조선 상인과 청나라 상인의 긴박한 심리전이 기록되어 있습니다.

> "요즈음 중국 상인들은 이전에 무역했던 홍삼을 내놓고 보여 주면서 '이것은 아무짝에도 쓸데없는 물건이다. 그러므로 우리는 살 수 없다.'고 말합니다. 이런 방식으로 저들이 우리나라 사람들을 시험합니다. 결국 기한이 얼마 남지 않은 끝에 가서야 어쩔 수 없이 교역하게 됩니다. 이에 마침내 무역하기는 하나 온갖 이유로 싼 가격에 하게 됩니다. 교묘하게 속이는 청나라의 인심이 이와 같습니다."
>
> – 『승정원일기』

여러분들이라면 이 위기를 어떻게 극복하실 건가요? 가지고 간 홍삼을 어떻게든 팔아야 하는데 주어진 시간이 끝나간다면 저는 결국 적자를 보지 않는 선에서 헐값에 팔았을 것 같습니다. 임상옥은 다른 조선 상인과는 달랐습니다. 오히려 청나라 상인들이 이런 걸 노리고 있다는 것을 알고 역공을 가하였습니다. 조선으로 돌아가기 이틀 전까지도 임상옥은 요지부동이었습니다. 청나라 상인은 많이 당황하였을 것입니다. 그들의 예상대로라면 지금쯤 임상옥이 자신들에게 한껏 허리를 굽히며 싼 값으로 흥정해 와야 옳았는데, 아무 소식이 없었기 때문입니다.

조선으로 돌아가기 전날, 임상옥은 사람을 시켜서 장작을 여러 수레 사오게 하였습니다. 이 소문을 들은 북경의 청나라 상인들이 멀리서 임상옥을 지켜보기 시작하였습니다. 이때부터 임상옥의 원맨쇼가 벌어집니다. 임상옥은 하인에게 자신이 거처하는 집의 마당에 가득 장작을 쌓게 하고, 그 위에다 의주에서 싣고 온 인삼 싼 꾸러미를 차곡차곡 쌓아올렸습니다. 그 때까지만 해도 청나라 상인들은 무슨 일이 일어나고 있는지 감도 잡지 못하였습니다.

여러분들은 감을 잡으셨나요? 임상옥은 갑자기 일말의 망설임도 없이 인삼 꾸러미 위에 불을 질러 버립니다. 순식간에 검은 연기가 인삼 더미에서 치솟자, 깜짝 놀란 청나라 상인들이 댓바람에 몰려들어 불을 끄고 인삼 봉지를 끌어냈습니다. 아마 그 자리에 있던 모든 사람들이 임상옥이 미쳤다고 생각하였을 것입니다. 임상옥은 미동도 없었고, 오히려 하인에게 호통을 쳤습니다.

> "누가 감히 내 인삼에 손을 대느냐. 너희들은 당장 불을 더 지피고 저 인삼을 다 빼앗아 어서 불태워버려라. 북경에 와서 물건을 제 값도 못 받고 파느니 차라리 불태워 없애버리는 게 낫다."

그러자 청나라 상인들은 원하는 금액에 구매하겠다고 임상옥에게 매달렸습니다. 하지만 임상옥은 아무 말도 하지 않고 더 불을 지피라고 호통을 쳤습니다. 더욱 다급해진 청나라 상인들은 서로 값을 올려나갔고, 마침내 임상옥은 본래 생각하였던 값의 10배를 부르고서야 받고 팔 수 있었습니다.

청나라 상인 입장의 입장에서도 1년에 겨우 한 번 오는 의주 만상의 인삼을 사지 않으면 자신들의 장사도 망칠 수밖에 없었습니다. 조선 홍삼은 뛰어난 약효로 인해 돈푼이나 있는 사람이면 값이 싸고 비싼 것을 묻지 않고 구매하였기 때문에 꼭 사야하는 상품이었습니다. 이 사실을 임상옥은 정확하게 알았고, 배짱과 지혜를 발휘하여 청나라 상인을 오히려 역이용하였던 것입니다. 이 사건으로 임상옥은 국내외에 명성을 떨치게 됩니다.

조선 최고의 부자가 되다

오늘날 우리나라에서 손꼽히는 재벌들은 대부분 국내뿐 아니라 외국 시장에서 성공적으로 상품을 판매함으로써 재벌이 될 수 있었습니다. 거부가 되기 위해서는 국내 시장은 물론 외국 시장으로 진출해서 경쟁력 있고 고수익을 보장하는 상품을 성공적으로 판매하는 것이 가장 중요합니다. 조선 시대에서도 국내에 국한된 상업 활동으로는 거부가 되기 어려운 것은 마찬가지였습니다. 이를 극복하고 조선 최고의 거상이자 거부가 된 인물이 임상옥입니다.

조선 시대 홍삼 수출은 1797년 120근 수준에서 시작되어 1823년이 되면 1천근으로 급증합니다. 이후에도 홍삼 수출량 꾸준히 증가하는 추세를 보입니다. 임상옥이 가장 활발하게 활동한 시기는 1810년 이후부터 1820년대까지로 추정하는데, 인삼 수출량이 무려 4천근 이상으로 가장 폭발적으로 증가하였습니다. 20여 년이 안 되는 짧은 기간에 수출량이 20배 이상 증가하였던 것입니다. 당시 조선 정부에서 비축한 은자가 총 42만 냥 정도로 추정하는데 임상옥이 장악한 대청 인삼 무역 규모는 은자 100만 냥이 넘었고, 한 해 낸 세금만 해도 자그마치 4만 냥에 이르렀다고 합니다.

임상옥은 서른을 갓 넘긴 나이에 나라 안에 명성이 자자한 국제적 부호가 되었습니다. 오늘날 우리는 몇 가지 일화를 통해 그 부를 유추할 수 있습니다.

> "임상옥이 청나라에 인삼을 팔고 와서 은괴를 쌓으면 마이산만하고 비단을 쌓으면 남문루(南門樓)만 할 것이라고 전해진다. 회계를 맡은 사람만 70명이 넘었고, 그의 집에 평안 감사와 의주 부사가 한꺼번에 방문했을 때, 일행 700명이 그의 집에서 모두 묵었다. 중국으로 사행 가는 사람은 임상옥의 집에 묵었는데, 100명이 넘는 사행 일행들에게 각기 상을 차려 대접할 수 있었다." — 『조선명인전』

> "의주 사람인 임상옥은 재물을 모으는 일에 탁월한 능력이 있었다. 조선과 청나라 양국에서 이득을 얻어 쌓은 부가 왕실과 견줄 만 했다. 북경 사람들은 지금도 그의 이름을 들먹인다." — 『매천야록』

그런데 임상옥이 그저 돈만 많이 벌었더라면 오늘날까지 그의 이름이 회자되지 않았을 것입니다. 임상옥은 자신의 경영 철학을 시 한편으로 요약하였습니다.

"재물이란 평평하기가 물과 같고, 사람의 바르기가 저울과 같다(財上平如水 人中直似衡)"

임상옥이 남긴 이 말은 무슨 뜻일까요? 비유적인 표현이라 받아들이는 사람에 따라 다르게 해석될 여지가 있습니다. 어떤 이는 이를 '재물은 평등하기가 물과 같아서 노력한 대가에 따라 그 재물이 정해지고, 사람도 이와 같아서 그 신용을 쌓고자 한 자에게 저울처럼 바르게 돌아간다.'고, 또 어떤 이는 '물과 같은 재물을 독점하려 한다면 반드시 그 재물에 의해 망하고 저울과 같이 바르고 정직하지 못하면 언젠가는 파멸을 맞는다.'라고도 합니다. 사람을 중요시하고, 거래에 있어 신임을 중시하는 임상옥의 상도를 한 문장으로 요약한 것은 아닐까 싶습니다. 실제로 임상옥의 말년을 보면 그가 재물과 이익만을 좇은 단순한 상인이 아니었다는 것을 어렵지 않게 확인할 수 있습니다.

조선의 품격 있는 오너

여러분들은 혹시 기부를 해본 적이 있으신가요? 저는 대구의 정신대할머니와 함께하는 시민모임에 미약하게나마 힘을 보태고 있습니다. 저는 작은 힘이라도 모이면 큰 힘이 될 수 있다고 생각합니다. 여러분들도 기회가 되신다면 좋은 의도로 활동하는 단체들에게 힘을 나누어 주는 것을 권합니다. 그동안 경험하지 못한 새로운 감정을 느낄 수 있을 것입니다.

다들 아시겠지만 돈을 아무리 많이 벌어도, 적게 벌어도 기부를 하는 것은 절대 쉬운 일이 아닙니다. 임상옥은 자신의 재물을 굶주린 백성과 수재민을 구제하는 데 아낌없이 사용하였습니다. 1832년에 의주 지역에 큰 화재가 발생하여 이재민이 속출하자 수천 금에 이르는 돈을 내놓아 재해를 입은 1백여 호구를 도와주고, 화재 당한 백성들을 구제하였습니다. 이때 피해를 입은 대부분의 백성들이 임상옥의 의연금에 의지하여 살 수 있었다고 합니다. 또한, 같은 해에 백성들의 진휼을 위해 경기 감영에 4천 냥, 양주에 6천 냥 총액이 1만 냥에 달할 정도의 큰 액수를 자원하여 기부하였습니다. 2년 후인 1834년에 의주, 가산, 박천 등 여러 읍에 재해가 발생하자 이때에도 임상옥은 의연금을 내어 도움을 주었습니다. 이처럼 임상옥은 거부로서 재민 구제 및 진휼에 적극 나섰습니다.

『헌종실록』에 따르면 임상옥은 자신의 재물로 굶주린 백성과 수재민을 구제한 공적을 인정받아 1832년 54살의 나이에 곽산 군수에 1835년에는 종3품에 해당하는 구성 부사에 임명된 것을 확인할 수 있습니다. 이후 임상옥은 구성 부사를 마지막으로 관직 생활은 정리하였고, 독서와 시를 짓는 일로 시간을 보냈습니다. 그 와중에도 가난한 사람들을 도왔다고 합니다.

임상옥은 말년에 벼슬을 더 하면 위태로운 것을 안 것과 마찬가지로 재물도 더 모아 봤자 그 재산을 다 담을 만한 여지가 없는 나라임을 절감하고는 글을 읽고, 시를 지으며 세월을 즐겼다고 합니다. 그에게는 더 이상의 재산이나 지위는 부질없었던 것입니다. 이러한 임상옥의 깨달음을 보여주는 술잔이 있습니다. '가득 채움을 경계하는 잔'이라는 뜻을 가진 계영배입니다. 계영배는 술이 70% 이상 차오르면 밑바닥의 작은 구멍으로 모두 새어나가 과음을 못하게 하는 잔입니다. 임상옥은 평생 계영배를 곁에 두고 재산이 늘어날 때마다 스스로 과욕을 경계하였습니다. 돈에 대한 욕심이 너무 지나치면 부족한 것만 못하다는 것을 깨달았던 것입니다.

계영배 (ⓒ국립중앙박물관)

임상옥의 호는 '가포(稼圃)'입니다. 이 호에는 채마밭에서 곡식이나 채소를 가꾸며 살고 싶다는 뜻이 담겨 있습니다. 조선을 넘어 중국까지 이름을 날린 최고의 거상이자 부자였던 사람의 호라고 믿기 어려울 만큼 소박합니다. 말년의 임상옥은 자신의 호대로 살아갑니다. 대저택을 버리고 수많은 사람의 빚을 탕감해주었을 뿐만 아니라 남은 재산을 빈민 구제에 쓰게 한 뒤 자신은 자그마한 집에 살면서 채마밭을 가꾸다 1855년 76세의 나이로 생애를 마감합니다.

임상옥은 2000년도에 첫 출간되어 누적 판매 매수가 400만 부에 이르렀던 밀리언셀러 최인호의 소설 『상도』에서 우리나라 경제 철학의 모델을 제시하였고, 2001년부터 2002년까지 50부작 드라마의 주인공이 되어 20%가 넘는 시청률을 기록하기도 하였습니다. 200여 년 전에 실재했던 인물인 임상옥이 우리 곁에 많은 사랑을 받는 이유는 무엇일까요? 그것은 임상옥이 진정한 상인 정신을 실천한 모범적인 인물이었기 때문은 아닐까요?

여
덟.

김홍도 & 장승업

+ + + + + +

조선의 풍경을 담아낸 화백

01

김홍도

　우리나라에서 가장 대중적이면서 가장 많은 사랑을 받는 옛 화가를 만나봅시다. 단군 이래로 한국회화사에서 가장 유명한 화백이 아닐까 싶은 김홍도입니다. 그를 조선 후기의 감평가들은 '신필(神筆)'과 '거장(鉅匠)' 등으로 칭송하였고, 근현대 미술가들은 '우리 역사상 가장 뛰어난 화가'이며 '가장 조선적인 화가'이고 '한국미의 전형을 이룩한 국민 화가'로 찬양하였습니다.

　김홍도는 시대가 요구하는 새로운 현실, 새로운 내용을 새로운 화법으로 담아내었습니다. 많은 분들이 김홍도라고 하면 그저 풍속화로만 알고 있습니다. 하지만 김홍도는 실로 다양한 작품은 남겼고, 현존 작품 중에는 국보와 보물이 수두룩합니다. 이제 풍속화만이 아니라 모든 그림 장르에서 탁월한 기량을 발휘하였던 조선 최고의 화가 김홍도를 만나보겠습니다.

신동을 알아보다

　김홍도는 1745년 김해 김씨의 한미한 무반에서 중인으로 전락한 집안에서 태어난 것으로 알려져 있습니다. 김홍도의 고향이 어디인지는 아직까지 확실한 기록은 발견되지 않았지만, 대체로 경기도 안산 부근이었을 것으로 추정됩니다. 그런데 김홍도 집안은 그림과는 아무런 인연이 없었습니다. 즉 아무리 김홍도가 그림에 뛰어난 재능을 가졌더라도 화가가 되는 것이 쉽지 않았을 것입니다.

파블로 피카소에게 앙리 마티스가 있었더라면 김홍도에게도 특별한 스승이 강세황이 있었습니다. 당대에 강세황은 시와 글씨(서예), 그림을 모두 잘하여 삼절이라고 불렀을 정도로 뛰어난 화가이자 학자였습니다. 강세황은 우리 화단에 서양 기법을 처음 도입한 인물이기도 합니다. 강세황은 7~8세의 김홍도의 천재성을 알아보고 직접 정성을 다해 시, 글씨, 그림 등을 가르쳤습니다. 이처럼 김홍도가 화가로서 크게 이름을 날릴 수 있었던 배경에는 당대 최고의 문인 화가 강세황이 있었습니다. 강세황은 김홍도를 다음과 같이 평가하였습니다.

> "나와 김홍도의 사귐은 앞뒤로 세 번 변했다. 시작은 그가 어려서 내 문하에 드나들 때로 그림 그리는 비결을 가르쳤고, 중간은 관청에서 아침저녁 서로 마주했으며, 마지막은 함께 예술계에 있으며 참된 친구로 지냈다."
>
> —「표암유고」

강세황에게 그림을 배운 김홍도는 그의 추천으로 20살이 되기 전에 도화서 화원이 되었습니다. 도화서란 조선 시대에 나라에 필요한 그림에 관한 일을 맡아보던 관청으로, 화원이란 거기에 소속된 전문 화가를 말합니다. 당시에 화원이 되는 것은 아주 어려웠습니다. 하지만 김홍도는 수많은 지망생 중에서도 뛰어난 실력을 발휘하여 두각을 드러내었고, 나이 많은 선배나 동료들을 모두 제치고 최고의 명성을 날리게 됩니다.

왕의 화가가 되다

조선 시대 화원에게 최고의 영예는 무엇일까요? 바로 왕의 얼굴을 그리는 어진 화사가 되는 것입니다. 조선 시대의 어진은 단순히 왕의 얼굴을 그린 것을 넘어 왕실의 위엄과 권위를 상징하였습니다. 따라서 항상 조선 최고의 화원들이 동원되는 어진 작업에 김홍도는 무려 세 번이나 참여하였습니다. 첫 번째는 1773년 29살의 나이에 영조 어진과 왕세손(정조)의 어진을, 두 번째는 1781년 37살의 나이에 영조 어진 모사와 정조 어진을, 세 번째는 10년 후인 1791년 47살의 나이로 정조 어진을 제작하였습니다. 이처럼 김홍도는 20대부터 40대까지 거의 10년 주기로 어진 제작에 발탁되었습니다. 여기서 우리는 한 가지 사실에 주목해야 합니다. 김홍도의 세 번에 걸친 어진 제작은 모두 정조와 관련이 있다는 것입니다. 도화서 화원 김홍도는 정조와 특별한 인연을 갖게 됩니다.

> "세상에서는 김홍도의 뛰어난 재주에 놀라며 지금 사람들이 미칠 수 없는 경지라고 탄식하지 않는 사람이 없다. 이에 그림을 구하려는 사람들이 날로 많아져서 비단이 산더미처럼 쌓이고 재촉하는 사람들이 문을 가득 메워 잠자고 밥 먹을 겨를도 없을 지경이다."
>
> ─ 「일성록」

김홍도는 30살이 채 되기도 전에 어용 화사의 영광을 누립니다. 이후 30대와 40대를 보내면서 어느 화원도 누려보지 못한 그림 주문의 쇄도와 벼슬자리까지 얻으면서 세속적 출세를 거듭하게 됩니다. 조희룡의 『호산외기』에는 "그림 한 장을 낼 때마다 곧 임금(정조)의 눈에 들었고", 강세황의 『표암유고』에는 "속화를 그리면 사람들 모두 손뼉을 치며 신기하다고 외쳤다"는 등 많은 문헌 자료에서 김홍도의 천재성과 인기를 확인할 수 있습니다. 김홍도는 조선의 문화 아이콘이자 시대 정신이 되어가고 있었던 것입니다. 정조는 죽음을 6개월 앞둔 1800년 1월 다음과 같이 말하였습니다.

> "김홍도는 그림에 솜씨 있는 자로서 그 이름을 안 지가 오래다. 삼십 년쯤 전에 나의 초상을 그렸는데, 이로부터 무릇 그림에 관한 일은 모두 김홍도를 시켜 주관케 하였다."
>
> – 『홍재전서』

여러분들은 정조가 얼마나 김홍도를 신뢰하였는지 느껴지나요? 정조는 김홍도가 왕의 화가임을 천명하였던 것입니다. 조선 후기 문신 신광하의 시문집인 『진택집』에는 약간의 과장이 섞인 것 같지만 정조는 불시에 김홍도를 호출하곤 해서 그가 '제 집에 있는 날보다 궁 안에 있을 적이 많았다'는 기록을 볼 수 있습니다. 이처럼 김홍도는 소년기와 청년기를 거치면서 강세황과 정조를 만난 행운을 밑거름으로, 비교적 탄탄대로 위에서 마음껏 천재적인 그림 재능을 쏟아내면서 예술가의 삶을 살 수 있었습니다.

고을 원님 김홍도

여기서 김홍도의 새로운 면모를 알려드리겠습니다. 김홍도는 일평생을 그림만 그렸을까요? 대부분 사람들이 그림만 그렸다고 말할 것입니다. 실제로 김홍도는 여러 차례 도화서를 떠나 양반직 벼슬에 임명되었습니다. 김홍도는 어진 화사의 명예와 함께 자신의 집안 최초로 문반 실직에 오르는 영광을 누렸습니다. 1773년 어진 제작에 참여한 이후 장원서별제를 시작으로 사포서별제, 와서별제 같은 벼슬을 받았습니다. 1791년 47살 때 어진 화사에 참여한 공으로 그해 말부터 1795년 초까지 만 3년간 충청도 연풍 현감으로 재임하였습니다. 연풍 지역은 충청도 괴산군에 속한 산골 마을입니다. 아무리 산골이라도 현감은 한 고을의 수령이자 목민관입니다. 화원이라는 중인 신분의 김홍도가 현감이 된 것은 정조가 그를 얼마나 총애하였는지를 보여주는 대표적인 일화입니다.

그렇다면 화가 김홍도가 아닌 사또 김홍도는 어떤 모습이었을까요? 김홍도는 천재적인 화가였지만 유능한 행정가는 아니었던 것 같습니다. 김홍도가 연풍 현감으로 부임한 그 해에 전국적으로 가뭄이 극심하였습니다. 이때 김홍도는 굶주린 백성들을 위해 관청의 창고를 열어 곡식을 풀어 죽을 끓여 나눠먹도록 지시하였습니다. 얼핏 보면 김홍도는 굶주린 백성을 위해 노력하는 훌륭한 현감으로 보일 것입니다.

그런데 『승정원일기』에는 김홍도가 다른 지역 현감에 비해 흉년 대비를 제대로 하지 않아 비축한 곡식이 적고 치적이 없기 때문에 상을 내릴 필요가 없다고 비판하였습니다. 김홍도는 흉년 대비를 제대로 하지 못한 불량 현감으로 취급되었던 것입니다. 연풍 현감 김홍도에게 가장 큰 위기는 충청 위유사 홍대협이 상소를 올리면서 찾아옵니다.

> 연풍 현감 김홍도는 다년간 관에 있으면서 잘한 모습이 한 번도 없고, 한 고을의 수장된 몸으로서 즐겨 중매나 일삼으며 아래 관리들에게 어거지로 명을 내려 노비와 가축을 상납케 하고 사냥이나 즐겨하여 원망과 비방이 자자합니다.
>
> — 『일성록』

홍대협은 김홍도의 실정을 담아 상소를 올렸습니다. 그 결과 김홍도는 연풍 현감에서 파직되고, 의금부로 가서 문초를 받아야 하는 신세가 되었습니다. 다행히 정조의 총애는 한결 같았고, 김홍도를 구제해주었습니다. 그러면 김홍도는 사악한 현감이었던 걸까요? 김홍도에게 홍대협의 탄핵 사유는 많이 억울하였을지도 모릅니다. 백성들의 중매를 섰다는 것은 어떻게 보면 백성들을 배려한 것이고, 당시에 사냥 한 번 안하는 사또를 찾는 것이 더 어려웠습니다. 혹자는 중인 출신 사또에 대한 양반 사대부의 시기와 편견이 반영되었다고도 합니다.

다시 화가로, 단원이 되다

새옹지마(塞翁之馬)라는 말이 있습니다. 제가 가장 좋아히는 말 중의 하나인데 세상의 일은 복이 될지 화가 될지 알 수 없다는 의미입니다. 김홍도는 연풍 현감에서 불명예 해임이 되었지만, 중년 이후 처음으로 자유인으로서 해방을 누리게 됩니다. 덕분에 이 시기 김홍도는 한국적 정서가 어려 있는 실제 경치를 소재로 하는 진경산수를 즐겨 그릴 수 있었습니다. 그리고 '단원법'이라 불리는 보다 세련되고 개성이 강한 독창적 화풍을 이룩하게 됩니다. 우리가 잘 알고 있는 단원이라는 호는 대략 1784년 전후에 사용한 것으로 본래 중국 명나라의 문인 화가인 이유방의 호였습니다. 김홍도는 평소 존경했던 이유방의 호인 단원을 자신의 새로운 호로 삼았던 것입니다.

자유인 김홍도의 삶은 오래가지 않습니다. 정조는 김홍도의 재주를 놓아주지 않았고, 국가나 궁중의 행사를 그린 기록화의 책임자를 맡겼습니다. 이에 김홍도는 정조가 아버지 사도세자의 원혼을 위로하기 위한 수원 용주사의 후불탱화를 주관하였고, 「부모은중경」과 「오륜행실도」의 삽화 등을 그렸습니다.

정조의 무한한 신뢰를 받던 김홍도의 전성기는 그리 길지 못하였습니다. 정조가 1800년 49살의 나이로 생애를 마감하면서 김홍도는 다시는 궁중의 화사로 불려나가는 일은 없었습니다. 정조의 죽음 이후 그의 측근들이 제거되는 것과 관련이 있는지는 정확하게 알 길은 없습니다. 다만 당시 김홍도가 여전히 많은 작품을 그리고 있었지만, 순조 즉위 이후 국가가 주도하는 기록화 작업에서 모두 제외된 것은 의미심장합니다.

이후 김홍도는 가난과 병고의 연속 속에서 초라한 노년을 맞이합니다. 그렇지만 김홍도는 50대 후반에 접어들면서 마치 자신의 예술적 결실을 맺어가듯 생애 최고의 명작들을 세상에 내놓게 됩니다. 완숙의 경지에 든 김홍도는 〈금강산 묘길상도〉, 〈금강산 구룡폭〉, 말 위에서 꾀꼬리 소리를 듣는다는 〈마상청앵〉, 말을 목욕시키는 마부를 그리면서 엷은 춘심의 연정을 자아내는 〈세마도〉 등을 남겼습니다.

여기에서는 김홍도가 1804년 60살이 되던 해에 그린 〈지장기마〉를 만나봅시다. 이 그림은 김홍도가 당나라 시인 두보의 「음중팔선[17]가」의 첫 구절 주인공인 하지장의 추태를 묘사한 것입니다. 그림에는 다음 구절이 쓰여 있습니다.

'하지장은 말 타기를 배 타듯 한다. 취중 몽롱하여 우물 가운데 떨어져 잠드네.'

지장기마 (©국립중앙박물관)

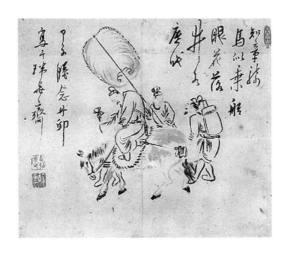

---

17 음중팔선은 당나라 때 술과 시를 사랑했던 여덟 시인을 말합니다.

술에 취해 억지로 말에 실려 가는 하지장의 모습이 정말 진상이지 않나요? 왠지 그림에서 술 냄새가 풀풀 나는 것 같기도 합니다. 충격적이게도 이 그림은 술을 좋아하는 김홍도가 친구들과 술을 마시고 그린 작품입니다. 김홍도는 자신의 호 중에 술에 취했다는 의미인 취(醉)자를 사용한 취화사와 첩취옹이 있을 정도로 평소 술을 사랑하였습니다.

술에 취해 그려서일까요? 김홍도는 〈지장기마〉에서 「음중팔선가」의 시가 주는 분위기를 배경이 없이 인물의 행위만 갈필로 간략하게 표현하였습니다. 다시 그림을 보면 말을 탄 인물은 허리를 굽히고 자세를 가누지 못할 정도로 취해있으며, 앞에서 한 사람이 떨어지지 않도록 잡고 있습니다. 인물의 얼굴은 옅은 홍색으로 이목구비를 나타냈으며, 그의 풍속화에서 흔히 볼 수 있는 익숙한 얼굴입니다. 인물의 좌우에 배치된 글씨들도 술 취한 인물의 분위기에 맞춰 호방하게 써 내려갔습니다. 김홍도는 빠른 붓놀림으로 인물을 정확하게 그려내면서 화면 전체에 분위기를 한껏 부여하는 능숙함을 담아냈습니다.

조선의 '만찢남' 그의 이상형은?

여러분들은 혹시 '만찢남' '만찢녀'라는 표현을 들어본 적이 있나요? 만화책을 찢고 나온 남자 또는 여자라는 뜻으로, 만화 주인공으로 나올듯한 선남선녀의 최신 표현입니다. 어느 사이엔가 연예인들의 외양을 이야기할 때 널리 쓰이는 수식어가 되었습니다. 그럼 조선의 만찢남 김홍도를 만나보겠습니다.

김홍도는 외모도 천재였습니다. 홍신유는 "그의 생김새가 뛰어나게 깨끗하고 풍채도 크고 장하니 진실로 띠끌 세상의 사람이 아니다.", 강세황은 눈매가 맑고 용모가 빼어나서 익힌 음식을 먹는 세속 사람 같지 않고 신선 같은 기운이 있었다."고 김홍도의 외모를 평가하였습니다. 이게 끝이 아닙니다. 김홍도는 "꽃피고 달 밝은 밤이면 거문고와 젓대(대금)를 연주했고, 슬피 노래하는 마음이 들 때면 북받쳐 몇 줄기 눈물을 흘렸다"고 할 정도로 감성남이기도 하였습니다.

그렇다면 조선의 만찢남 김홍도가 생각하는 미인 또는 이상형은 어떠하였을까요? 김홍도가 직접 그린 〈사녀도〉를 통해서 그가 추구하였던 미인상을 엿볼 수 있습니다.

여러분들의 눈에는 미인인가요? 일단 저는 제 스타일은 아닌 것 같습니다. 이 그림은 김홍도가 남긴 작품 가운데 유일하게 결이 고운 궁중 여인을 그린 것입니다. 아무런 배경도 없이 화폭 가운데 젊은 미인을 그려놓았습니다. 미인의 얼굴에는 일부 홍조를 띠게 하였고, 머리카락과 손목을 다른 그림들보다 곱게 처리하면서 머리에는 꽃을 꽂았습니다. 또한 검고 풍성해서 윤기가 도는 머리카락은 한 올 한 올 느껴지도록 정성껏 그렸고, 주춤하거나 망설인

기색을 보이지 않는 유려한 백묘 기법을 바탕으로 화면에서 튀지 않는 담청과 담갈색의 가채를 도드라지게 표현하였습니다. 그림 오른쪽 상단에는 "신축년 4월 사능이 연파관주인을 위하여 그렸다"는 글귀가 있지만 연파관주인이 누구를 가리키는 것인지는 알 수 없습니다. 다만 이 그림을 그렸던 해인 신축년은 김홍도가 정조 어진을 모사하기도 하는 등 한창 이름을 날릴 때였습니다.

풍속화에 조선을 담다.

풍속화는 어떤 그림일까요? 풍속화란 이름 그대로 '풍속(風俗)'을 그린 그림을 말합니다. 풍속은 '옛적부터 사회에 행하여 온 의식주, 그 밖의 모든 생활에 관한 습관'으로 이런 것을 소재로 한 그림이 풍속화입니다. 따라서 풍속화란 그 소재의 범위가 광범위하기 때문에 어쩌면 그림에서 풍속적인 의미가 전혀 없는 것은 거의 없다고도 볼 수 있습니다.

간혹 김홍도가 우리나라 최초로 풍속화를 그렸다는 오해를 받기도 합니다. 정말 큰일 날 소리입니다. 사람의 살아가는 풍속을 그린 그림이 풍속화이기 때문에 아주 옛날부터 꾸준히 그려져 왔습니다. 선사시대 암각화에서도 풍속적인 면을 발견할 수 있고, 고구려 고분벽화에서도 고구려 사람들의 갖가지 풍속을 볼 수 있습니다. 이후 고려 시대에도 풍속화라고 부를 수 있는 그림들이 많이 있습니다.

그렇다면 조선 후기 김홍도의 풍속화와 그 이전의 풍속화는 무엇이 다를까요? 김홍도의 풍속화는 양적으로 풍부하고, 소재와 형식도 아주 다양합니다. 또한 좀 더 현실적이며 서민적 체취가 물씬 풍기면서 서민들의 각종 생활상을 친밀한 시각으로 유머러스하게, 때로는 풍자적으로 묘사하고 있습니다. 이처럼 김홍도의 풍속화는 그 이전 선배 화가들의 풍속화에 비해 뚜렷한 차별성을 가져 당시에도 폭발적인 인기를 얻었고, 오늘날까지 우리의 귀중한 문화유산의 하나로 꼽히게 된 것입니다.

우리에게 너무나도 친숙한 풍속화는 『단원풍속도첩』에 수록되어 있는 그림입니다. 풍속화첩은 세로 28cm, 세로 24cm 크기의 수묵 담채로 그린 25장의 풍속화로 꾸며져 있습니다. 화첩에는 〈서당〉, 〈씨름〉, 〈무동〉 등 우리가 익히 보았던 그림들과 함께 비롯한 조선 시대 서민들의 다양한 일상생활 모습을 담은 그림들이 실려 있습니다. 여러분들은 25개 그림 중에서 무엇을 가장 좋아하나요? 저는 스포츠를 좋아해서 우리 고유의 민속놀이를 그린 〈씨름〉을 가장 좋아합니다. 김홍도의 〈씨름〉은 구도와 형식면에서 파격적이면서도 완결성을 갖춰 단연 최고로 손꼽히는 명작입니다.

씨름 (©국립중앙박물관)

김홍도의 〈씨름〉을 포함한 〈무동〉, 〈서당〉 등은 원형 구도로 그려진 그림입니다. 일반적으로 조선 시대의 그림 중 화면 전체가 원형 구도를 이루고 있는 그림은 찾아보기 어렵습니다. 두 무리의 구경꾼들을 위·아래에 둥글게 배치하고 가운데 공간을 열어놓은 다음, 들배지기로 용을 쓰는 씨름꾼과 그에 맞서는 씨름꾼 두 사람을 그려 넣어 중심을 잡았습니다. 크게 원 구도를 취해 안정적인 운동감을 주면서 동시에 몰입감을 높인 것입니다. 그림에서 현장의 열기가 느껴지지 않나요? 이는 기본적으로 구경꾼들의 갖가지 표정과 각기 다른 자세에서 오는 것이지만, 이들이 화면 위쪽에 더 많이 배치되어 있는 구도 덕분이기도 합니다.

〈씨름〉은 통일감과 몰입감이 좋은 작품이라 자칫 시선이 씨름꾼으로만 집중되면 피로감이 생길 수도 있는 작품입니다. 이 문제를 해결하기 위해 화면 바깥에 시선을 둔 채 왼쪽에 서 있는 신스틸러 엿 장수를 배치하고, 오른편을 텅 틔워 놓고 거기에 서로 다른 신발을 모아 놓고 흩어 놓았습니다. 빈틈없이 짜인 구성과 더불어 간결한 붓질로 인물들의 풍부한 표정과 좌중의 열띤 분위기를 묘사한 풍속화 〈씨름〉은 김홍도의 천재적인 재능을 잘 나타내는 작품이라 할 수 있습니다.

우리는 〈씨름〉을 통해 김홍도 풍속화에서 공통적으로 나타나는 특징을 볼 수 있습니다. 배경을 생략하고 등장인물들이 취하는 자세와 동작만으로 적절한 화면 구성을 이루었기 때문에 풍속 장면만이 부각된다는 것입니다. 그리고 화면 속 인물들이 입고 있는 무명옷의 질감에 맞춰 구사된 투박한 필치와, 둥글 넙적한 얼굴, 동글 동글한 눈매는 김홍도의 풍속화에 묘사된 인물의 공통점이기도 합니다.

김홍도는 서민들의 생활상을 그린 풍속화뿐만 아니라 높은 벼슬을 지낸 사람의 일생을 그린 평생도, 사대부들의 친목 모임을 그린 계회도나 아집도, 각종 놀이를 그린 유연도 등 양반 사대부들의 생활상도 그렸습니다. 이중 가장 중요한 것은 평생도입니다. 평생도는 일생도로도 불리는데, 말 그대로 어떤 개인의 일평생 중 중요한 사건들을 6폭 내지 12폭의 병풍으로 그린 것을 말합니다. 평생도는 중국과 일본에는 존재하지 않는 완전히 한국적인 그림 장르로 김홍도에 의해 최초로 그려진 것으로 추정합니다.

모당 평생도 (©국립중앙박물관)

　김홍도의 평생도는 1781년, 37살 때 그린 〈모당 평생도 8폭 병풍〉이 대표적입니다. 모당(慕堂)은 선조 대의 문신 홍이상의 호로 아마도 홍이상의 집안 후손이 조상의 일생을 기념하기 위하여 제작한 것으로 추정합니다. 〈모당 평생도 8폭 병풍〉에는 돌잔치, 혼인, 과거에 급제한 사람이 사흘 동안 시험관과 선배, 친척 등을 방문하던 삼일유가, 송도 유수 · 병조판서 · 좌의정 등 각종 벼슬살이 장면, 결혼 60주년인 회혼식 등이 그려져 있습니다. 이 평생도는 화면 구성이 단순하면서도 짜임새가 있습니다. 따라서 나중에 많은 무명의 화가들이 평생도를 그릴 때 이 작품을 모범 답안처럼 모방하였다고 합니다.

　김홍도는 국가나 궁중의 행사를 그린 기록화도 많이 그렸습니다. 기록화는 우리나라를 포함한 동양 유교 문화권에서 올바른 역사의식과 공정한 사실 기록을 중요시하는 사회적 관념이 일찍부터 형성된 것과 관련 있습니다. "글로써 다 표현하지 못하는 것은 그림으로 표현한다."는 생각에서 기록화를 그렸기 때문입니다.

조선 시대 기록화 중에서는 의궤가 가장 큰 비중을 차지합니다. 의궤란 어떤 국가적 행사의 전말을 상세하게 기록하여 후일 참조케 하고자 하는 것으로 대표적으로 왕실의 혼례나 상장례, 중요한 건물의 준공이나 수리, 임금의 초상화 제작과 봉안 등이 있습니다.

김홍도는 정조가 어머니 혜경궁 홍씨를 화성에 모시고 가서 회갑연을 거행한 행사를 기록한 『원행을묘정리의궤』와 〈화성원행반차도〉의 기록화 작업을 맡았습니다. 이 밖에 〈화성전도〉, 〈원행을묘의궤도〉 8폭 병풍, 〈화성춘추팔경도〉 18폭 등 화성 성역과 관련된 여러 기록화도 제작하였습니다.

다양한 장르의 그림을 소화하다

여러분들은 김홍도가 '가장 조선적인 더 나아가 한국적인 풍속화의 대가'라는 대중적 통념에서 벗어날 필요가 있습니다. 김홍도는 풍속화만 잘 그린 화가는 아니었습니다. 그는 산수화, 도교와 불교 관련 그림인 도석화, 화조화, 인물화 등 모든 그림의 장르에서 탁월한 기량을 발휘한 조선 후기 최고의 화가였습니다.

실제로 당시 김홍도는 풍속화보다는 일찍이 신선을 잘 그리는 화가로서 이름을 날리기 시작하였습니다. 40대 이전에 그린 그림 중에는 신선도가 압도적으로 많습니다. 대표작으로 김홍도가 31살 때 그린 〈군선도〉가 있습니다. 6미터가 넘는 여덟 폭의 큰 병풍에 열아홉 명의 중국 신선들을 그린 그림으로 자세히 살펴보면 신선들이 어디론가 가고 있는 것을 볼 수 있습니다.

군선도 (©문화재청 국가문화유산포털)

도대체 신선들은 어디로 가는 것일까요? 도교에서 신선들이 사는 곳은 불로불사의 낙원이었습니다. 그중에서도 중국 서쪽에 있는 곤륜산은 도교 최고의 신선 서왕모가 살고 있는 곳입니다. 서왕모는 자신의 과수원에 불로장생하게 해준다는 복숭아가 3천 년만에 열리자 그것을 기념하기 위해 잔치를 열고 모든 신선을 초대합니다. 따라서 그림 속 여러 신선들은 서왕모의 잔치에 참석하러 가는 것입니다.

김홍도는 신선과 시동을 속필로 순식간에 그렸지만, 연극 장면을 연출하듯 개별 인물의 작은 움직임을 놓치지 않았습니다. 배경 없이 인물들을 나열하고 있지만, 감정이 살아 있는 듯한 인물 묘사 등 그의 풍속화에서 볼 수 있는 특징들이 잘 나타나 있습니다. 등장인물들의 동작, 자세, 표정 등을 생생하게 묘사하였던 것입니다.

신선들 중에 가장 인기 있는 8명을 팔선이라고 부릅니다. 이들은 김홍도의 〈군선도〉에서 볼 수 있습니다. 맨 앞에 하선고와 영지버섯을 단 남채화, 당나귀를 거꾸로 타고 책을 보는 장과로, 딱딱이 모양 판을 치고 있는 조국구, 대나무 통을 든 한상자, 외뿔소를 타고 『도덕경』을 든 노자, 천도 복숭아를 든 동방삭, 종이를 들고 걸어 다니면서도 글을 문창, 머리를 깎은 종리권, 머리에 두건을 두른 여동빈, 호리병을 든 이철괴 등 팔선의 모습을 볼 수 있습니다.

김홍도를 제대로 평가하는 데 있어 놓쳐서 안 되는 것이 있습니다. 바로 병풍화의 대가였다는 것입니다. 병풍화는 화면이 장대하여 화가가 무엇을 그릴지 깊이 고민해야 합니다. 머릿속 구상을 화면에 옮길 때에 구성력이나 표현력이 중요합니다. 병풍화는 서양 유화와 달리 고쳐 그릴 수 없는 그림이라 작은 실수도 허락되지 않았습니다. 그래서 동아시아에서 병풍화는 가장 비싼 그림이었고, 화면이 커서 뛰어난 화가가 아니면 절대 그릴 수 없었습니다.

김홍도는 신선도, 금강산도, 풍속도, 평생도, 책거리 그림, 수렵도 등 다양한 주제를 병풍으로 제작하였습니다. 김홍도 이전과 이후 어느 시기에도 그만큼 다양한 주제의 병풍화를 그린 화가는 없습니다. 김홍도가 남긴 〈군선도〉, 〈행려풍속도〉, 〈해산도병〉, 〈삼공불환도〉 등과 같은 불후의 명작들은 모두 병풍화입니다.

쓸쓸한 말년

빛나던 삶을 살던 김홍도의 노년은 초라하였습니다. 정조 사후 임금이 신임하는 최고 화원으로서의 특권은 사라졌습니다. 따라서 김홍도는 60세의 나이로 아들이나 조카뻘 밖에 안 되는 젊은 화원들과 나란히 시험을 보아야 했습니다. 그마저도 1805년 가을에 병환이 계속되자 화원을 그만 두었습니다.

김홍도는 만년의 고독과 가난, 그리고 계속되는 병환에도 불구하고 붓을 놓지는 않았습니다. 1805년 61살의 나이에 생애 마지막 작품인 〈추성부도〉를 남깁니다. 이 그림은 전체적으로 분위기가 어둡고, 늦가을의 스산한 분위기가 잘 드러나 있습니다. 이는 죽음을 앞 둔 김홍도가 자신의 심정을 담은 것은 아닐까 싶습니다.

김홍도가 언제 생을 마쳤는지 정확한 기록은 남아 있지 않습니다. 김홍도가 아들 김양기에게 보낸 마지막 편지의 끝 문장은 다음과 같습니다.

'어지러움이 남아 다하지 못한 말들이 많지만 다 쓰지 못하는구나.'

위대한 시대가 낳은 천재 예술가 김홍도는 어떤 말을 더 하고 싶었던 걸까요? 그가 남겼던 그림을 보면 알 수 있지 않을까요?

02

장승업

　여러분들은 이름 앞에 붙이는 호(號)가 무엇인지 아시나요? 조선의 선비들에게는 최소 세 개의 이름이 있었습니다. 명(名), 자(字), 호(號)입니다. '명'은 오늘날처럼 태어난 뒤 짓는 이름이며, '자'는 성인식 뒤에 짓는 이름입니다. '호'는 본 이름이나 자(字) 이외에 누구나 허물없이 부를 수 있도록 지은 이름을 말합니다.

　우리에게 잘 알려진 '호'로는 백범 (김구), 추사 (김정희), 율곡 (이이), 퇴계 (이황) 등이 있습니다. 이번에 만날 주인공도 호가 있습니다. 단원 김홍도와 혜원 신윤복 호에 있는 '원'이라는 글자를 따서 자신도 그들만큼 그림을 잘 그릴 수 있다는 뜻으로 '오원'이라는 호를 지은 사람입니다. 이번 주인공은 조선 왕조 마지막 대화가 장승업입니다.

혜성처럼 나타난 천재

　천재는 타고 난다는 말도 있고, 후천적인 노력이나 우연한 충격으로 만들어진다는 말도 있습니다. 이번에 만날 주인공은 전자일까요, 후자일까요?

조선 말기 최고의 화가였던 장승업은 죽은 지 1세기가 겨우 지난 인물이지만 생애에 대한 기록이 많지 않습니다. 대부분 장지연의 『일사유사』, 오세창의 『근역서화징』에 나온 단편적인 일화들, 장승업의 제자이거나 동시대를 살았던 안중식과 조석진 등이 다음 세대인 김용준, 김은호 등에게 전해준 이야기로 얼핏 들여다볼 수 있을 뿐입니다.

1843년에 태어난 장승업의 출생지나 부모는 알려지지 않았습니다. 대원 장씨 집안에서 태어나 일찍 부모를 여의고 고아가 된 장승업은 의탁할 곳이 없자 한양으로 무작정 들어왔다고 합니다. 이때 평생의 은인이자 후원자를 만나게 됩니다. 바로 이응헌입니다.

> "……(장승업은) 일찍 부모를 잃고 집도 무척 가난하여 의지할 곳조차 없었다. 총각으로 굴러다니다가 서울에 와서, 수표교(水標橋)에 있는 동지중추부사(同知中樞府使) 벼슬을 지낸 이응헌의 집에 붙어살고 있었다. 장승업은 어릴 때 글을 못 배웠으므로 글씨(文字)에는 캄캄하였다. 그러나 천성이 총명하여 주인집의 글 읽는 아이들을 따라서 옆에서 듣고 거의 이해하게 되었다."
> — 장지연, 『일사유사』

이응헌은 중국 청나라를 왕래하던 역관으로 그림과 글씨를 모으고 감상하는 취미를 가지고 있었습니다. 그에 걸맞게 중국 원나라, 명나라 이래로 이름난 사람들의 그림과 글씨를 많이 소장하였고, 그림을 연습하는 사람들을 모아 함께하는 자리도 자주 만들었습니다. 이응헌 집에 붙어살며 곁눈질로 모임을 구경하던 장승업이 갑작스럽게 그림 재능에 눈을 뜨고는 전생에 화가였던 듯이 붓을 자유자재로 놀리기 시작합니다.

> "장승업은 평생에 붓 자루도 쥘 줄 몰랐는데, 하루는 문득 붓을 잡고서 손이 내키는 대로 붓을 휘두르고 먹물을 뿌려서 대나무(竹), 매화(梅), 난초(蘭), 바위(石), 산수, 영모 등을 그려보니 다 자연스레 하늘이 이루어 놓은 듯 하여 신운(神韻)이 떠돌았다. 이응헌이 보고 깜짝 놀라며 이 그림을 누가 그린 거냐고 하니 장승업은 사실대로 말하였다."
>
> – 장지연, 『일사유사』

이응헌은 장승업의 재능을 알아본 후 본격적으로 화가로 활동할 수 있도록 지원하였습니다. 장승업은 이응헌 집의 명품 고서화와 화보들을 보면 모두 그 자리에서 외워버렸기 때문에 미술 공부를 따로 배우지 않았음에도 저절로 그림을 익히고 완성하였습니다. 전형적인 천재들의 학습 과정을 겪은 셈입니다. 이후 10여 년이 지나자 그는 산수, 인물, 영모, 화조 등 모든 미술 분야에 걸쳐 못 그리는 것이 없게 되었다고 합니다.

여기서 한 가지 의문이 생깁니다. 장승업이 아무리 뛰어난 재능을 지녔더라도 처음 그림을 그릴 때는 가르쳐준 사람이 있지 않았을까요? 기록을 보면 장승업의 초기 스승으로 전해지는 인물이 있습니다. 장승업보다 16세 연상이 자 19세기의 대표적인 화가 유숙입니다. 유숙은 산수, 인물, 화조 등 여러 소 재에 능하였고, 풍속화도 몇 점 남겼는데, 그의 산수화나 화조화 중의 일부가 장승업의 초기 작품과 화풍상 유사한 면이 있습니다. 그러나 유숙의 정형화 된 연한 먹물을 활용한 수묵 위주의 문인화적 화풍은 장승업이 생애 말기에 이룩한 독창적이고 파격적인 화풍과는 상관이 없습니다. 유숙은 주로 장승업 이 초창기 작품 활동에 도움을 주었을 뿐입니다.

그렇다면 우리가 알고 있는 장승업의 화풍은 언제 완성이 되었을까요? 장 승업이 30대에 그렸다고 현재 전해지는 것은 〈산수도〉, 〈방황학산초추강도〉, 〈인물영모10첩병풍〉 3점입니다. 이들 작품은 이미 구도나 필묵법에서 원숙한 기량을 보여주지만 아직 장승업의 특징적인 면모를 완전히 드러내지는 않습 니다. 아직 자신의 독자적인 화풍을 형성하기 전이었기 때문입니다.

장승업은 40대에 이르러 가장 왕성한 창작력을 발휘하는 동시에 몇 번의 붓질 속에 가둬둘 수 없을 정도로 호방한 필묵법 등 자신만의 화풍을 이루어 냅니다. 여기엔 특별한 계기가 있습니다. 40대에 접어든 장승업은 조선 후기 역관이었던 오경연의 집에서 중국의 유명한 고금 서화를 많이 보며 중국 화 보를 임모[18]하였습니다. 개항 이후 상하이에서 막 간행된 수입 화보의 그림을 따라 그리며 상해파(上海派)화풍을 적극 수용하였던 것입니다.

---

18 임모는 동양화에서 전통적으로 행해지던 화가 수업의 하나로 유명한 서화를 옆에 두고 그대로 옮겨 그리는 방식을 말합니다.

중국 상해는 급속도로 성장한 부를 바탕으로 화려한 문화의 꽃을 피웠습니다. 화가들도 새롭게 부상한 신도시의 활기찬 분위기에 어울리는 새로운 감각의 그림을 제작하였습니다. 장승업은 이러한 상해파의 화풍을 받아들여 기존의 전통적인 화풍에 국제성과 현대성을 담을 수 있었습니다. 때로는 전통적인 화풍으로, 때로는 앞선 시대의 신감각적인 화풍을 따르면서 자신만의 독창적인 그림 세계를 정립하여 나간 셈입니다.

그림계의 트러블메이커

천재와 괴짜는 종이 한 장 차이와도 같습니다. 이들이 우리가 생각하는 범주 안에서 뛰어난 능력을 보인다면 "역시 천재는 달라"라는 말을 할 것이고, 반면에 일반적 행위의 범주를 과도하게 벗어나면 "미쳤다", "정신이 나갔다"고 말할 것입니다. 그럼 장승업은 천재일까요? 괴짜일까요?

천재 화가가 대개 그렇듯 장승업도 기이한 행적으로 수많은 일화를 남겼습니다. 그중 가장 유명한 것은 고종에게서 도망친 이야기입니다. 당시 장승업의 나이는 40대 초반으로 추정되고 있습니다. 장승업은 장년기를 맞아 화가로서 놀라운 기량과 호방한 필력으로 큰 명성을 날리고 있었습니다. 당연히 궁중에까지 그 명성이 흘러들어갔고 고종은 친히 장승업을 불러 여러 점의 그림을 그리게 하였습니다. 저라면 출세의 기회라 여기고 정말 없는 능력까지 짜내어 그림을 그렸을 것입니다. 하지만 장승업은 달랐습니다.

고종 임금이 장승업을 불러들이라 명령하여 궁중에 조용한 방을 마련해주고 병풍을 그리게 하였다. 열흘이 지나자 장승업은 술 마시고 싶은 생각이 간절하여 달아나고자 하였으나 경계가 엄중하므로, 문지기에게 그림물감과 도구를 구하러 간다고 속이고 밤중에 탈주하였다. 고종이 이를 듣고 잡아오게 하여 더욱 경계를 엄중히 하고 그 그림을 완성시키게 하였다. 그러나 장승업은 또다시 자기의 의관 대신 포졸의 의복을 훔쳐 입고 달아나기를 두세 번에 이르렀다. 마침내 고종이 화를 내어 포도청에 명령하여 잡아 가두도록 하였다.

- 장지연, 「일사유사」

장승업에게 고종의 부름은 크나큰 영광이 아니라 오히려 자유로운 예술 창작을 방해하는 것이었습니다. 그렇다고 하더라도 장승업의 행동은 정말 간이 배 밖으로 나온 행동이지 않나요?. 다행히도 당상관 민영환이 나섰습니다. 민영환은 자신이 장승업과 친하니 자신의 집에 가두어 두고 그림을 끝내도록 하겠다고 고종에게 청을 올렸고, 가까스로 허락을 받아냈습니다.

고종의 명을 받은 민영환은 장승업의 옷을 몰래 감추고 술과 안주를 넉넉히 주고 그림을 그리게 하였습니다. 한동안 장승업은 그림 그리기에 열중하였습니다. 하지만 민영환이 궁궐로 들어가고, 감시하는 하인이 잠깐 자리를 비우자 장승업은 다시 다른 사람의 모자와 상복(喪服)을 바꿔 입고 시장 통의 술집으로 달아나 버렸습니다. 이후 민영환이 여러 차례 사람을 시켜 장승업을 찾아 잡아 왔으나 끝내 그 일을 마치지 못하였습니다.

장승업은 어떤 것에도 얽매이길 싫어했던 진정한 예술적 기질을 가졌던 자유인이었습니다. 그래도 현재 장승업이 화원으로서 그린 그림들이 몇 점 남아있습니다. 이를 통해 그가 궁중에서 요구한 그림을 몇 점은 그려서 바쳤음을 짐작할 수 있습니다. 임금의 어명을 받아도 자기 멋대로 행동하는 장승업답게 그림 주문을 받는 기준도 남달랐습니다. 사람에 대한 편견이 없어 그림을 좋아하는 사람들의 부탁은 웬만하면 다 들어주었지만, 돈과 권력이 있는 사람이 와서 억지로 무례하게 그림을 청하면 목숨을 걸고 거절하였다고 합니다.

장승업의 기행을 이야기 할 때 절대 빠질 수 없는 것이 있는데요, 바로 술과 여자 이야기입니다. 장승업은 술과 여자 없이는 그림을 그리지 못했다고 합니다. 그만큼 음주와 여색은 그에게 일상생활과 다름없었습니다. 술에서 깨어나는 일이 없으니 늘 취해 있었고, 사람들은 그가 취하지 않은 모습을 볼 수가 없었다고 합니다. 또한 술독 때문인지 그의 얼굴은 약간 기름진데다 서양 사람처럼 노란 동공을 가지고 있었고, 우뚝한 코도 늘 불그스레하였다고 합니다.

> 성품이 술을 목숨처럼 좋아하여 두어 말을 거뜬히 마시되 만취하지 않으면 그치지 않았다. 또 취하면 간혹 한 달이 되도록 깰 줄을 몰랐다. 그러한 이유로써 매양 그림 한 축을 그리려면 가끔 절반만 그리고 걷어치우는 일이 많았다. 또 그림 값으로 받은 금전(金錢)은 모두 술집에 맡겨두고 매일 가서 마시되, 그 금전이 얼마인지 계산도 하려 들지 않았다.
>
> – 장지연, 「일사유사」

여기서 장승업의 외모가 궁금하신 분들이 있을 것입니다. 장승업은 김홍도처럼 미남은 아니었지만 예술가 특유의 아우라는 보였던 것 같습니다. 전해지는 말에 따르면 코 아래로는 늘 수염을 길러 개성 있는 얼굴로 그다지 잘생긴 것은 아니었지만 그의 주변에는 예술가다운 어떤 상서로운 기운이 돌아 훤해 보였다고 합니다. 그리고 늘 비취색 같은 푸른색 창의(氅衣)를 입고 다녀, 멀리서도 그가 보이면 쉽게 알 수 있었다고 합니다.

여러분들은 예술가에게 연인은 어떤 존재였다고 생각하나요? 역사적으로 위대한 예술가들 곁에는 그들만큼 훌륭한 연인이 있었습니다. 그들은 사랑을 통해 영감을 얻고 영혼의 위로를 받았습니다. 『일사유사』에 따르면 여색을 밝혔던 장승업도 40대에 부인을 맞이하였다고 합니다. 그러나 가정생활도 구속으로 여긴 그는 하룻밤을 지낸 후 다시 돌보지 않았다고 합니다. 이러한 이야기들은 장승업의 자유분방한 성격을 잘 보여주고, 그의 후손이 없는 이유도 설명해주고 있습니다.

김은호가 쓴 『서화백년』에는 그동안 볼 수 없었던 사랑꾼 장승업의 모습을 볼 수 있습니다. 장승업은 종로 탑골 공원 맞은편인 관수동 지역에서 정식 부인이 아닌 여인과 함께 살았다고 합니다. 하루는 그녀가 그 흔한 장롱 하나 없다고 투덜거리자 그 말을 들은 장승업이 "그놈의 장롱 열 바리만 실어다 주마"라고 큰소리쳤습니다.

그리고 장승업은 경복궁 단청 공사의 책임을 맡아 공사를 마친 후 수천 냥을 손에 쥐었습니다. 그 돈을 들고 술집에 가서 술을 거하게 마신 후 장롱을 파는 가게로 가서 장롱 세 바리만 실어달라고 하였습니다. 또 다음 집에 가서 장롱 두 바리를 더 사가지고 여인의 집으로 갔습니다. 무려 다섯 개의 장롱의 받은 여인은 어떤 표정을 지었을까요? 사랑하는 연인이 원하는 고가의 선물을 다섯 개나 사준 적이 없는 저로써는 장승업 연인의 표정이 너무나도 궁금하네요.

장승업의 생애는 술과 예술, 그리고 방랑으로 일관되었습니다. 그래서 장승업을 평가 절하하는 사람들도 많습니다. 하지만 장승업의 기행은 어떤 행동 그 자체를 위한 것이라기보다는 예술을 향한 순수한 열정의 결과라고 할 수 있지 않을까요? 세속적인 권위와 명성, 그리고 금전과 행복 따위를 포기했을 때 비로소 진정한 예술의 경지에 이를 수 있기 때문은 아닐까요? 장승업에게 임금의 명을 받드는 궁중 화사로서의 명성도, 그림의 대가로 받은 금전도, 가정생활도 모두 구속일 뿐이었습니다. 장승업이 술을 좋아한 것은 술을 통해 현세를 잊고 예술적 영감의 세계로 비상하는데 도움이 되기 때문은 아닐까요? 실제로 뛰어난 예술가와 술과의 관계는 장승업 이외에도 역사상 많은 예를 찾아볼 수 있습니다.

일상의 물건을 예술로 승화하다

장승업 화풍의 가장 큰 장점은 산수, 인물, 동물, 기명절지 등 다양한 소재를 뛰어난 기량을 발휘하여 자유자재로 구사하였다는 것입니다.

장승업의 회화 중 가장 특이한 것이 기명절지화입니다. 장승업은 무엇이든 잘 그렸지만 당시 남들이 잘 그리지 않았던 기명절지화를 그려 유행시킨 화가입니다. 일반적으로 기명절지화는 도자기 같은 그릇과, 복을 준다고 여겨지는 물건들, 꽃, 국화, 매화 등 화훼 절지를 함께 그린 것으로 일종의 정물화입니다. 장승업의 기명절지화는 조선 후기 정조 대에 유행하였던 책가도[19]와 민화의 전통에 당시 중국에서 유행하던 길상화[20]의 영향을 받아 독특한 매력을 뽐냅니다. 장승업의 기명절지화 중에 대표작으로 2미터가 넘는 기다란 두루마리에 여러 가지 그릇과 채소가 가득 그려진 〈백물도권〉이 있습니다. 〈백물도권〉은 백가지 물건이 그려졌다는 뜻을 갖고 있습니다.

그림에서 그릇, 주선자, 화분, 벼루 같은 그릇 류와 함께 인삼, 무, 가지, 연,

---

19 책가도는 책장과 서책을 중심으로 하여 각종 문방구와 골동품, 화훼, 기물 등이 그려진 그림입니다.

20 길상화는 복을 가져다주는 길한 물건이 그려진 그림입니다.

밤, 수선화, 국화 같은 식물류와 조개, 게 같은 어패류를 볼 수 있습니다. 여러분들은 무엇이 가장 먼저 눈에 들어오나요? 저는 매번 제일 왼쪽에 위치한 우리나라 대표 특산물 인삼에 시선이 갑니다. 인삼은 다른 화가의 그림에서는 보기 힘든 소재이기 때문입니다.

그림의 전체적인 구도를 한번 볼까요? 마치 지저분한 저의 방처럼 그림에 많은 물건들이 배열되어 있습니다. 그런데 결코 지저분하거나 어지럽다는 느낌이 전혀 들지 않을 것입니다. 조금 무거운 느낌이 드는 그릇 옆에는 부드러운 꽃이, 진한 먹빛의 게 옆에는 연한 빛의 연밥을 배치하는 식으로 그렸기 때문입니다. 시선이 확 붙잡혔다가 풀어졌다가, 다시 붙잡혔다가 풀어졌다가 하는 느낌이 오지 않나요? 그게 이 그림을 보는 맛입니다.

여러분들은 기명절지화에 게가 보이나요? 장승업과 게와 관련된 재미있는 일화가 있습니다. 한 번은 오세창이라는 인물이 장승업으로부터 그림 한 폭을 얻었습니다. 그런데 그림 속 게의 집게다리가 2개가 아니고 3개였다고 합니다. 그래서 이유를 묻자 장승업은 "이 사람아, 다른 게 좀 있어야지. 같으면 볼 재미가 있나"라고 반문하였다고 합니다. 구전으로 전해지는 바에 따르면 3개의 집게 다리를 가진 게 말고도 어떤 것은 그리다 말고 집어치운 것, 비스듬히 바라보이는 항아리 주둥이를 삼각형으로 만들어놓은 것, 말을 그리다 다리 하나를 잊고 안 그린 것, 꽃을 그리다 그냥 일어서버려 꽃과 줄기만 있는 것 등 제멋대로 그린 것이 많았다고 합니다.

장승업의 기명절지화의 특징은 따로 있습니다. 바로 일상적 소재의 파격적 재해석에서 오는 생동미입니다. 이는 장승업이 특정한 대상을 묘사하기보다는 필묵의 자유로운 운용과 소재의 즉흥적 해석에서 오는 비사실적이며 역동적인 화면 구성을 하였기 때문입니다. 좀 더 자세히 말하면 기명절지화의 생동감은 지그재그의 즉흥적 구도, 시점의 자유로운 이동, 형태의 왜곡, 자유롭고 분방한 필치의 파묵법과 음영법, 경쾌한 담채의 효과적 구사 등이 어울려져 나타난 것입니다. 설명이 어렵다는 분들이 있을 것입니다. 그렇다면 딱 한 가지만 기억하시면 됩니다. 장승업의 기명절지화 속의 많은 물건들은 가로로 들쑥날쑥한 구도 속에 놓여 있습니다. 여러분들은 이 구도가 주는 특유의 자유로움을 느끼시면 됩니다.

조선시대 회화의 모든 것을 담아내다

장승업이 가장 즐겨 그렸고, 현재도 작품이 가장 많이 전해지는 분야는 따로 있습니다. 꽃과 풀, 나무 등을 배경으로 새와 동물을 그린 화조영모화입니다. 장승업은 소재상으로 보면 새 종류로는 기러기와 독수리 혹은 매, 학을 가장 즐겨 그렸고, 오리, 닭, 까치, 참새 등도 많이 다루었습니다. 동물 종류로는 개, 고양이, 말, 사슴, 원숭이 등이 있는데, 개는 보름달이 뜬 오동나무와 함께 그려진 것이 많습니다. 장승업의 대표작으로 10폭 병풍인「화조영모어해도」가 있습니다. 이 그림은 10폭의 병풍에 화조, 동물, 어해 등 좋다는 여러 소재를 다 그려 모은 병풍으로 잡화병(雜畵屛)이라고도 합니다.

화조영모어해도 (ⓒ국립중앙박물관)

여러분들은 동물 그림을 보면서 어떤 생각이 드시나요? 정교하게 그린 것 같지는 않아도 동물들 하나하나 생생하고 개성이 느껴지지 않나요. 저는 이 작품을 구매하였던 사람이 부럽다는 생각이 들기도 합니다. 집에 병풍으로 세워두고 감상하면 보는 재미가 쏠쏠했을 것입니다. 모란을 집중하고 쳐다보는 강아지, 벌을 공격할 듯 쳐다보는 고양이, 장수를 상징하는 영지를 먹는 사습은 10폭 중에 제가 가장 좋아하는 3폭이기도 합니다. 저는 3폭 중에서는 강아지 그림을 가장 좋아합니다. 심하게 툭툭 붓질한 강아지의 모습은 익살맞기도 하고 귀엽지 않나요. 사실 이 개는 삽살개입니다. 당시에 사람들은 나쁜 기운을 쫓기 위한 주술적인 용도로 삽살개를 많이 그렸습니다.

　장승업의 화조영모화는 특징이 있습니다. 여러 가지 기법을 다양하게 사용하여 어떤 때는 아주 세밀하게 표현하고 아름다운 채색을 칠하는가 하면, 또 어떤 때는 수묵으로 빠르고 활기차고 단순하게 그리기도 합니다. 그런데 외관상 이처럼 다양해 보이는 기법 속에서도 한 가지 공통점이 있습니다. 그것은 필치에 생동감이 있어 대상의 생명력을 잘 표현하였다는 점입니다. 이에 장승업의 화조영모화는 뛰어난 예술품에 대하여 이르는 말인 기운생동한다는 평가를 받습니다.

　장승업의 화조영모화는 조선시대 전통 회화의 총결산이라고 볼 수 있습니다. 장승업의 화조영모화는 소재 및 화법상 조선 시대 전통 회화의 바탕 위에서 형성되었습니다. 한편으로는 당시에 새로 수입된 청나라 말기의 상해파 화가들의 화조화도 참조하였습니다. 장승업은 전통적 요소와 외래적 요소의 단순한 모방에 그치지 않고, 모든 요소들을 자신의 왕성한 예술적 창조력 속에 녹였습니다. 또한 장승업의 화조영모화는 한 가지 전형이 되어 후대에 큰 영향을 미치게 됩니다.

그림에 신선의 이야기를 담다

이번에는 세밀한 필선과 화려한 채색이 돋보이는 장승업의 대표 명작, 〈세 사람이 시간을 묻고 있는 모습〉을 만나보겠습니다.

삼인문년도 (©국립중앙박물관)

이 그림은 중국 송나라의 문인 소식의 「동파지림」에 나오는 고사를 그린 것입니다. 그림 속 한 노인이 말합니다. '나는 내 나이를 모른다. 어렸을 때 천지를 만든 반고[21]와 친하게 지낸 기억이 날 뿐' 또 한 노인이 말합니다. '바다가 변해 뽕밭이 될 때마다 수를 세는 나뭇가지를 하나씩 놓았는데 그 가지가 벌써 10칸 집에 가득하다.' 그러자 남은 한 노인이 말합니다. '내가 신선이 먹는 복숭아를 먹고 그 씨를 곤륜산 아래에 버렸는데, 지금 그 씨가 쌓여 곤륜산 높이와 같아졌다.' 여러분들 세 신선이 서로 나이를 자랑하는 모습이 귀엽지 않나요? 불로장생(不老長生)에 대한 로망을 이보다 더 잘 보여주는 대화는 없을 것입니다.

그림 속에는 주인공인 세 신선 말고도 명품 조연과 소품들이 있습니다. 그림 속 오른쪽에 날카롭게 각이 진 바위 틈새로 천도복숭아가 뻗어있습니다. 천도복숭아는 천상에 사는 신이나 신선들이 먹는 신성한 과일로 이것을 먹으면 영원히 죽지 않고 살 수 있는 불로장생약입니다. 역시 오래 살았다는 세 노인 옆에 있을 만한 물건입니다.

장수를 상징하는 또 다른 물건도 찾아 볼 수 있습니다. 세 노인 중 맨 뒤쪽에 서 있는 노인의 지팡이 끝에는 불노초인 영지버섯이 달려 있습니다. 오른쪽에 서 있는 노인 손에는 장수를 상징하는 천도복숭아가 들려 있습니다. 노인들의 대화를 엿듣는 듯한 흰 사슴도 장수를 상징합니다. 또한 붉은 도포를 입고 등을 보이고 있는 신선의 옷자락 끝을 살펴보면 사람 목숨을 의미하는 목숨 '수'자가 여러 개 새겨져 있습니다.

---

21 반고는 중국 신화에 등장하는 천지를 창조한 신입니다.

세 노인의 모습은 장승업의 그림에 전형적으로 등장하는 인물 표현법입니다. 둥그스름한 얼굴에 광대뼈가 툭 튀어나왔고, 턱이 유난히 넓고, 이마가 시원하게 벗겨진 모습은 장승업의 인물화에서 쉽게 볼 수 있습니다. 그리고 주변의 바위나 산, 나무, 파도의 묘사는 세밀하기 그지없는 필선으로 이루어진 것에 주목해야 합니다. 그만큼 장승업이 꼼꼼한 표현과 보색 대비에 의한 화려한 색채 묘사를 사용하여 그 어떤 작품보다도 이 작품에 심혈을 기울였다는 것을 보여줍니다.

생의 끝까지 방랑자로 살다

"사람의 생사(生死)란 뜬구름(浮雲)과 같은 것이니 경치 좋은 곳을 찾아 숨어 버림이 좋을 것이요. 요란스럽게 앓는다, 죽는다, 장사(葬事)를 지낸다 하여 떠들 필요가 무어냐고 했다"

장승업이 평상시에 지인 김용준에게 자주 한 말이라고 합니다. 장승업은 뜬구름 같은 인생에서 가치 있는 것이란 지고한 예술의 세계뿐이라고 생각하였던 것 같습니다. 이 진리를 오직 술과 예술, 방랑으로 일관하면서 살아 온 인생을 통해 실현하려고 한 것은 아닐까요.

장승업은 1897년 55세로 세상을 떠났다고 전해집니다. 그러나 장승업이 어디에서 어떻게 죽었는지는 알 수 없습니다. 그래서 혹자는 "장승업은 죽었다기보다는 행방불명이 되었다"고, "어느 마을 논두렁을 베고 죽었다"고, 또 어떤 이는 심지어 "신선이 되었다"고도 합니다. 이처럼 일생을 세속적인 가치를 거부하고 오직 순수한 예술을 추구하던 장승업은 죽고 나서 후대에 큰 영향을 끼치게 됩니다.

궁중에서의 그림 일도 구속으로 여기고, 가정생활조차 돌보지 않던 장승업에게도 안중식과 조석진이라는 제자가 있었습니다. 정식 사제 관계라기보다는 안중식과 조석진이 스스로 좋아서 장승업을 스승으로 여겼던 것으로 보입니다. 두 사람은 장승업을 따라다니며 그의 화론과 조언을 듣는 방식으로 영향을 받았습니다. 이후 안중식과 조석진은 일제 강점기에 많은 후진들을 양성하였고, 이도영, 이상범, 허백련, 김은호, 노수현, 박승무 등 현대 전통 화단의 대가들 대부분이 이들의 가르침을 받았습니다.

장승업에 대한 신화적인 일화들은 장승업을 흠모하였던 안중식과 조석진에 의해 그리고 그들의 제자들에 의해 퍼져나가 오늘날까지 전해진 것으로 보입니다. 그러나 우리는 장승업을 단순히 술꾼이나 재미있는 일화의 주인공이라는 차원을 넘어 위대한 화가이자 우리나라 근대 미술의 시조이자 현대미술의 뿌리임을 잊지 말아야 할 것입니다.

에필로그.

저는 역사학자는 아닙니다. 일반적으로 알려진 정설들을 재미있게 풀어서 전달해주는 역사 강사입니다. 저의 역할은 학문과 대중을 연결하여 경직되고 딱딱한 학문을 누구라도 쉽게 접근할 수 있도록 말랑말랑 만들어서 전해주는 것이라고 생각합니다. 이제 이 책을 통해 그 역할을 처음으로 하고자 합니다.

한국사 교과서에서 만났던 인물들의 그동안 어디서도 볼 수 없었던 숨겨진 일화들을 제가 친절한 이야기꾼이 되어 전달할 것입니다. 우리와는 다른 세상의 인물로 여겨지는 위인들도 때로는 사소한 일에 아파하고, 고민하고, 그리워하기도 하는 인간적인 면모를 볼 수 있을 것이며, 또한 인생을 살아가면서 다양한 문제 상황에 직면하였을 때 더 나은 판단과 선택을 할 수 있는 지혜를 배울 수 있으리라 생각합니다.

제가 어떤 상황에 부닥쳐도 무한한 신뢰를 보내주시는 가족들에게 사랑한다는 말을 전합니다. 많이 미흡하지만 출판의 기회를 주신 이담북스에게 감사드립니다. '슈퍙 타임머신' 제작을 맡으신 **TRA**미디어 김홍철 부사장님, 어플리시터 김길영 대표님과 임관빈 본부장님 그리고 함께 출연한 이소민, 민서영, 서연제 대원에게 감사하는 마음을 전하고 싶습니다.

참고문헌

[세종]

박현모 저, 『세종처럼 (소통과 헌신의 리더십)』, 미다스북스, 2014.

세종대왕기념사업회 편집부 저, 『세종문화사대계』, 세종대왕기념사업회, 2001.

김성준, 「태종의 외척제거에 대하여」, 『역사학보』 17 · 18합집, 역사학회, 1962.

이태진, 「조선왕조의 유교정치와 왕권」, 『한국사론』 23, 서울대국사학과, 1990.

이희관, 「조선초 태종의 집권과 그 정권의 성격」, 『역사학보』 120, 역사학회, 1987.

최죽산, 「조선 세종시기 북방정책에 대한 고찰」, 『동북아연구』 22, 조선대학교 동북아연구소(구 통일문제연구소), 2007.

유홍렬, 「세종대왕(世宗大王)과 집현전(集賢殿)」, 『어문연구』 5, 한국어문교육연구회, 1977.

임용기, 「세종 및 집현전 학자들의 음운 이론과 훈민정음)」, 『한국어학』 41, 한국어학회, 2008.

박현모, 「세종시대 인문정책의 중심, 집현전」, 『인문정책 포럼』 2, 경제 · 인문사회연구회, 2009.

배병삼, 「정치가 세종의 한 면모」, 『정치사상연구』 11, 한국정치사상학회, 2005.

최기호, 「훈민정음 창제 과정과 집현전의 기능」, 『나라사랑』 127, 외솔회, 2018.

박현모, 「세종은 백성들의 '삶의 질'을 어떻게 높였나」, 『한국학』 32, 한국학중앙연구원, 2009.

김영진, 「우리나라의 농업과학기술 발자취 – 세종때 농서 "농사직설"이 바탕」, 『과학과 기술』 34, 한국과학기술단체총연합회, 2001.

[장영실]

남문현 저, 『한국의 물시계』, 건국대학교출판부, 1995.

남문현 저, 『장영실과 자격루』, 서울대학교출판부, 2002.

박성래 저, 『인물 과학사 1』, 책과함께, 2011.

장경채, 「장영실 관련 기록문에 대한 상상적 접근」, 『지역사회』 66, 한국지역사회연구소, 2012.

김성진, 「기록문에 대한 상상적 접근의 일례 – 장영실 관련 기록을 중심으로」, 『동양한문학연구』27. 동양한문학회(구 부산한문학회), 2008.

윤용현, 기호철, 「세종의 흠경각 건립 의미와 옥루의 구조」, 『민족문화』 49, 한국고전번역원, 2017.

김상혁, 이용삼, 「세종시대 천문시계 옥루 메커니즘에 대한 연구」, 『한국우주과학회보』 19, 한국우주과학회, 2010.

남문현, 「물시계를 이용한 한국의 시간 측정방법에 대한 시스템 연구」, 『논문집』 10, 건국대학교 부설 산업기술연구소, 1985.

이화선, 구사회, 「동아시아의 해시계와 문화교류 연구- 조선의 〈앙부일구(仰釜日晷)〉와 원의 〈앙의(仰儀)〉를 중심으로」, 『문화와 융합』 38, 한국문화융합학회, 2016.

[단종]

최완수 저, 『조선왕조 충의열전』, 돌베개, 1998.

최정용 저, 『조선조 세조의 국정운영』, 신서원, 2000.

김경수, 「세조의 집권과 권력 변동」, 『白山學報』 99, 백산학회, 2014.

이향배, 「세조의 왕위 찬탈 여파와 단종 복위운동의 의미」, 『東方漢文學』 32, 동방한문학회, 2007.

진상원, 「단종복위 모의자들의 伸寃과 追尊」, 『역사와 경계』 64, 부산경남사학회, 2007.

김영두, 「단종충신 追復 논의와 세조의 사육신 인식」, 『史學研究』 98, 한국사학회, 2010.

김경수, 「세조대 단종복위운동과 정치세력의 재편」, 『史學研究』 83, 한국사학회, 2006.

이근호, 「16~18세기 단종복위운동 관련 六宗英의 신원 과정」, 『白山學報』 99, 백산학회, 2014.

이승민, 「단종 죽음 관련 실화에 담긴 전승의식 연구-문헌설화와 구비설화의 비교를 통하여」, 『碑文學研究』 56, 한국구비문학회, 2020.

김돈, 「세조대 단종복위운동과 왕위 승계문제」, 『역사교육』 98, 歷史敎育研究會, 2006.

최승희, 「세조대 王位의 취약성과 왕권강화책」, 『조선시대사학보』 1, 조선시대사학회, 1997.

[성삼문]

성주탁 저, 『충신 성삼문』, 이화, 2010.

신승운, 「성삼문(成三問) 문집(文集)의 편찬과 간행에 대하여」, 『어문연구』 30, 한국어문교육연구회, 2002.

성원경, 「성삼문(成三問)과 의기론(義氣論)」, 『어문연구』 30, 한국어문교육연구회, 2002.

김문준, 「성삼문의 복권과 추숭」, 『韓國思想과 文化』 80, 한국사상문화학회, 2015.

오동춘, 「연구 성삼문의 사상 연구 - 『 충의가 』 및 『 수양한탄가 』 를 중심으로 -」, 『새국어교육』 16, 한국국어교육학회, 1973.

황인덕, 「매죽헌 성삼문 설화 고찰」, 『어문연구』 45, 어문연구학회, 2004.

김길락, 「성삼문의 한국유학사적 위치」, 『양명학』 9, 한국양명학회, 2003.

김슬옹, 「성삼문의 훈민정음 관련 공로 의미」, 『나라사랑』 127, 외솔회, 2018.

[정조]

김준혁 저, 『리더라면 정조처럼 (정조대왕의 숨겨진 리더십 코드 5049)』, 더봄, 2020.

김준혁 저, 『화성, 정조와 다산의 꿈이 어우러진 대동의 도시 (유네스코 세계유산 20주년 기념 출간)』, 더봄, 2017.

김준혁 저, 『정조가 만든 조선의 최강 군대 장용영 (무예도보통지 세계기록유산 등재)』, 더봄, 2018.

김준혁 저, 『이산 정조, 꿈의 도시 화성을 세우다』, 여유당, 2008.

한영우(대학교수) 저, 『정조의 화성행차 (반차도로 따라가는)』, 효형출판, 2007.

한영우(대학교수) 저, 『정조의 화성행차 그 8일 (왕조 기록문화의 꽃, 의궤)』, 효형출판, 1998.

유봉학 저, 『꿈의 문화유산 화성』, 신구문화사, 1996.

최홍규 저, 『정조의 화성경영 연구』, 일지사, 2005.

김문식 저, 『정조의 생각 (조선 최고의 개혁 군주는 어떻게 탄생했는가)』, 글항아리, 2011.

김문식 저, 『정조의 제왕학』, 태학사, 2007.

김준혁, 「개혁군주 정조(正祖)와 다산 정약용의 백성을 위한 나라 만들기」, 『다산과현대』 4, 연세대학교 강진다산실학연구원, 2012.

김준혁, 「정조는 왜 화성을 건설했을까?」, 『내일을 여는 역』 74, 재단법인 내일을여는역사재단, 2019.

김준혁, 「정조대 정치체제운영과 개혁정책」, 『한국·동양정치사상사학회 학술대회 발표논문집』 6, 한국동양정치사상사학회, 2008.

지두환, 유봉학, 심경호, 전성호, 노대환, 이봉규, 김문식, 고동환, 구만옥, 【종합토론】 정조시대의 재조명」, 『泰東古典研究』 21, 한림대학교 태동고전연구소, 2005.

김문식, 「규장각 : 정조대(正祖代) 인문정책의 산실」, 『인문정책 포럼』 1, 경제·인문사회연구회, 2009.

[정약용]

정약용(역사인물) 저, 다산연구회 역, 『정선 목민심서』, 창비, 2019.

실시학사, 『다산 정약용연구』, 사람의무늬, 2012.

최희남, 『정다산의 경제사상연구』, 김영사, 2007.

장승희, 『다산 윤리사상연구』, 경인문화사, 2005.

금장태 저, 『다산평전 (백성을 사랑한 지성)』, 지식과교양, 2011.

송낙선, 「다산 정약용의 경세사상과 민권론적 인식론에 관한 연구」, 『한국행정사학지』 23호, 2008.

김형효, 「실학사상가 다산 정약용의 한 해석법」, 『다산학』 3호, 2002.

박승용, 「다산 정약용의 법치행정사상 탐구」, 『한국행정사학지』 31, 2012.

김영식, 「기독교와 서양과학에 대한 정약용의 태도 재검토」, 『다산학』 20, 2012.

[이항복]

이항복 저, 『백사 선생의 생애와 시 (포천문향천년 제6집)』, 포천문인협회, 2014.

정억기, 「白沙 李恒福의 외교 활동」, 『한국인물사연구』 8, 한국인물사연구소, 2007.

방기철, 「백사이항복(白沙李恒福)의 전쟁경험과 일본 인식」, 『韓國思想과 文化』 83, 한국사상문화학회, 2016.

이병찬, 「오성과 한음의 교유(交遊) 연구」, 『영주어문』 27, 영주어문학회, 2014.

이승수, 「李恒福 이야기의 전승 동력과 기원」, 『동악어문학』 56, 동악어문학회, 2011.

이기대, 「임진왜란 당시 이항복의 활동에 대한 문학적 형상과 변모의 양상」, 『어문론총』 63, 한국문학언어학회, 2015.

[이덕형]

이덕형 저, 『한음 선생의 생애와 시』, 포천문인협회, 2015.

광주이씨한음상공파종회, 『한음 이덕형의 학문과 사상』, 해드림출판사, 2015.

신병주, 「광해군대의 정국과 이덕형(李德馨)의 정치, 외교 활동」, 『朝鮮時代史學報』 67, 조선시대사학회, 2013.

김태훈, 「이덕형(1561~1613)의 외교 지식 축적과 구현」, 『한일관계사연구』 61, 한일관계사학회, 2018.

이철성, 「李德馨의 임진왜란 중 외교 활동」, 『한국인물사연구』7, 한국인물사연구소, 2007.

방기철, 「韓國思想(한국사상) 史學(사학) : 李德馨(이덕형)의 전쟁경험과 일본인」, 『韓國思想과 文化』78, 한국사상문화학회, 2015.

김문준, 「한음 이덕형의 생애와 실천사상」, 『한국인물사연구』7, 한국인물사연구소, 2007.

김병국, 「한음 이덕형의 문학 연구」, 『한국인물사연구』7, 한국인물사연구소, 2007.

[권율]

김영헌 저, 『권율과 전라도사람들』, 심미안, 2012.

김혜정, 「권율 설화의 인물 형상화 양상과 전승적 특징」, 『돈암어문학』28, 돈암어문학회, 2015.

임선빈, 「행주대첩에 대한 當代의 기록과 평가」, 『朝鮮時代史學報』75, 조선시대사학회, 2015.

박재광, 「임진왜란기 이순신과 권율」, 『학술세미나 자료집』11, 순천향대학교 이순신연구소, 2009.

이도남, 「행주대첩을 승리로 이끈 권율權慄」, 『월간 공공정책』130, 한국자치학회, 2016.

심승구, 「임진왜란 중 독산성 전투와 그 역사적 의의」, 『한국학논총』37, 국민대학교 한국학연구소, 2012.

하태규, 「임진왜란 초기 전라도 관군의 동향과 호남방어」, 『한일관계사연구』26, 한일관계사학회, 2007.

김한신, 「임진왜란기 남부지역 조선군 지휘부의 갈등 양상과 대응방안(1593. 7∼1597.7)」, 『역사와실학』67, 역사실학회, 2018.

[김시민]

박희봉 저, 『김시민의 전투일지로 임진왜란을 다시 쓰다』, 논형, 2016.

박희봉 저, 『5800 진주성 결사대 이야기』, 논형, 2019.

정두희, 이경순 저, 『임진왜란 동아시아 삼국전쟁』, 휴머니스트, 2007.

김명준, 「임진년 진주대첩과 학봉 김성일」, 『慶南文化研究』30, 경상대학교 경남문화연구소, 2009.

민덕기, 「임진왜란에 활약한 조선 장수들의 성장기반에 대하여 -니탕개의 난과 관련하여-」, 『전북사학』50, 전북사학회, 2017.

이영석, 「제1 · 2차 진주성 전투 시 지휘관들의 리더십 연구」, 『정신전력연구』 51, 국방정신
　　　전력원, 2017.

강성문, 「진주대첩에서의 김시민의 전략과 전술」, 『군사』 51, 국방부 군사편찬연구소, 2004.

장문평, 「진주성의 수호신 김시민」, 『군사』 13, 국방부 군사편찬연구소, 1986.

김봉렬, 「忠武公(충무공) 金時敏(김시민)의 생애와 정신」, 『加羅文化 20, 경남대학교 가라
　　　문화연구소, 2006.

[신사임당]

정옥자, 『사임당전』, 민음사, 2016.

고연희, 이경구 외 3명 저, 『신사임당, 그녀를 위한 변명(시대와 권력이 만들어낸 신사임당의
　　　이미지 변천사)』, 다산기획, 2016.

정문교, 「신사임당의 생애와 유훈」, 『율곡학보』 1, 율곡학회, 1995.

유정은, 「신사임당 초충도의 미의식 연구」, 『한문고전연구』 23, 한국한문고전학회, 2011.

유정은, 「율곡의 선비행장에 나타난 신사임당 연구」, 『율곡학연구』 40, (사)율곡학회, 2019.

주영애, 「신사임당의 생애에 나타난 셀프리더십과 어머니 리더십에 관한 연구– 현대 여성의
　　　리더십교육에 주는 시사점을 중심으로」, 『동양철학연구』 80, 동양철학연구회, 2014.

홍양희, 「신사임당의 생애와 유훈」, 『사학연구』, 한국사학회, 2016.

박지현, 「화가에서 어머니로 : 신사임당을 둘러싼 담론의 역사」, 『동양한문학연구』 25, 동양
　　　한문학회, 2007.

[허난설헌]

허미자, 『허난설헌 연구』, 성신여자대학교출판부, 1984.

박혜숙, 『허난설헌』, 건국대학교출판부, 2008.

김성남, 이경구 외 3명 저, 『허난설헌 시 연구』, 소명(박성모), 2002.

홍인숙, 「난설헌이라는 "소문"에 접근하기 : 유선시(遊仙詩)의 정신분석학적 분석을 중심으
　　　로」, 『한국고전여성문학연구』 7, 한국고전여성문학회, 2003.

유육례, 「문학 : 허난설헌의 애정시 연구」, 『온지논총』 44, 온지학회, 2015.

장만식, 「허난설헌 작품에 나타난 부부관계 갈등의 문학적 승화 양상과 한계 고찰」, 『한국청
　　　소년상담학회지』 3, 한국청소년상담학회, 2018.

최혜진, 「허난설헌, 욕망의 시학」, 『여성문학연구』 10, 한국여성문학학회, 2003.

손앵화, 「허난설헌 유선사에 나타난 불우의식 연구」, 『국어문학』 57, 국어문학회, 2014.

김명희, 「허난설헌의 '유선사' 연구」, 『한국문학연구』 5, 동국대학교 한국문학연구소, 1982.

[김만덕]

이정화 저, 『김만덕의 실천적 삶과 제민 정신 연구』, 보고사, 2015.

정창권 저, 『거상 김만덕, 꽃으로 피기보다 새가 되어 날아가리』, 푸른숲, 2006.

양정필, 「18세기 후반 金萬德의 경제활동 再考察」, 『史學研究』, 한국사학회, 2017.

양성국, 「김만덕의 기업가정신에 대한 연구」, 『經營史學』 62, 한국경영사학회, 2012.

김나영, 「18·19세기 제주사회와 김만덕 생애 재고찰」, 『역사민속학』 56, 한국역사민속학회, 2019.

조도현, 「만덕전(萬德傳)에 나타난 여성성의 의미 탐색」, 『인문학연구』 38, 충남대학교 인문과학연구소, 2011.

박희택, 「여성선비의 덕성과 맥락」, 『퇴계학과 유교문화』 56, 경북대학교 퇴계연구소, 2015.

[임상옥]

권명중 저, 『거상 임상옥의 상도경영』, 거름, 2002.

엄성용, 서인범 외 3명 저, 『소통과 교류의 땅 신의주』, 혜안, 2007.

양정필, 「19세기 전반 대청(對淸) 홍삼무역의 발전과 임상옥의 활동」, 『民族文化研究』 69, 고려대학교 민족문화연구원, 2015.

劉元東, 「임상옥 - 기지와 배짱으로 淸상인 굴복시킨 人蔘」, 『廣場』 150, 세계평화교수협의회, 1986.

구사회, 「이원묵(李元默)의 『행대만록(行臺漫錄)』과 순조21년(1821) 신사연행(辛巳燕行)」, 『열상고전연구』 37, 열상고전연구회, 2013.

박천홍, 「역사속에 빛나는 기업가 정신-'상도'의 화신 임상옥」, 『벤처다이제스트』 14, 벤처기업협회, 2003.

박유영, 「조선거상 임상옥과 중국거상 호설암의 기업가정신 : 商道와 商經에 나타나는 임상옥과 호설암의 상업정신을 중심으로」, 『專門經營人研究』 6, 한국전문경영인학회, 2003

[김홍도]

장진성 저, 『단원 김홍도 (대중적 오해와 역사적 진실)』, 사회평론아카데미, 2020.

진준현 저, 『단원 김홍도 연구』, 일지사, 1999.

오주석 저, 『단원 김홍도 (열화당미술책방 23)』, 열화당, 2004.

오주석 저, 『오주석의 한국의 미 특강』, 푸른역사, 2017.

이준구, 강호성 저, 『조선의 화가 (살아있는 조선의 예술을 만난다)』, 스타북스, 2007.

홍선표, 「김홍도 생애의 재구성」, 『美術史論壇』 34, 한국미술연구소, 2012.

오주석, 「김홍도(金弘道)」, 『韓國史市民講』 30, 일조각, 2002.

최열, 「단원 김홍도, 살아서 신필, 죽어서 신선」, 『내일을 여는 역사』 70, 내일을 여는 역사, 2018.

방기철, 「韓國思想(한국사상) 史學(사학) : 李德馨(이덕형)의 전쟁경험과 일본인」, 『韓國思想과 文化』 78, 한국사상문화학회, 2015.

유홍준, 「조선시대 화가들의 삶과 예술 단원 김홍도 -조선적인, 가장 조선적인 불세출의 화가-」, 『역사비평』 22, 역사비평사, 1993.

[장승업]

조정육 저, 『신선이 되고 싶은 화가 장승업』, 아이세움, 2002.

이양재, 『오원 장승업의 삶과 예술』, 해들누리, 2002.

서울대학교 박물관, 『오원 장승업 (조선 왕조의 마지막 대화가)』, 학고재, 2000.

조정육, 「〈광기와 예술가〉 - 최북(崔北)과 장승업(張承業) -」, 『내일을 여는 역사』 21, 내일을 여는 역사, 2005.

김소연, 「오원 장승업 - 작가적 위상 정립과 평가의 궤적」, 『大東文化硏究』, 성균관대학교 대동문화연구원, 2020.

박은화, 「張承業의 故事人物畵」, 『한국학』 24, 한국학중앙연구원, 2001.

이성미, 「張承業 繪畵와 中國繪畵」, 『한국학』 24, 한국학중앙연구원, 2001.

진준현, 「吾園 張承業의 生涯」, 『한국학』 24, 한국학중앙연구원, 2001.

정형민, 「장승업과 한국 근현대화단 : 진위의 재조명」, 『한국학』 24, 한국학중앙연구원, 2001.